上海交通大學歷史系　浙江大學歷史系　浙江省社會科學界聯合會
國家社會科學基金規劃項目
上海市社會科學基金重大項目　資助

浙江文化研究工程成果文庫
浙江文獻集成

中國地方珍稀文獻
浙江地方文書叢刊

石倉契約

第二輯
第三冊

曹樹基 潘星輝 闕龍興 編

浙江大学出版社
ZHEJIANG UNIVERSITY PRESS

常見異體字及俗字與規範字對照表

（規範字按漢語拼音順序排列）

異體字及俗字	規範字
坳 幼	坳
霸	霸
嘗	嘗
塍	塍
処 虜 虜	处 處
窻 窓	窗
躭	耽
陗	挡 当
儅	挡
隨 當	擋
遆	遞
卩 阝	都
叚	段
堠	塅
児	兒
返 饭	反
豊	豐
逄	逢
峎 㫖	㫖
髙	高
佫	各
畊	耕
関 関	關
覌	觀
横	橫
囬	回
塃	荒
雞	鷄
彶	及
埆	角
腳	脚
栢	柏
拠 攄	據
堪 勘	勘
砊	坑
欵	款
歴 歷	歷
粆 良	粮
両	兩
烺 眼 朗 脼	晾
簝 蓼	寮

異體字及俗字	規範字
岺	岭
畱	留
隴	壠
蘿	籮
饅	饅
靣	面
畆	畝
卄	廿
挵	弄
拚	拼 拚
憑	憑
廹	迫
舖	鋪
挈	契
俴	钱
牆	墻
丧	喪
筭	算
坛	坛
藤 籐 籘 藤 滕	藤
仸	天
捅 甬	桶
扢	挖
斈	學
窯 窰 墔 搖	窑
乙	一
艮	银
薗	園
襍	雜
塟	葬
噪 樔 燥 臊	燥
劄	劄
炤	照
拆	折
执	执
阯	止
帋	紙
眾	衆
凖	準
揔 総	總

目録

第二輯第三册　上茶排・闞氏・天開・德瑛系・翰美等・玉幾等

契約

上茶排

闕氏·天開·德瑛系·翰美等·玉幾等

德瑛光裕堂内景

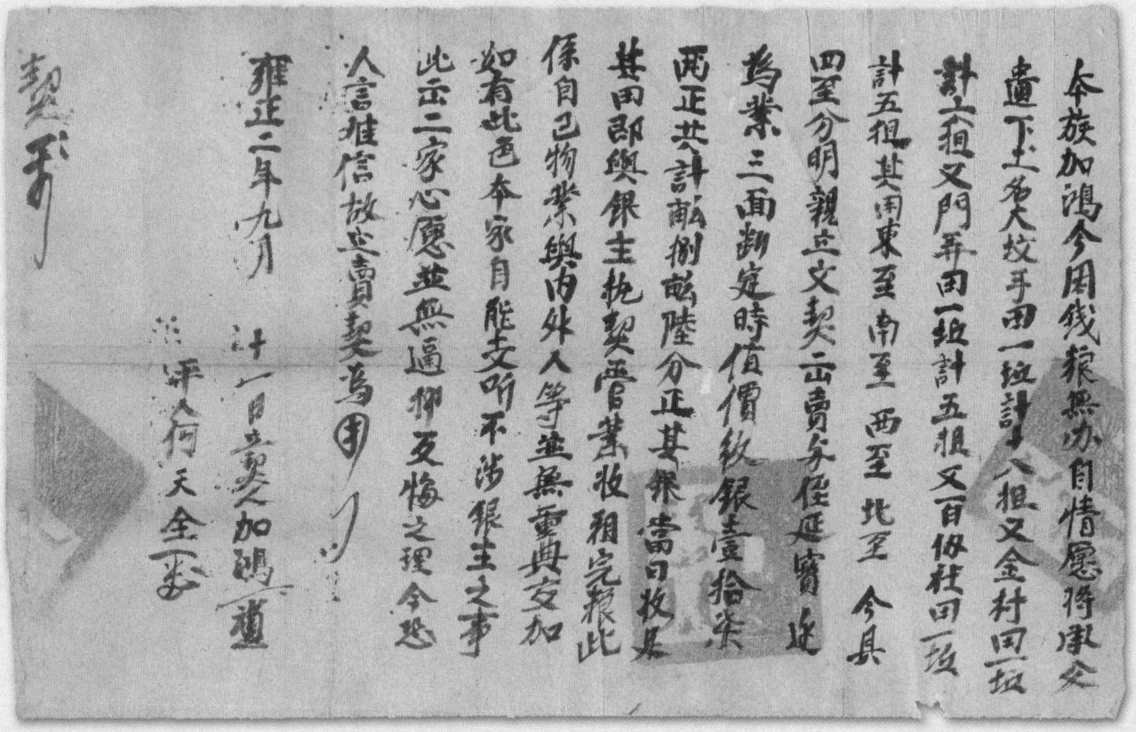

本族加鴻今因錢粮無办，自情愿将承父
遺下土名大坟手田一坵，計十八担，又金村田一坵，
計六担，又門弄田一坵，計五担，又百仞社田一坵，
計五担，其田東至、南至、西至、北至，今具
四至分明，親立文契，出賣与侄延賓边
為業，三面断定，時值價纹銀壹拾柒
两正，共計畝捌畝陸分正，其銀當日收足，
其田即與銀主执契管業，收租完粮，此
係自己物業，與内外人等並無重典交加，
如有此色，本家自能支听，不涉銀主之事，
此出二家心愿，並無逼抑反悔之理，今恐
人言难信，故立賣契為用。

雍正二年九月十一日　立契人　加鴻

平人　何天全

立賣契張承明今因家下錢粮無辦自情愿將自手置買
民山壹處坐落廿一都石蒼地方土名冷水俺基後坟山壹
崗西至荒田後大尖為界東至基後壜為界南至坑分水
為界北至坑為界今俱四至分明立契出賣與朱逵為業前
去擇吉穴安厝先親三面斷定山價紋銀伍兩正其銀
當日親收完足其山任從執契管業蘇養雜木遮戶
風水其山係是張逵自愿物業日前並無重典交墨如亦
無內外兄弟叔侄人等爭執之理如有此情張承明逵自
己支听不涉銀主之事日後並無找價之理亦無反悔之言
所賣所買皆出二家心愿亦無逼抑等情恐口難信故立賣
契永遠為用內有原契壹紙交與朱逵為証執照

雍正三年　十二月初六日立賣契張承明（押）

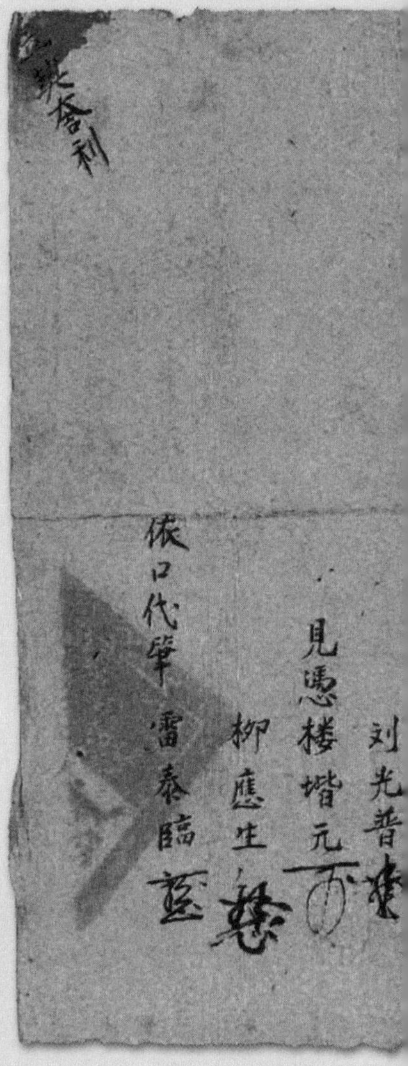

立賣契張承明，今因家下錢粮無辨［辦］，自情愿将自手置買民山壹處，坐落廿一都石蒼［倉］地方，土名冷水俺［庵］基後坟山壹崗，西至荒田後大尖為界，東至基後墈為界，南至坑分水為界，北至坑為界，今俱四至分明，立契出賣與朱边為業，前去擇吉穴安厝先親，三面断定，山價紋銀伍两正，其銀當日親收完足，其山任從执契管業，籙養雜木，遮户［護］風水，其山係是張边自愿［家］物業，日前並無重典文墨交加，亦無内外兄弟叔侄人等争执之理，如有此情，張承明边自己支听，不涉銀主之事，日後並無找價之理，亦無反悔之言，所賣所買，此出二家心愿，亦無逼抑等情，恐口难信，故立賣契永遠為用，内有原契壹紙，交與朱边為証执照。

雍正三年十二月初六日　立賣契　張承明

見憑　刘光普

楼堦元

柳應生

依口代筆　雷泰臨

立找契人張承明今因錢粮無办口食不給原典朱三妹
兄迯交易民山壹處土名冷水蓭基後坟山壹崗原有四
至分明今托中立找契與朱迯找過山價紋銀貳兩伍錢
正其銀當日親完足其山自找之後任從朱迯前去扦
塋營業日後並無内外人等程迯兄弟叔姪重找之理亦
無反悔之言如有此色張迯自已成當不涉朱迯之事此
出兩家心愿並無逼抑等情内有原契貳帋交與朱迯
執照恐口難信故立找契為據

雍正四年　　六月十五日立找契張承明（押）

見中　刘光普（押）

樓有林（押）

依口代筆陳方林（押）

找契利

（前頁）>>>>>

立找契人張承明，今因錢粮無办，口食不給，原與朱三姝兄边交易民山壹處，土名冷水菴［庵］基後坟山壹崗，原有四至分明，今托中立找契，與朱边找過山價紋銀貳两伍錢正，其銀當日親（收）完足，其山自找之後，任從朱边前去扦葬管業，日後並無内外人等程边兄弟叔姪重找之理，亦無反悔之言，如有此色，張边自己成［承］當，不涉朱边之事，此出两家心愿，並無逼抑等情，内有原契貳紙交與朱边執照，恐口难信，故立找契為據。

雍正四年六月十五日　立找契　張承明

見中　刘光普

楼有林

依口代筆　陳方林

立退田契人廿一都林顯洪，今因錢粮無办，今将逃牌報額，土名坐落冷水口，熟田肆坵，載額叁分正，又併荒坝，土名葉毛洋河背，又土名冷水荒田壹處，又土名陽窩荒田壹處，以上共四土名，共計額貳畝，今因人力稀少，不能開墾完粮，托中立契，退與夏昌满出首承等，當日憑中三面言断，工本銀伍两伍錢正，其銀即日隨契交足，不欠分文，其田自立契之日為始，任從承主管業開墾收額，過户完粮，有退人不得执留，其田委係正行交易，不是貨物準折之故，其田係自報額清業，與内外伯叔兄弟人等無染，亦無重交等情，如有此色，退人自能支當，不涉等人之事，此出二家情愿，两無逼勒，各無反悔，恐後無凴，立退契為據。

乾隆拾陸年三月初六日　立退田契人　林顯洪

說合中人　馬永寿

依口代笔人　邱孔文

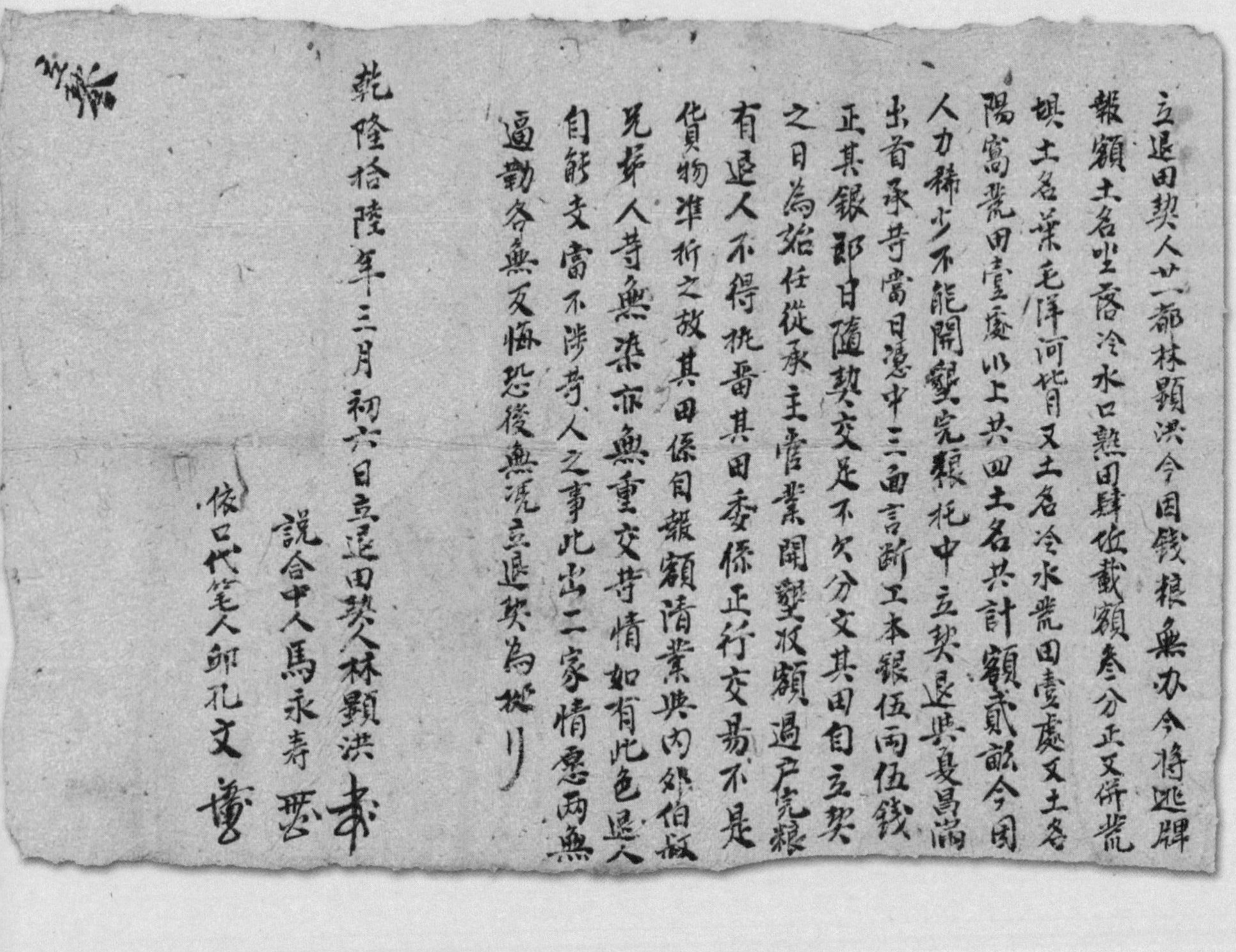

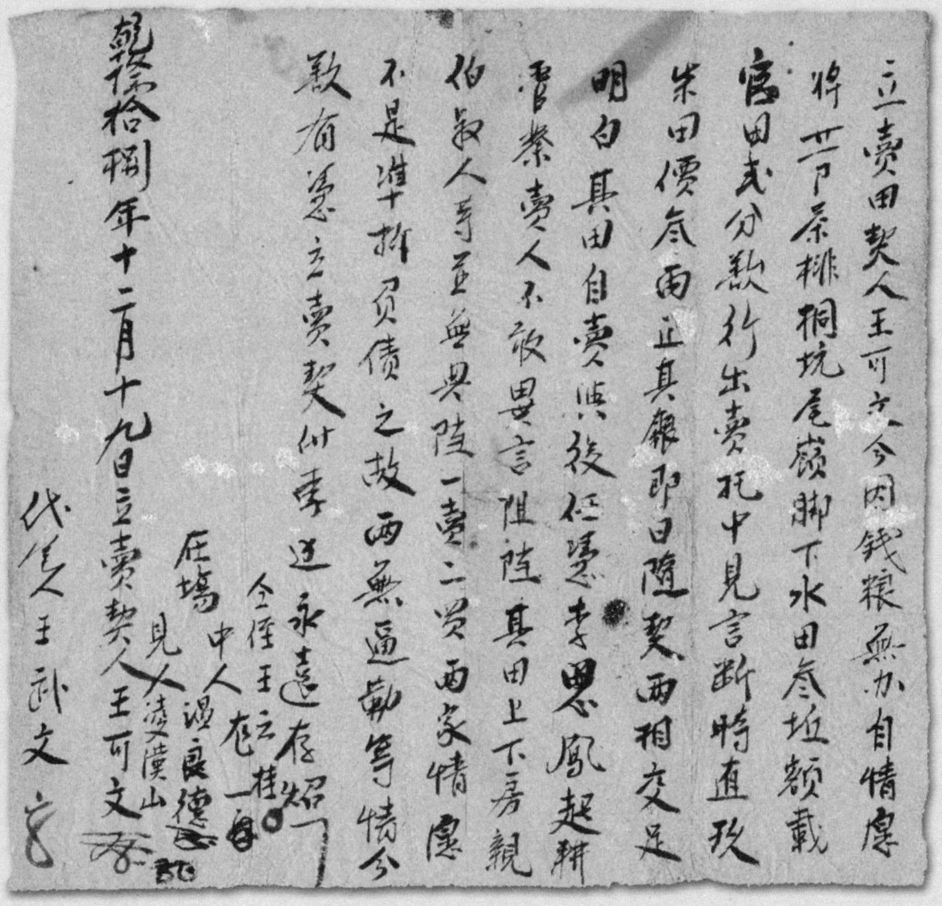

立賣田契人王可文，今因錢粮無办，自情愿
将廿一都茶排桐坑尾嶺脚下水田叁坵，額載
官田弍分，欲行出賣，托中見言断，時直玖
柒田價叁两正，其銀即日隨契两相交足
明白，其田自賣與［以］後，任憑李思鳳起耕
管業，賣人不敢異言阻挡，其田（與）上下房親
伯叔人等並無典当，一賣二買，两家情愿，
不是準折負債之故，两無逼勒等情，今
欲有憑，立賣契付李边永遠存照。

仝侄　王云桂
在場中人　龙一
温良德
見人　凌漢山
乾隆拾捌年十二月十九日　立賣契人　王可文
代笔人　王武文

立找契人王可文，今因口食不给，前與李田鳳边交易官田弍分，土名坐落茶排庄桐坑嶺脚，水田叁坵，托中見到李边，找出契外田價銀壹两肆錢正，其银即日隨契收訖，其田自找與［以］後，任憑田主耕作管業，再不敢説找價之理，自今日找断田價，永断葛藤，其田做找契付李边永遠為業，立契為用。

仝侄　王云桂

原中　王龙一

温良德

乾隆拾捌年十二月廿九日　立找田契人　王可文

代笔人　王武文

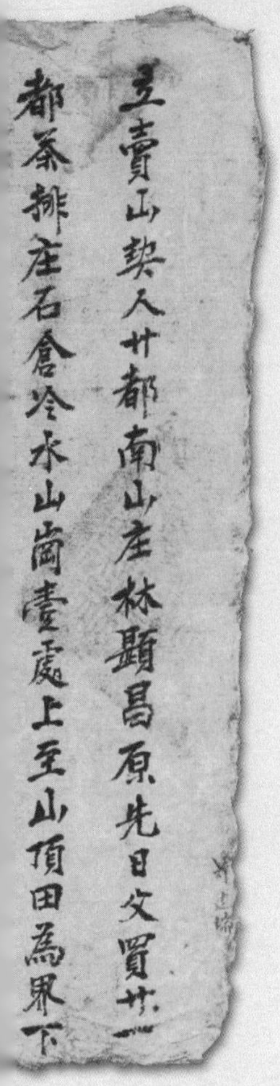
立賣山契人廿都南山庄林顯昌原先日文買廿一
都茶排庄石倉冷水山崗壹處上至山頂田為界下

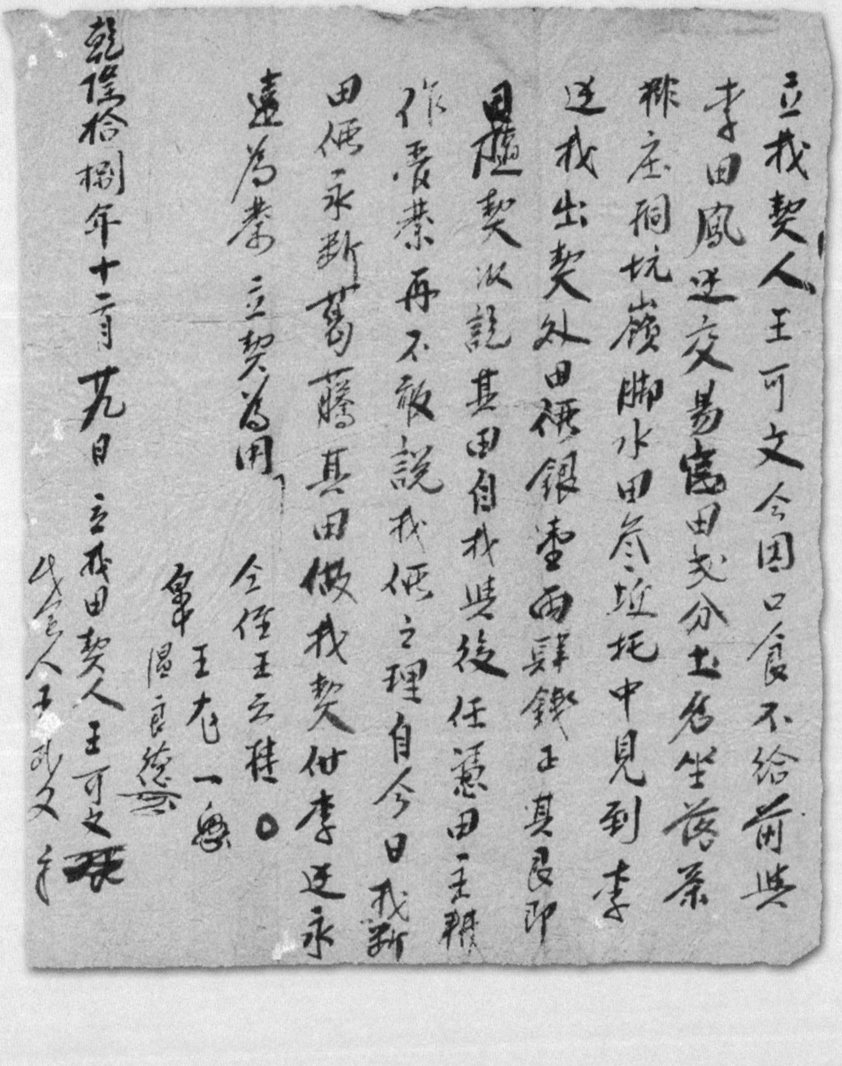
立找契人王可文今因口食不給前與李田鳳边交易官田弍分土名坐落茶排庄桐坑嶺脚水田叁坵托中見到李边找出契外田價銀壹兩肆錢正其艮即日隨契收訖其田自找與後任憑田主耕作管業再不敢説找價之理自今日找断田價永断葛藤其田做找契付李边永遠為業立契為用
仝侄王云桂
原中王龙一
温良德
乾隆拾捌年十二月廿九日立找田契人王可文
代笔人王武文

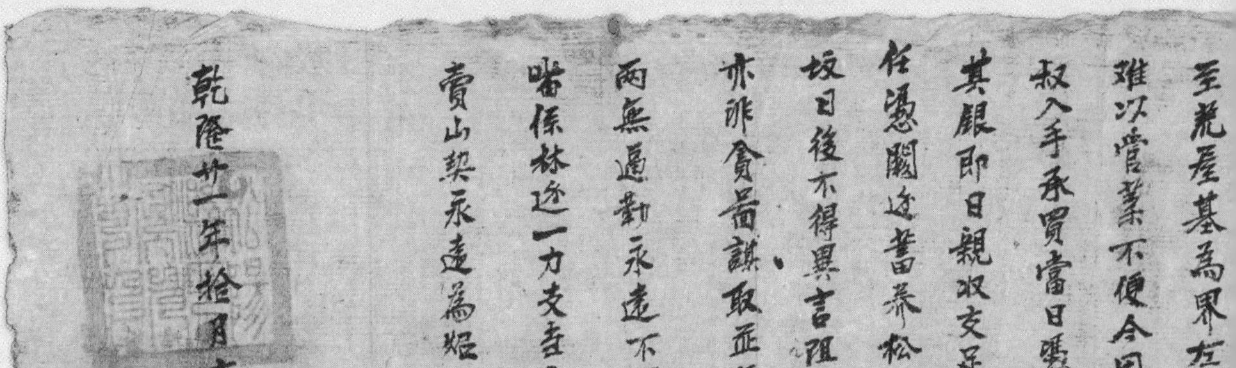

立賣山契人廿都南山庄林顕昌，原先日父買廿一都茶排庄石倉冷水山崗壹處，上至山頂田為界，下至荒屋基為界，左至荒田為界，右至坑為界，四址分明，难以管業不便，今因錢粮無辨〔辦〕，情愿托中送闕其兴叔入手承買，當日憑中三面言定，時值山價紋銀陸两正，其銀即日親收交足，其山先日未曾安葬，自賣以後，任憑闕边蓄养松杉雜樹竹木，再任憑闕边扦葬安坟，日後不得異言阻执，與林边本家伯叔兄弟並無干碍，亦非貪圖謀取，並無貨債準折之故，二比甘心甘肯，两無逼勒，永遠不得找價取贖等情，如有来歷不明，皆係林边一力支当，今後二家各無反悔，恐口無憑，立賣山契永遠為照。

在塲中人　馬永寿
林顕逢
王松琳
林士通

乾隆廿一年拾月十三日　立賣山契人　林顕昌

親筆字

立賣田契人雷伕盛今因錢粮無办自情愿將父遺下民
田叁處土名坐落廿一都蔡宅庄張坑塝門首田上下左
右大小弍拾肆坵又一處屋後崗墈中心田大小拾六坵上
至下至左至雷姓田為界右至山沿為界又一處大陰
崗脚直下拾弍横上至山嶺脚為界下至葉姓田為界左
至路為界右至山沿為界共計額叁畝正今俱肆至分
明托中送與闕天有入首承買為業當日憑中三面言
定時值價紋銀肆拾両正其銀即日隨契交足明白其
田自賣之後任憑闕姓推收过户完粮起耕管業所買
所賣二比情愿並無逼抑債負准折等情割藤断根日後
永無找贖等情如有來歷不明賣人一力承當不涉買主之
事两家并肯各無攺悔今欲有憑立賣田契付與闕姓
永遠為照门

說合中人 雷保寿 王任珍 ○

在見人 朱如琳 中 雷伕養 ○

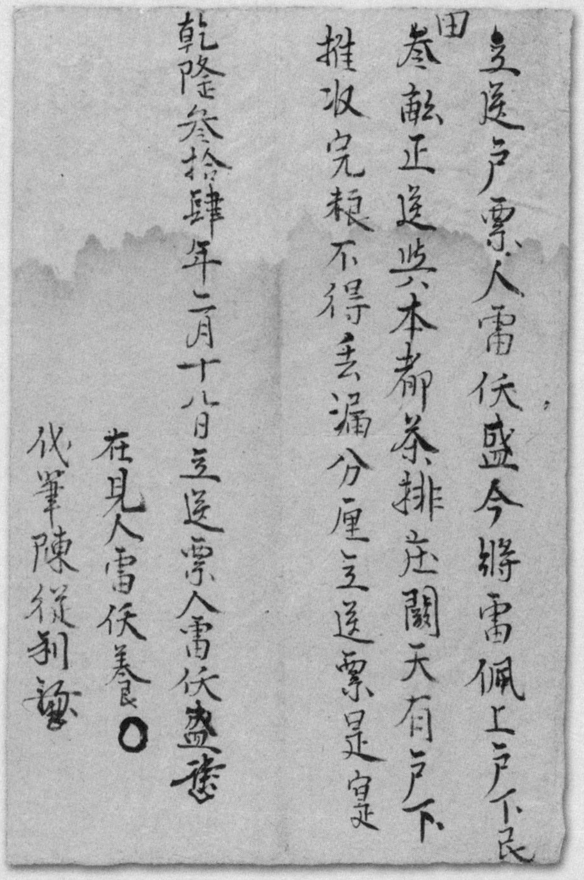

立送户票人雷天盛，今將雷佩上户下民田叁畝正，送與本都茶排庄闕天有户下推收完粮，不得丢漏分厘，立送票是寔。

乾隆叁拾肆年二月十八日　立送票人　雷天盛

在見人　雷天養

代筆　陳從利

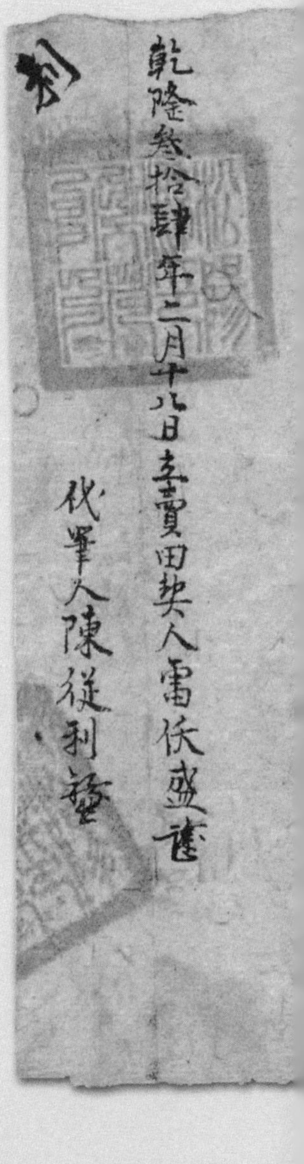

立賣田契人雷天盛，今因錢粮無办，自情愿將父遺下民田叁處，土名坐落廿一都蔡宅庄張坑塆門首，田上下左右大小弍拾肆坵，又一處屋後崗塅中心田，大小拾六坵，上至、下至、左至雷边田為界，右至山沿為界，又一處大陰嶺脚直下拾弍横，上至嶺脚為界，下至葉边田為界，左至路為界，右至山沿為界，共計額叁畝正，今俱肆至分明，托中送與闕天有入首承買為業，當日憑中三面言定，時直價紋銀肆拾两正，其銀即日隨契交足明白，其田自賣之後，任憑闕边推收过户完粮，起耕管業，所買所賣，二比情愿，並無逼抑債負准折等情，割藤断根，日後永無找贖等情，如有来歷不明，賣人一力承當，不涉買主之事，两家甘肯，各無反悔，今欲有憑，立賣田契付與闕边永遠為照。

說合中人　王任珍

雷保寿

在見人　雷天養

朱如琳

乾隆叁拾肆年二月十八日　立賣田契人　雷天盛

代筆人　陳從利

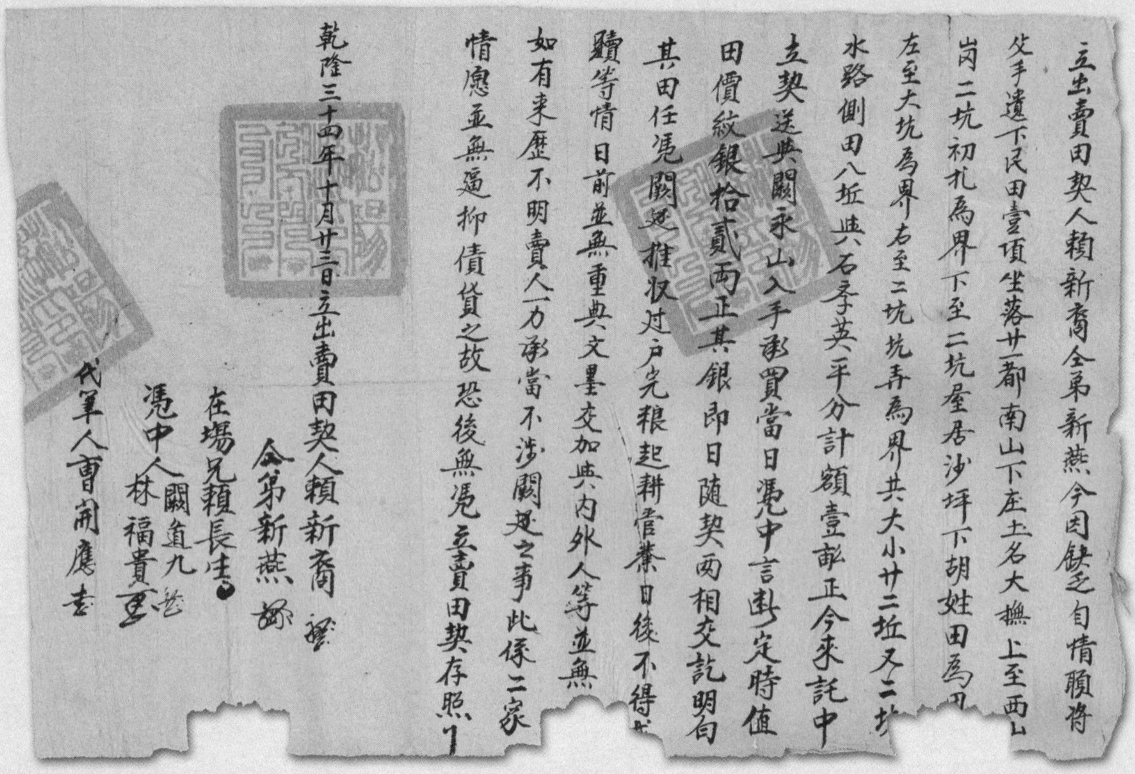

立出賣田契人賴新裔仝弟新燕，今因缺乏，自情願将
父手遺下民田壹項，坐落廿一都南山下庄，土名大撫，上至西山
岗二坑初扎為界，下至二坑屋居沙坪下胡姓田為界，
左至大坑為界，右至二坑坑弄為界，共大小廿二坵，又二坑
水路側田八坵，與石學英平分，計額壹畝正，今來託中
立契，送與闕永山入手承買，當日凴中言断，定時值
田價紋銀拾貳两正，其銀即日随契两相交訖明白，
其田任凴闕边推收过户，完粮起耕管業，日後不得找
贖等情，日前並無重典文墨交加，與内外人等並無涉，
如有来歷不明，賣人一力承當，不涉闕边之事，此係二家
情愿，並無逼抑債貨之故，恐後無凴，立賣田契存照。

乾隆三十四年十月廿三日　立出賣田契人　賴新裔

仝弟　新燕

在塲兄　賴長生

凴中人　闕道九

林福貴

代筆人　曹闸應

立找田契人賴新裔仝弟新燕，原與闕永山边交易民田壹項，坐落廿一都南山下庄，土名大撫，民田大小共三十坵，計額壹畝正，界至前契載明，今因口食不給，再託原中向勸闕边，找过契外紋銀貳拾两正，其銀随契收訖，其田此係断腸绝找等情，如若此色，甘受叠騙之論，永遠不敢異言再找，恐後無凴，立找田契付与闕边存照。

乾隆三十五年三月十九日　立找田契人　賴新裔

在見人　賴長生

仝弟　新燕

原中人　林福貴

闕道九

代筆人　曹闲應

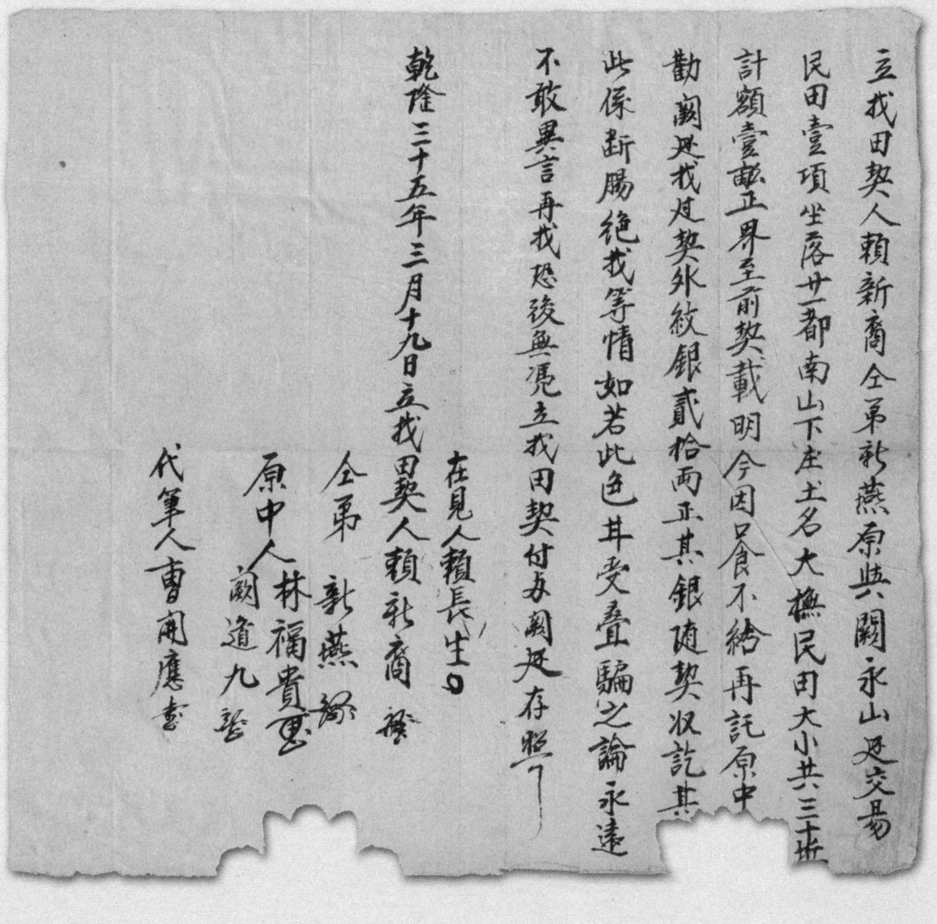
立找田契人賴新裔仝弟新燕原與闕永山边交易民田壹項坐落廿一都南山下庄土名大撫民田大小共三十坵計額壹畝正界至前契載明今因口食不給再託原中向勸闕边找过契外紋銀貳拾两正其銀随契收訖其田此係断腸绝找等情如若此色甘受叠騙之論永遠不敢異言再找恐後無凴立找田契付与闕边存照
乾隆三十五年三月十九日立找田契人賴新裔
在見人賴長生
仝弟新燕
原中人林福貴
闕道九
代筆人曹闲應

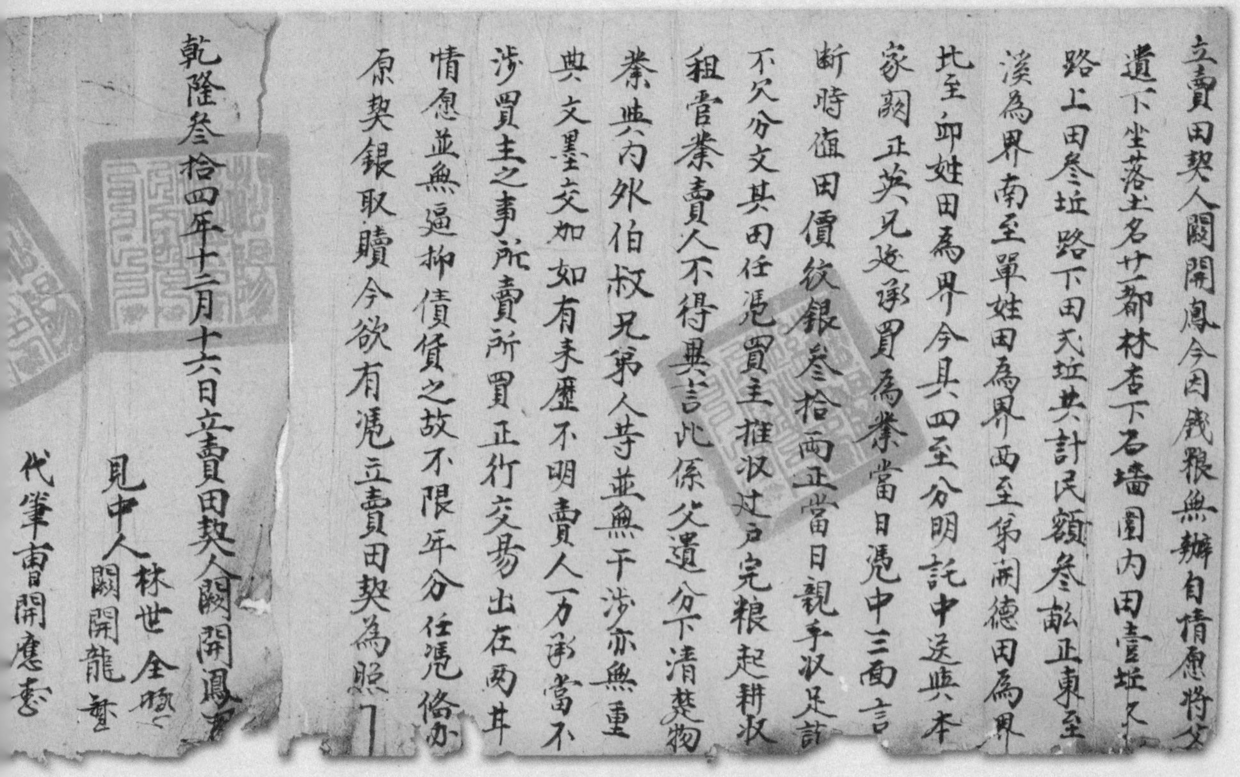

立賣田契人闞開鳳，今因錢粮無辦，自情愿将父
遺下坐落土名廿一都林店下石墻園内田壹坵，又
路上田叁坵，路下田弍坵，共計民額叁畝正，東至
溪為界，南至單姓田為界，西至弟闲德田為界，
北至邱姓田為界，今具四至分明，託中送與本
家闞正英兄边承買為業，當日凴中三面言
断，時值田價纹銀叁拾两正，當日親手收足訖，
不欠分文，其田任凴買主推收过户，完粮起耕，收
租管業，賣人不得異言，此係父遺分下清楚物
業，與内外伯叔兄弟人等並無干涉，亦無重
典文墨交加，如有来歷不明，賣人一力承當，不
涉買主之事，所賣所買，正行交易，出在两甘
情愿，並無逼抑債貨之故，不限年分，任凴脩办
原契銀取贖，今欲有凴，立賣田契為照。
乾隆叁拾四年十二月十六日　立賣田契人　闞開鳳
見中人　林世全
闞開龍
代筆　曹開應

立找田契人闕開鳳，原與本家正英兄交易民田壹契，坐落土名林店下，畝分界額，正契載明，今因口食不給，自愿再託原中到業主家下，找出契外銀柒两伍錢正，其銀即日親收足訖，不少分文，其田自找之後，價足滿意，永遠不敢異言識認找價等情，断根截找，今欲有憑，立找契為照。

乾隆四十七年拾弍月念八日　立找田契　闕開鳳

原中　林世全

闕開龍

代笔　闕萬瑜

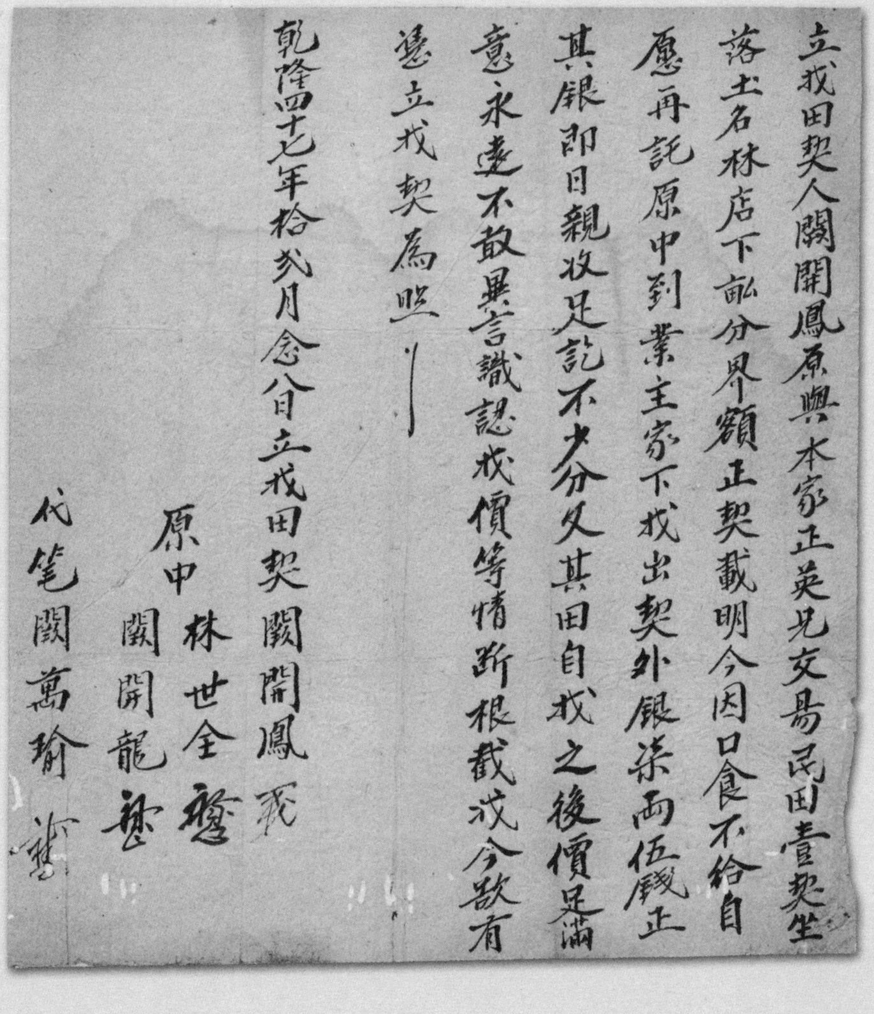

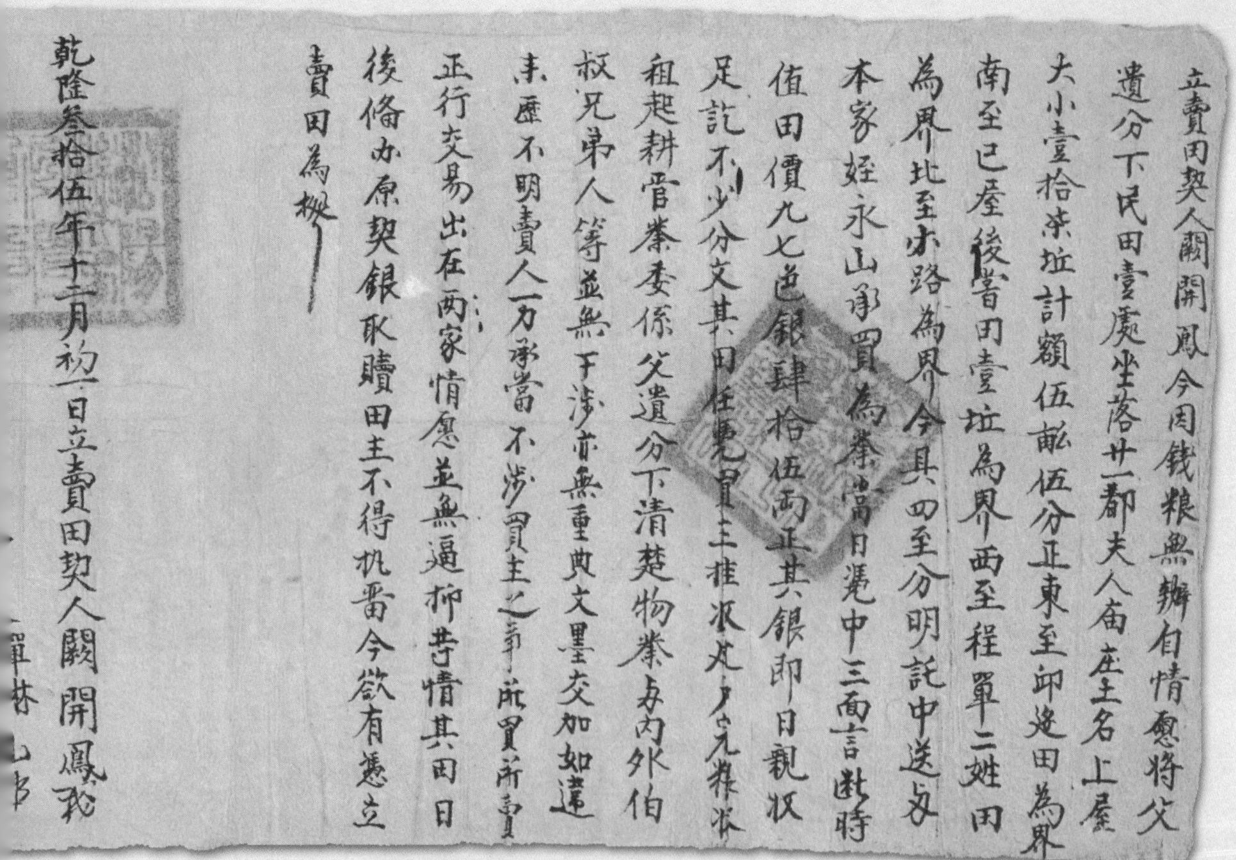

立賣田契人闕開鳳，今因錢粮無辦，自情愿将父遺分下民田壹處，坐落廿一都夫人庙庄，土名上屋，大小壹拾柒坵，計額伍畝伍分正，東至邱边田為界，南至己屋後當田壹坵為界，西至程、單二姓田為界，北至小路為界，今具四至分明，託中送与本家姪永山承買為業，當日凴中三面言断，時值田價九七色銀肆拾伍两正，其銀即日親收足訖，不少分文，其田任凴買主推收过户，完粮收租，起耕管業，委係父遺分下清楚物業，与內外伯叔兄弟人等並無干涉，亦無重典文墨交加，如違，来歷不明，賣人一力承當，不涉買主之事，所買所賣，正行交易，出在两家情愿，並無逼抑等情，其田日後倫亦原契銀取贖，田主不得执留，今欲有憑，立賣田（契）為據。

乾隆叁拾伍年十二月初一日　立賣田契人　闕開鳳

見中人　單琳山

林世全

代筆　曹開應

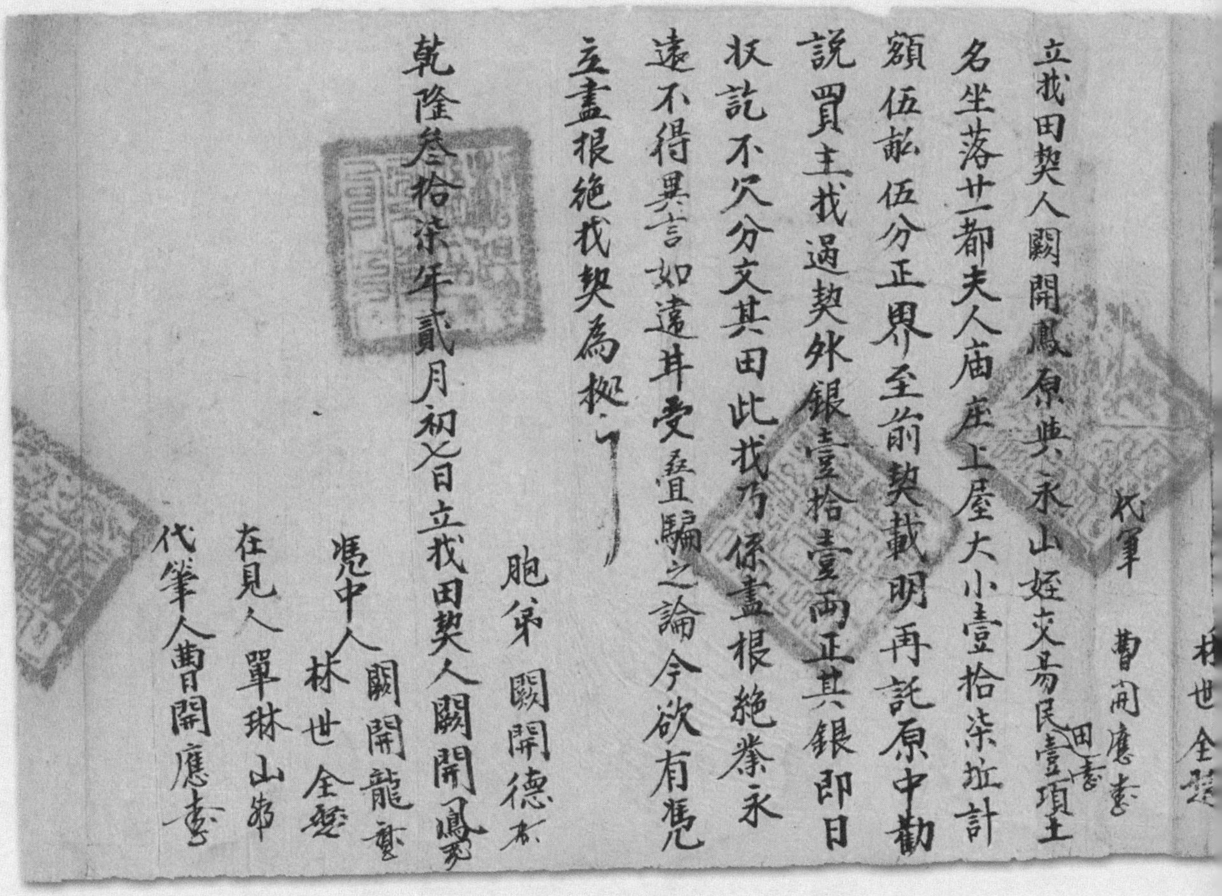

立找田契人闕開鳳，原與永山姪交易民田壹項，土
名坐落廿一都夫人庙庄上屋，大小壹拾柒坵，計
額伍畝伍分正，界至前契載明，再託原中勸
説買主找過契外銀壹拾壹两正，其銀即日
收訖，不欠分文，其田此找，乃係盡根絶業，永
遠不得異言，如違，甘受叠騙之論，今欲有凴，
立盡根絶找契為據。

胞弟　闕開德

乾隆叁拾柒年貳月初七日　立找田契人　闕開鳳

凴中人　闕開龍

林世全

在見人　單琳山

代筆人　曹開應

立賣田契人闞閧鳳，今因钱粮無办，自情愿将續置，坐落廿一都夫人庙庄，土名后金坑口小橋頭，民田壹坵，计额叁分正，内左右至琉璃会田為界，外至大路為界，今具四至分明，託中送與本庄闞正琳、石學英等琉璃會内承買，當日憑中三面言断，時值田價紋銀肆两伍钱正，随契两相交讫，不欠分文，其田任凴買主推收过户，完粮起耕，收租管業，賣人不得異言，此係續置清楚物業，与内外伯叔兄弟人等並無干涉，亦無重典文墨交加，如有来歷不明，賣人自能支當，不涉買主之事，所賣所買，正行交易，出在两甘情愿，並無逼抑債貨之故，日后永遠不得異言找價取贖等情，今欲有憑，立賣田契永遠为據。

乾隆叁拾陸年十一月廿六日　立賣田契人　闞閧鳳

見中人　闞閧龍

閧德

天九

林世全

代筆　闞正英

（契尾，乾隆肆拾壹年貳月）

契

號

乾隆肆拾肆年 貳月

壹千陸百伍拾伍

叁

文肆伍文

琉璃燈會

壹叁拾文

代筆闕正美书

立賣田契人張牧振今因錢粮無辦自情愿將自置水田土名
生落雲和縣九都内晉茶甫水口排子上田壹處大小壹拾叁
坵上至山為界左右山為界下大田坵為界又田壹處生落橋
角頭大小弍坵上至路為界下至溪為界左右溪為界又水
田壹處生落尾垟下大小四坵上至山為界下至溪為界左右
山為界共田三處計額壹畝伍分四至分明欲行出賣立契託中
送與劉景和入手承買當日憑中三面言定時值田價白銀
叁拾伍両正其銀即日隨契兩相交付足訖明白不欠分文其
田自賣之後任憑買主推収過户完粮管業収租耕種其田與
上下兄弟子姪人等並無干碍亦無重復典當他人倘有來歷
不明不涉買主之事皆係賣人一力承當二家甘肯兩無逼勒之
理其田自賣之日不敢異言另生葛藤扢根絶骨日後如有此
情賣人情愿甘受叠騙之例恐口無憑立賣絶根田契付與
買主子孫永遠為業

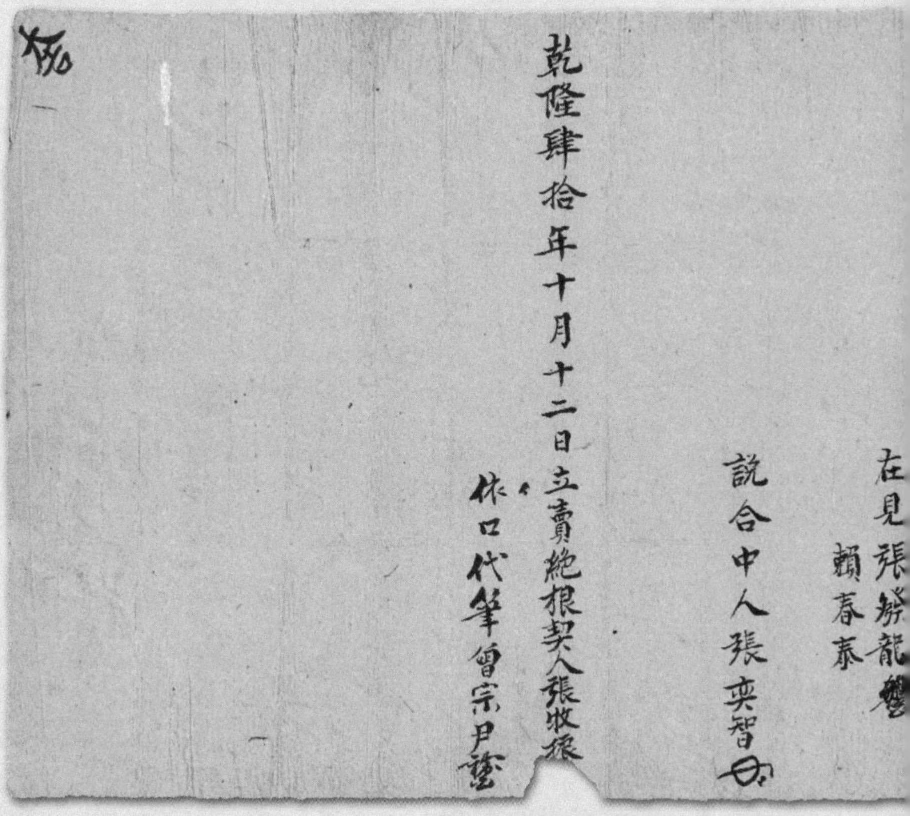

立賣田契人張牧振，今因錢粮無辦，自情愿将自置水田，土名坐落雲和縣九都内管茶甫［鋪］水口排子上，田壹處，大小壹拾叁坵，上至山為界，左右山為界，下大田坵為界，又田壹處，坐落橋角頭，大小弍坵，上至路為界，下至溪為界，左右溪為界，又水田壹處，坐落瓦窑下，大小四坵，上至山為界，下至溪為界，左右山為界，共田三處，計額壹畝伍分，四至分明，欲行出賣，立契託中送與劉景和入手承買，當日憑中三面言定，時值田價白銀叁拾伍两正，其銀即日随契两相交付足訖明白，不欠分文，其田自賣之後，任憑買主推收過户，完粮管業，收租耕種，其田與上下兄弟子姪人等並無干碍，亦無重復典當他人，倘有来歴不明，不涉買主之事，皆係賣人一力承當，二家甘肯，两無逼勒之理，其田自賣之日，不敢異言另生葛藤，挖根絶骨，日後如有此情，賣人情愿甘受叠騙之例，恐口無憑，立賣絶根田契付與買主子孫永遠為業。

在見　張發龍

賴春泰

説合中人　張奕智

乾隆肆拾年十月十二日　立賣絶根契人　張牧振

依口代筆　曾宗尹

立賣田契人王門潘氏仝男招貴、發貴、三貴、四貴等，今因錢粮無办，自情愿將夫手遺下民田壹項，坐落拾捌都，土名赤圩坑口，坐田壹段；又土名赤圩坑垄内大小坐田伍拉，上至王姓田為界，下至葉姓田為界，内至山脚為界，外至王姓田為界；又土名𠝼肆坑，坐田壹段，上至吉嶺為界，下至潘姓田為界，左至上青山為界，下小坑為界，右至青山為界，併及荒地田坪旁壓壹所，俱以在内，叁處共計額壹拾伍畝正，託中立契出賣與闕永山兄邊承買為業。當日憑中三面斷定，時值價紋銀壹百陸拾兩正，其銀即日隨契面兌交訖明白，不欠分厘。其田自賣之後，任從闕邊執契推收過户完粮，起耕管業。其田係是清楚業產，與内外叔伯兄弟子侄人等並無干碍，爭執亦無重典文墨交加。上手來歷不明，賣主自能一力承當，不涉買主之事。所賣所買，正行交易，出在兩家心愿，並無債負逼抑、疊騙等情。日後並無反悔，永遠不得異言找價、取贖之理。恐口難信，故立契券為據。

乾隆肆拾肆年十二月初五日立賣田契人王潘氏（押）

仝男王招貴（押）

發貴（押）

三貴（押）

四貴（押）

憑中周應福（押）

梁禄春（押）

梁祖富（押）

王連開（押）

雷文台（押）

在場嫡叔王挑興（押）

母舅潘繼通（押）

代筆葉載興（押）

契券利

立杜田契人王門潘氏仝男招貴等原典闕永山兄邊之業田坐落
拾捌都土名赤圩坑口共田叁處共計民額壹拾伍畝正界至正契載
明不具今因缺粮無办又兼口食不給請託原中向勸闕邊杜出契外
九七实銀肆拾兩正其銀當日親收足訖不少分厘其田此杜之後斷根
葛藤任憑闕邊子孫永遠管業王邊永不得異言識認再杜等情如
違甘受叠騙之論恐口难信故立杜田契斷絶永遠為據　行

乾隆肆拾伍年二月初九日立杜田契人王門潘氏（押）

仝男　四貴（押）
　　　三貴（押）
　　　招貴（押）
　　　參貴（押）

在場見杜堂叔王桃興（押）

原憑中周應福（押）

母舅潘繼通（押）

梁祖富（押）

梁祿春（押）

代筆葉載興（押）

杜契大利

（前頁）>>>>>

立賣田契人王門潘氏仝男招貴、發貴、三貴、四貴等，今因錢粮無办，自情愿将夫手遺下民田壹項，坐落拾捌都，土名赤圩坑口，坐田壹段，又土名赤圩坑坌内，大小坐田伍坵，上至王姓田為界，下至葉姓田為界，内至山脚為界，外至王姓田為界，又土名却斜坑，坐田壹段，上至吉嶺為界，下至潘姓田為界，左至上青山為界，下小坑為界，右至青山為界，併及荒地田坪房屋壹所，俱以在内，叁處共計額壹拾伍畝正，託中立契，出賣與闕永山兄邊承買為業，當日憑中三面断定，時值價紋銀壹百陆拾两正，其銀即日随契面兑交訖明白，不欠分厘，其田自賣之後，任從闕邊執契推收過户完粮，起耕管業，其田係父清楚業產，與内外叔伯兄弟子侄人等並無干碍争執，亦無重典文墨交加，上手来歷不明，賣主自能一力承當，不涉買主之事，所賣所買，正行交易，出在两家心愿，並無債負逼抑叠騙等情，日後並無反悔，永遠不得異言找價取贖之理，恐口难信，故立契券為據。

四貴

三貴

仝男 王招貴 梁禄春

發貴 梁祖富

乾隆肆拾肆年十一月初五日 立賣田契人 王潘氏 憑中 周應福

在埸嫡叔 王桃興 王連開

母舅 潘継通 雷文台

代筆 葉載興

（前頁）>>>>>

立找田契人王門潘氏仝男招貴等，原與闕永山兄邊交易民田，坐落拾捌都，土名赤圩坑口，共田叁處，共計民額壹拾伍畝正，界至正契載明不具，今因錢粮無办，又兼口食不給，請託原中向勸闕邊找出契外九七实銀肆拾两正，其銀當日親收足訖，不少分厘，其田此找之後，断根葛藤，任憑闕邊子孫永遠管業，王邊永不得異言識認再找等情，如違，甘受叠騙之論，恐口难信，故立找田契断絶永遠為據。

四貴

三貴

仝男　招貴

發貴

乾隆肆拾伍年二月初九日　立找田契人　王門潘氏

在塲見找嫡叔　王桃興

原憑中　周應福

母舅　潘繼通

梁祖富

梁禄春

代筆　葉載興

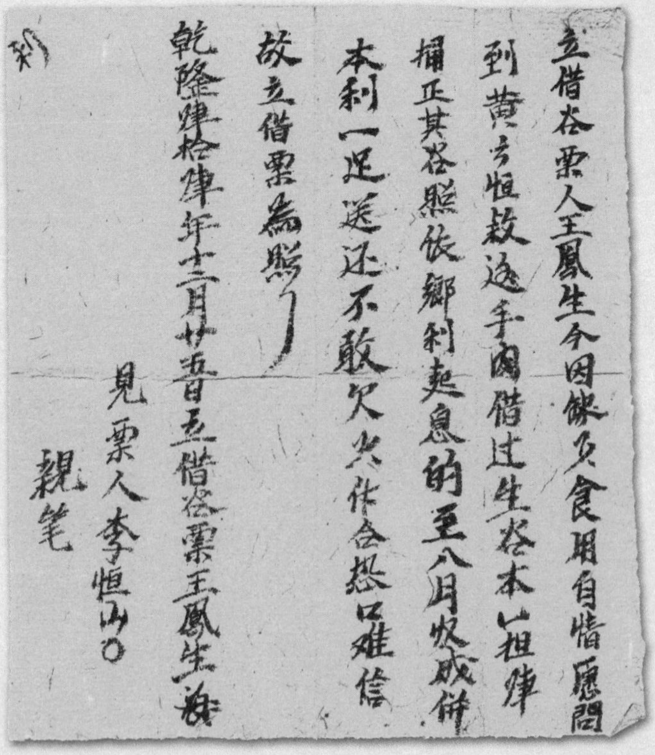

立借谷票人王鳳生，今因缺少食用，自情愿問
到黃云恒叔边手内借过生谷本一担肆
桶正，其谷照依鄉利［例］起息，的至八月收成，併
本利一足送还，不敢欠少升合，恐口难信，
故立借票為照。
乾隆肆拾肆年十二月廿五日　立借谷票　王鳳生
見票人　李恒山
親笔

立賣田契人王公瑜，今因錢粮無办，自情愿将祖父遺下民
田壹處，坐落廿一都，土名南山下庄西山岗坑鋪屋後，田伍坵，東至
蔡姓田為界，南至自己田為界，西至闕姓田為界，北至山為界，
併及左右荒地，一應在内，共計額壹分正，欲行出賣，托中送與
闕永山承買為業，當日三面言断，時值田價銀柒两正，其銀即日
隨契两相交訖，不少分文，其田自賣之後，任從買主推收過户完
粮，起耕管業，賣人不得異言阻擋，此係祖父遺下清楚物業，
與内外伯叔兄弟人等並無干涉，亦無重典文墨交加，如有来歷
不明，賣人一力承當，不涉買主之事，所買所賣，正行交易，出在
两甘情愿，日前亦無債貨逼抑等情，恐口难信，故立賣契送
與闕邊永遠管業為據。
乾隆肆拾伍年十二月初八日　立賣契　王公瑜
見中　周德惠
代筆　蕭佑三

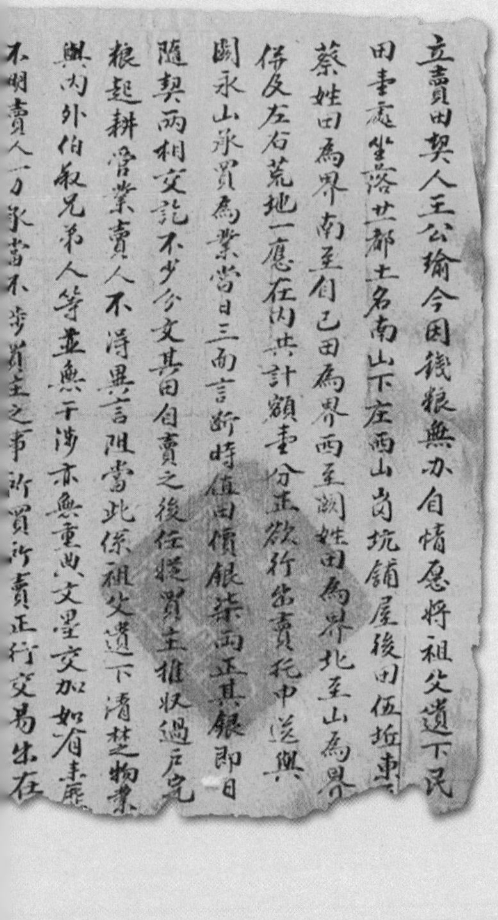

（契尾，乾隆伍拾年捌月）

两甘情愿，日前亦無債貨逼抑等情，恐口难信，故立賣契送
與闕邊永遠管業為據。
乾隆肆拾伍年十二月初四日立賣契王公瑜（押）
見中周德惠（押）
代筆蕭佑三（押）

字叁千肆百柒拾貳號　業户闕永山

乾隆伍拾年捌月

立賣契張方荣，今因缺本生理，愿将父置得闕
福琳水田壹項，又置得鄧寧春水田壹項，又自置得
趙如玉水田壹項，又置得藍友春水田壹項，又置得鄭
兆麟水田壹項，又置得謝亮珍水田壹項，以上共田陸處，
共計租谷玖拾肆碩，俱坐松邑廿一都，土名大片頭庄，
額数一照曹主新丈后，畝分四至坵段，俱已原契載
明，央中併正找原契壹拾壹纸，立契出賣與魏宅
永清親边為業，面断時價銅錢叁伯伍拾仟文
正，其錢當日收訖，其田一照原契，任從魏边改佃收
租，完粮管業，張边無执，日先並無文墨重交，亦無
内外親房兄弟人等争执，如有此色，張边自向支
當，不涉買主之事，日後不拘年限，張边備原價錢
取贖，魏边無执，恐口無凴，立賣契為照。

乾隆四拾捌年十弍月　日　立賣契　張方荣

弟　發龍

見契　福龍

梁用九

彭貴麟

親筆

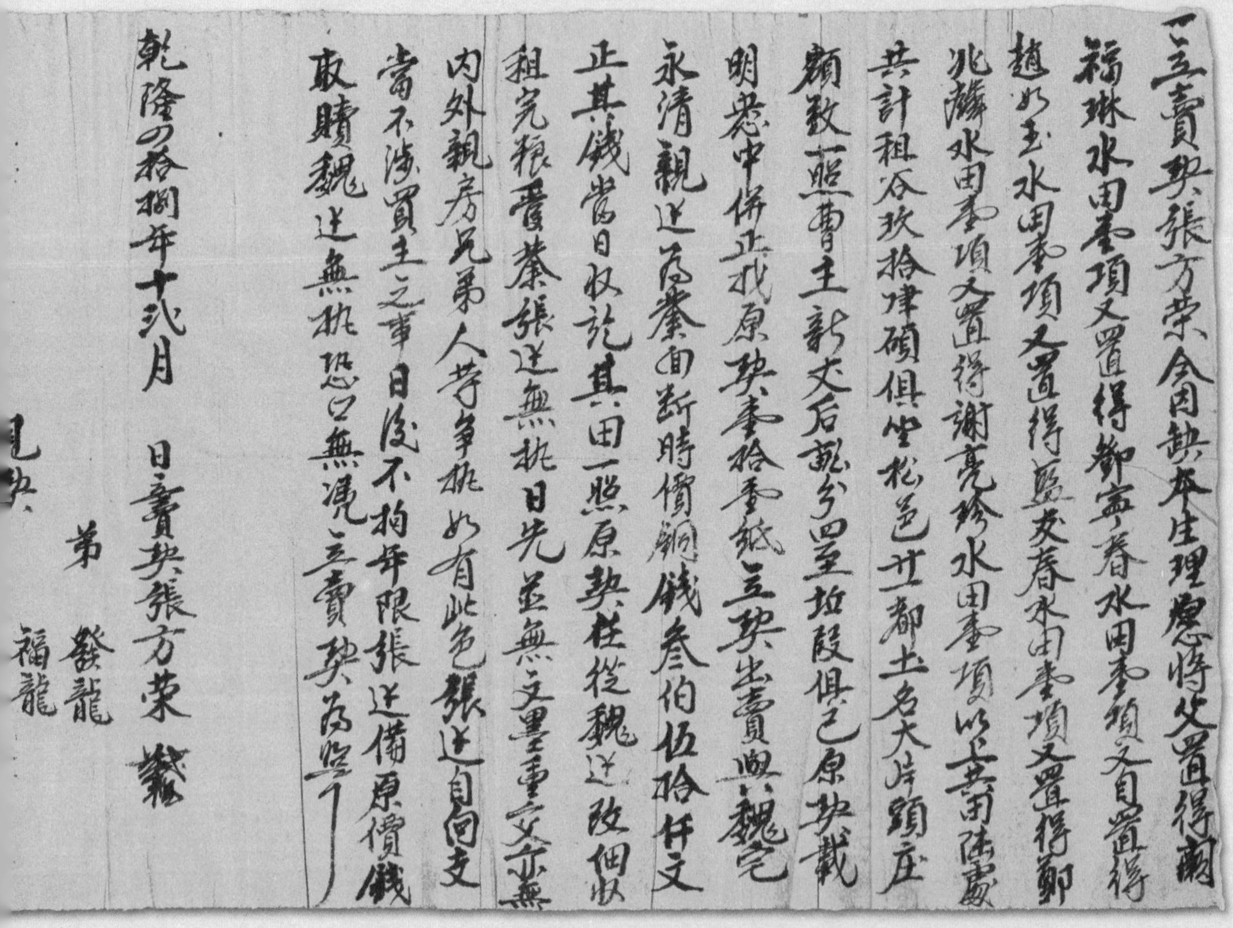

立賣契張方荣今因缺本生理愿将父置得闕福琳水田壹項又置得鄧寧春水田壹項又自置得趙如玉水田壹項又置得藍友春水田壹項又置得鄭兆麟水田壹項又置得謝亮珍水田壹項以上共田陸處共計租谷玖拾肆碩俱坐松邑廿一都土名大片頭庄額数一照曹主新丈后畝分四至坵段俱已原契載明央中併正找原契壹拾壹纸立契出賣與魏宅永清親边為業面断時價銅錢叁伯伍拾仟文正其錢當日收訖其田一照原契任從魏边改佃收租完粮管業張边無执日先並無文墨重交亦無内外親房兄弟人等争执如有此色張边自向支當不涉買主之事日後不拘年限張边備原價錢取贖魏边無执恐口無凴立賣契為照
乾隆四拾捌年十弍月　日立賣契張方荣
弟　發龍
福龍

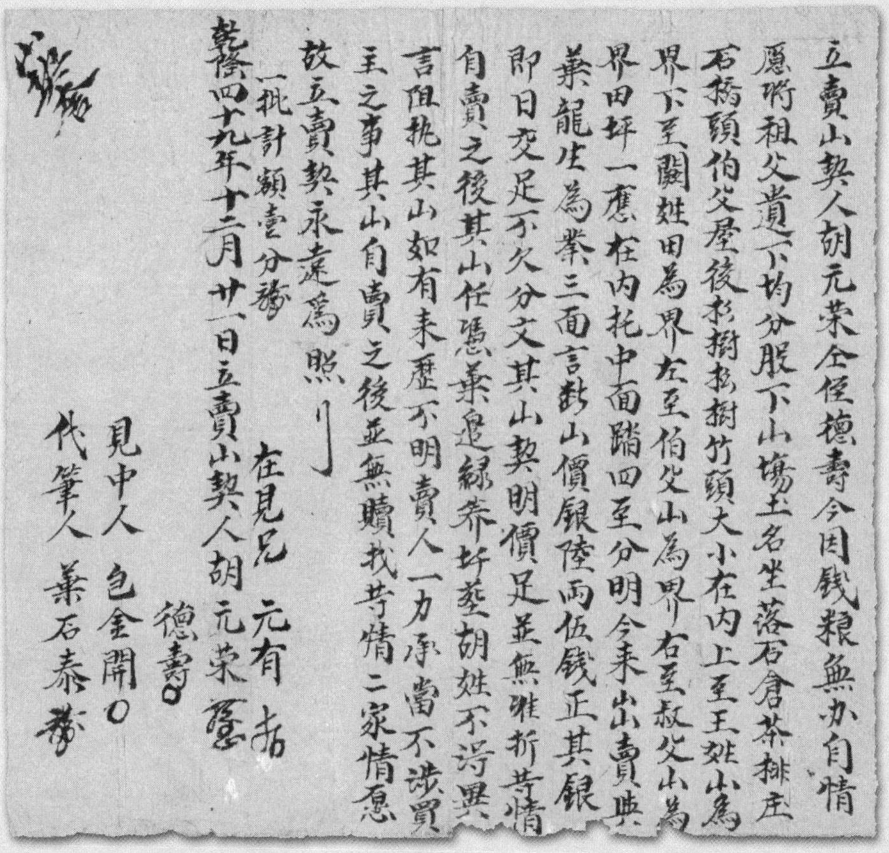

立賣山契人胡元荣仝侄德壽，今因錢粮無办，自情愿将祖父遺下均分股下山塲，土名坐落石倉茶排庄石橋頭伯父屋後，杉樹松樹竹頭大小在内，上至王姓山為界，下至闕姓田為界，左至伯父山為界，右至叔父山為界，田坪一應在内，托中面踏，四至分明，今来出賣與葉龍生為業，三面言断，山價銀陸两伍錢正，其銀即日交足，不欠分文，其山契明價足，並無准折等情，自賣之後，其山任憑葉邊録〔籙〕养扦葬，胡姓不得異言阻执，其山如有来歷不明，賣人一力承當，不涉買主之事，其山自賣之後，並無贖找等情，二家情愿，故立賣契永遠為照。

一批計額壹分。

在見兄　元有

乾隆四十九年十二月廿一日　立賣山契人　胡元荣

德壽

見中人　包金開

代筆人　葉石泰

立賣契人倪林緒今因錢粮無办自情愿將祖
父遺下已分閹內水田坐落雲邑伍都黃衕庄
小土名坐落下塘田壹處計畝肆畝零計租谷壹
拾陸碩正其田上至石達下至林香田左右山為
為界出在肆至分明託中立契出賣與孫宋元
親邊為業當日憑中三面斷值時價銀九七色
銀捌拾伍兩正其銀即日親足訖並無短少分
文其田自賣之後任憑孫邊前去推收過户完
粮改佃收租管業如有內外人等争执倪邊一力
自能承當不涉孫邊之事其田永為孫邊血業
倪邊永遠子侄不得言称找贖等情愿賣愿
受出在兩相情愿並無逼抑之理恐口难憑立
賣契永遠為據
乾隆伍拾肆年十二月廿七日立賣契倪林緒（押）

立賣契人倪林緒，今因錢粮無办，自情愿将祖父遺下己分閪内水田，坐落雲邑伍都黄衕庄，小土名坐落下塘，田壹處，計畝肆畝零，計租谷壹拾陸碩正，其田上至石边，下至林秀田，左右山『為』為界，出在肆至分明，託中立契，出賣與孫永元親边為業，當日凴中三面断，值時價銀九七色銀捌拾伍两正，其銀即日親（收）足訖，並無短少分文，其田自賣之後，任凴孫边前去推收過户，完粮改佃，收租管業，如有内外人等争执，倪边一力自能承當，不涉孫边之事，其田永為孫边血業，倪边永遠子侄不得言称找贖等情，愿賣愿受，出在两相情愿，並無逼抑之理，恐口难凴，立賣契永遠為據。

乾隆伍拾肆年十一月廿七日　立賣契　倪林緒

在見契　林發

林兆

林秀

林鳳

原中　范日遠

葉松枝

代筆　王元甫

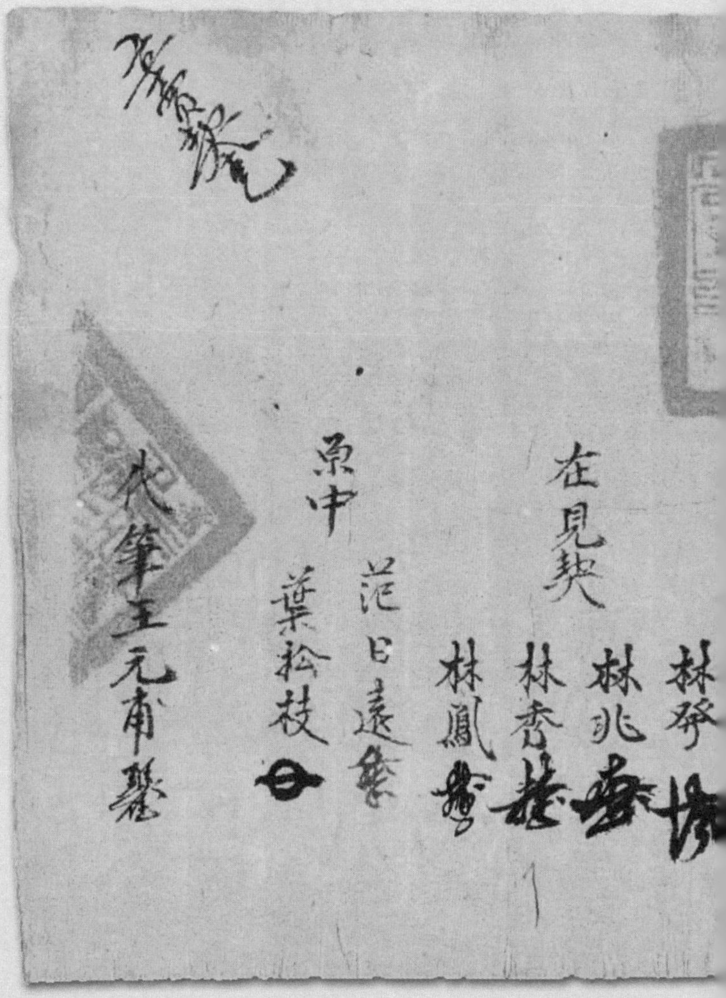

立断截找契倪林緒，今因日先曾將有水田坐落雲邑五都黃衕庄，水田坐落下塘田，畝分租数界至，俱已前有正契載明無異，請託原中向與孫永元親边找出足價銀壹拾壹两正，其銀即日親收足訖，並無短少分文，其田自找之後，永為孫边子孫血業，倪边子侄永遠不得言称找贖等情，永断葛藤去根，愿断愿受，出在两家心愿，並無逼（抑）之理，恐口难凭，立断截找契永遠為據。

乾隆伍拾伍年二月初六日　立断截找契　倪林緒

見找　林發

林兆

林秀

林鳳

原中　范日遠

葉松枝

代筆　王元甫

（契尾，乾隆五十七年五月）

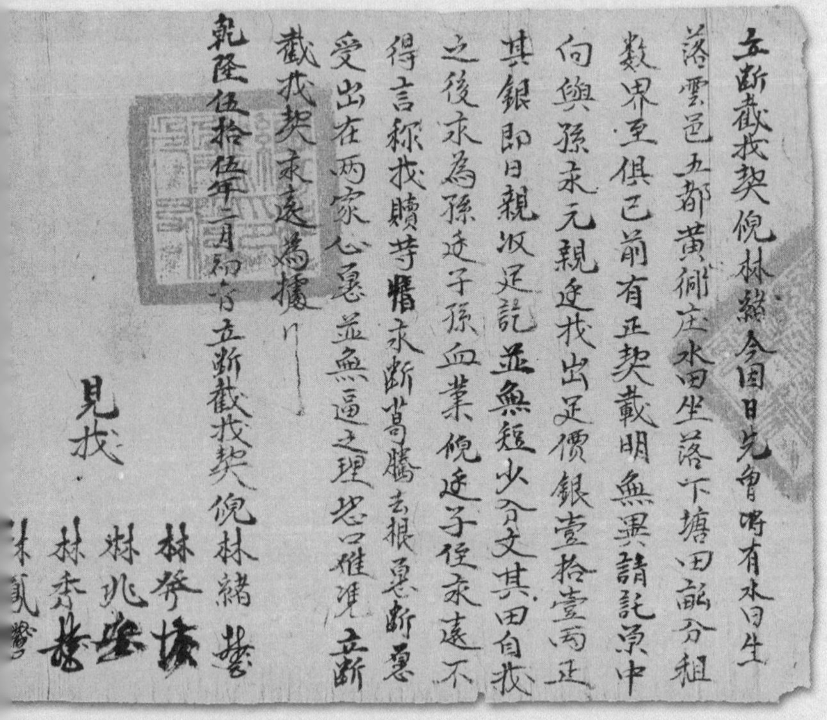

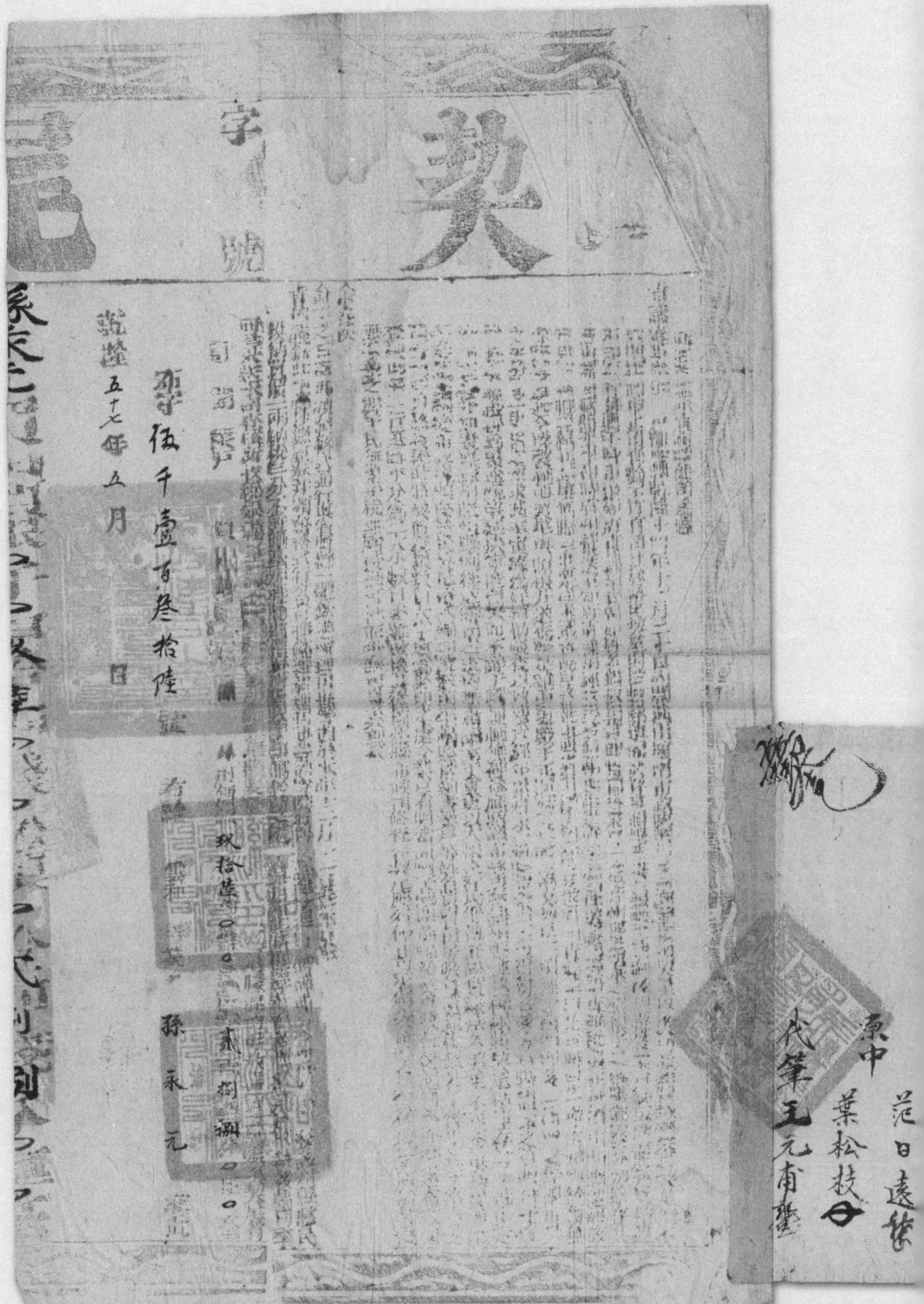
字　號

乾隆五十七年五月　日

價伍千壹百叁拾陸

孫永元

原中　葉松枝

代筆王元甫

范日遠

□□□□□□□□□□□□□，今因錢粮無办，自情愿
将父手遺下民田壹處，坐落廿一都石倉源茶排庄，土名
水崗塆墻圍內田下壹坵，東至路為界，南至賣主（田）為界，
西至闕边（田）為界，北至闕边（田）為界，今俱四至分明，托中送與
闕天開承買為業，當日凴中三面言断，時值田價銅錢
貳拾仟（文）正，計額伍分正，其錢即日随契两相交□□□
個文，自賣之後，任憑買主推收過户，完粮管業起耕，賣
主無得異（言），此係父遺下清業，並無內外伯叔兄弟□□
等争执，如有來歷不明，賣主自能一力承當，不涉買主
□□□□□□□□□□□□□□係二家□□
無逼抑等情，□載断□□不敢取贖找價，永遠不□□，
恐口無憑，故立賣契為照。
乾隆伍拾玖年正月廿四日　故立賣田契人　包金開
金滿
憑中　闕三有
包石保
闕德梅[1]
代筆　闕永亮

1 據光緒《闕氏宗譜》，『德梅』實為『德珻』之誤。

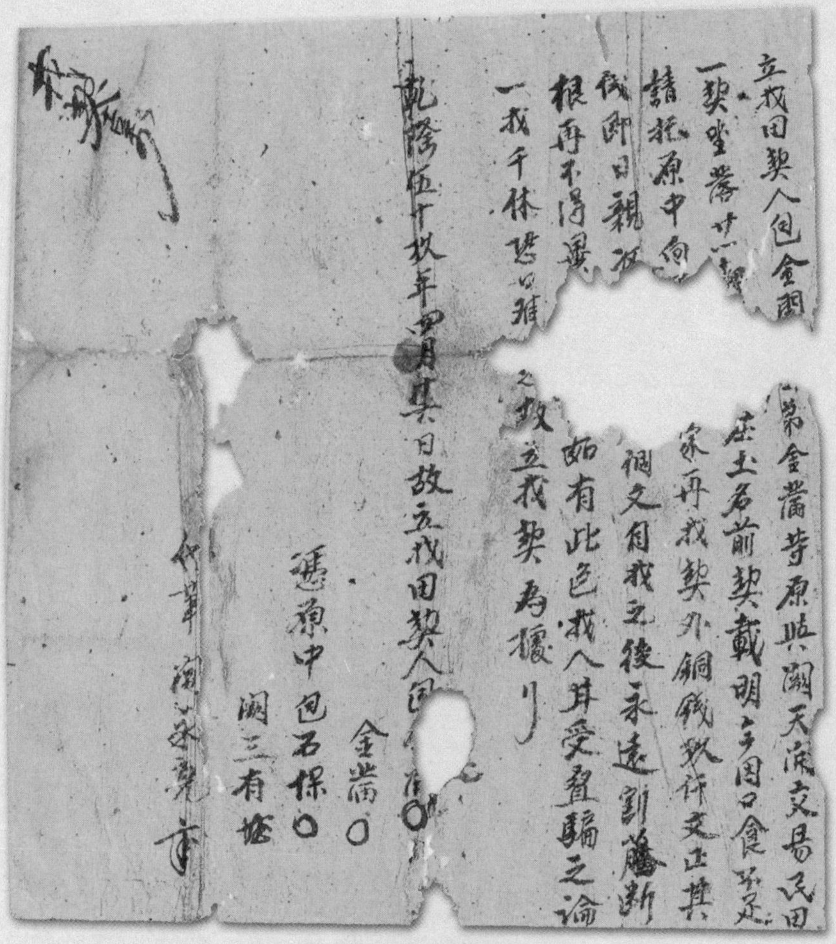

立找田契人包金開仝弟金滿等，原與闞天開交易民田一契，坐落廿一都茶排庄，土名前契載明，今因口食不足，請托原中向□□□家再找契外銅錢玖仟文正，其钱即日親收□□□□個文，自找之後，永遠割藤断根，再不得異□□□，如有此色，找人甘受叠騙之論，一找千休，恐口难憑，故立找契為據。

乾隆伍十玖年四月十六日　『故』立找田契人　包金開

金滿

憑原中　包石保

闞三有

代筆　闞永亮

立賣斷契人王元學今因錢粮無办自情愿將父遺下民田坐落廿一都茶排庄土名洋
頭崗上至闕天開田為界下至闕德琳田為界左至路為界右至坑為界又併及田沿雜
木柳樹俱已在內計額壹畝正自愿請託中人三面踩踏清楚今俱四至分明親立出
文契送與闕天苍闕皇會衆等入手承買為業當日凭中三面言斷時值田價銅錢
貳拾仟文正其錢即日當中交訖不少個文自賣之後為始任憑買主前去推收過户
完糧起耕改佃收租管業賣人不得異言阻滯乃係自己清楚物業與內外伯叔兄
弟侄人等亦無干碍並無文墨重典他人如有來歷不明賣人一力支當不涉買主
之事此係正行交易不是准折債貨之故其因契載割藤斷根永不得取贖所賣所
買兩無逼勒等情二家情愿并肯各無悔今欲有憑付與買主永遠為照

大清嘉慶丙辰元年二月初十日立賣斷契人 王元學

胞弟 王順學 茶學 天學

凭中 闕三有 胡海寿 王宗桂

親筆 王茶學

（前頁）>>>>>

立賣断契人王元學，今因錢粮無办，自情愿将父遺下民田，坐落廿一都茶排庄，土名洋頭崗，上至闕天門田為界，下至闕德琳田為界，左至路為界，右至坑為界，又併及田沿雜木柏樹俱已在内，計額壹畝正，自愿請託中人三面踩踏清楚，今俱四至分明，親立出文契，送與闕天龙閔皇會衆等入手承買為業，當日凴中三面言断，時值田價銅錢貳拾仟文正，其錢即日當中交訖，不少個文，自賣之後為始，任憑買主前去推收過户完糧，起耕改佃，收租管業，賣人不得異言阻滞，乃係自己清楚物業，與内外伯叔兄弟（子）侄人等亦無干碍，並無文墨重典他人，如有来歴不明，賣人一力支當，不涉買主之事，此係正行交易，不是準折債貨之故，其田契載割藤断根，永不得取贖，所賣所買，兩無逼勒等情，二家情愿甘肯，各無反悔，今欲有憑，付與買主永遠為照。

天學

胞弟　王順學

榮學

大清嘉慶丙辰元年二月初一日　立賣断契人　王元學

凴中　闕三有

胡海寿

王宗桂

親筆　王荣學

立找断截人王元學，原與闞天龙會衆等交易民田一契，坐落廿一都茶排庄，土名洋頭崗，畝分界至，前有正契載明，今因口食不給，再託原中相勸業主，找出契外銅錢捌仟文正，其錢即日親收足訖，不少個文，自找之後，割藤断絶，永遠子孫無得異言識認等情，一找千休，如有此色，甘受重復叠騙之辜，恐口無凴，立找断截契為據。

天學
胞弟　王順學
榮學

大清嘉慶丙辰年四月十六日　立找断截契人　王元學
原中　闞三有
胡海寿
王宗桂
親筆　王荣學

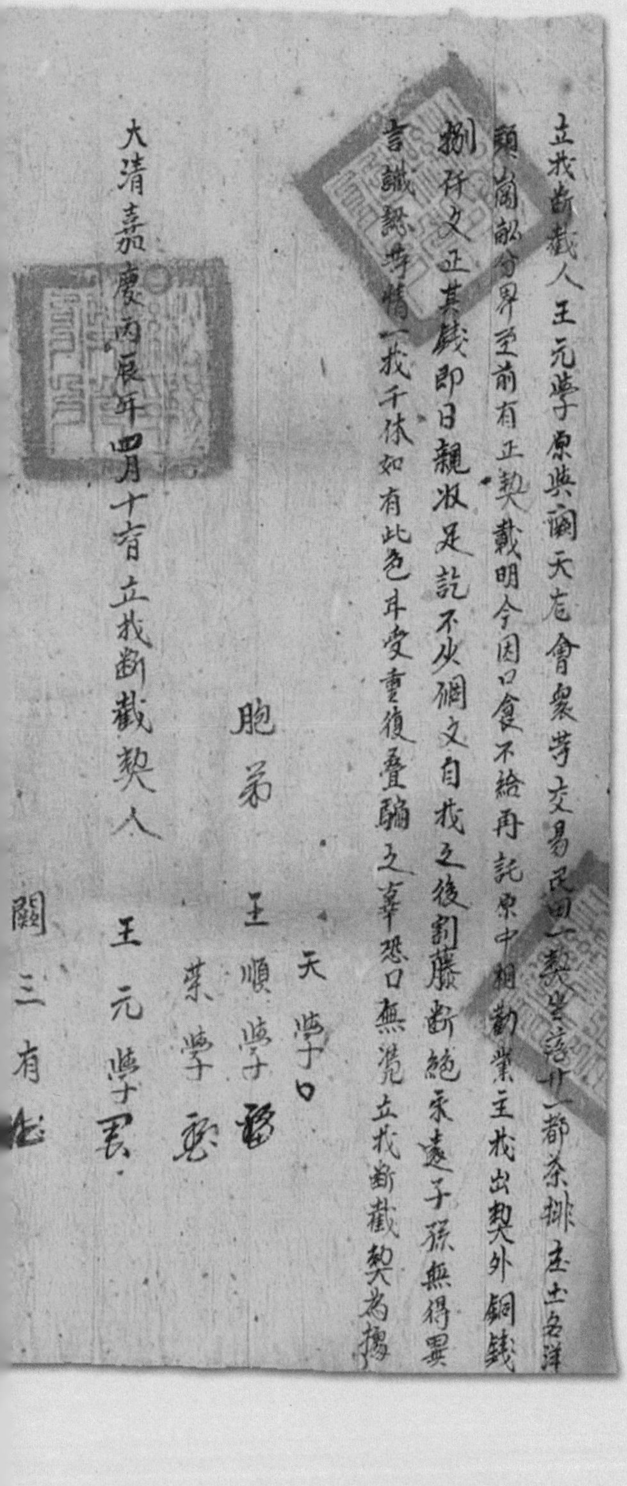
立找断截人王元學原與闞天龙會衆等交易民田一契坐落廿一都茶排庄土名洋頭崗畝分界至前有正契載明今因口食不給再託原中相勸業主找出契外銅錢捌仟文正其錢即日親收足訖不少個文自找之後割藤断絶永遠子孫無得異言識認等情一找千休如有此色甘受重復叠騙之辜恐口無凴立找断截契為據
天學
胞弟　王順學
榮學
大清嘉慶丙辰年四月十六日　立找断截契人　王元學
闞三有

（契尾，嘉慶拾年陸月）

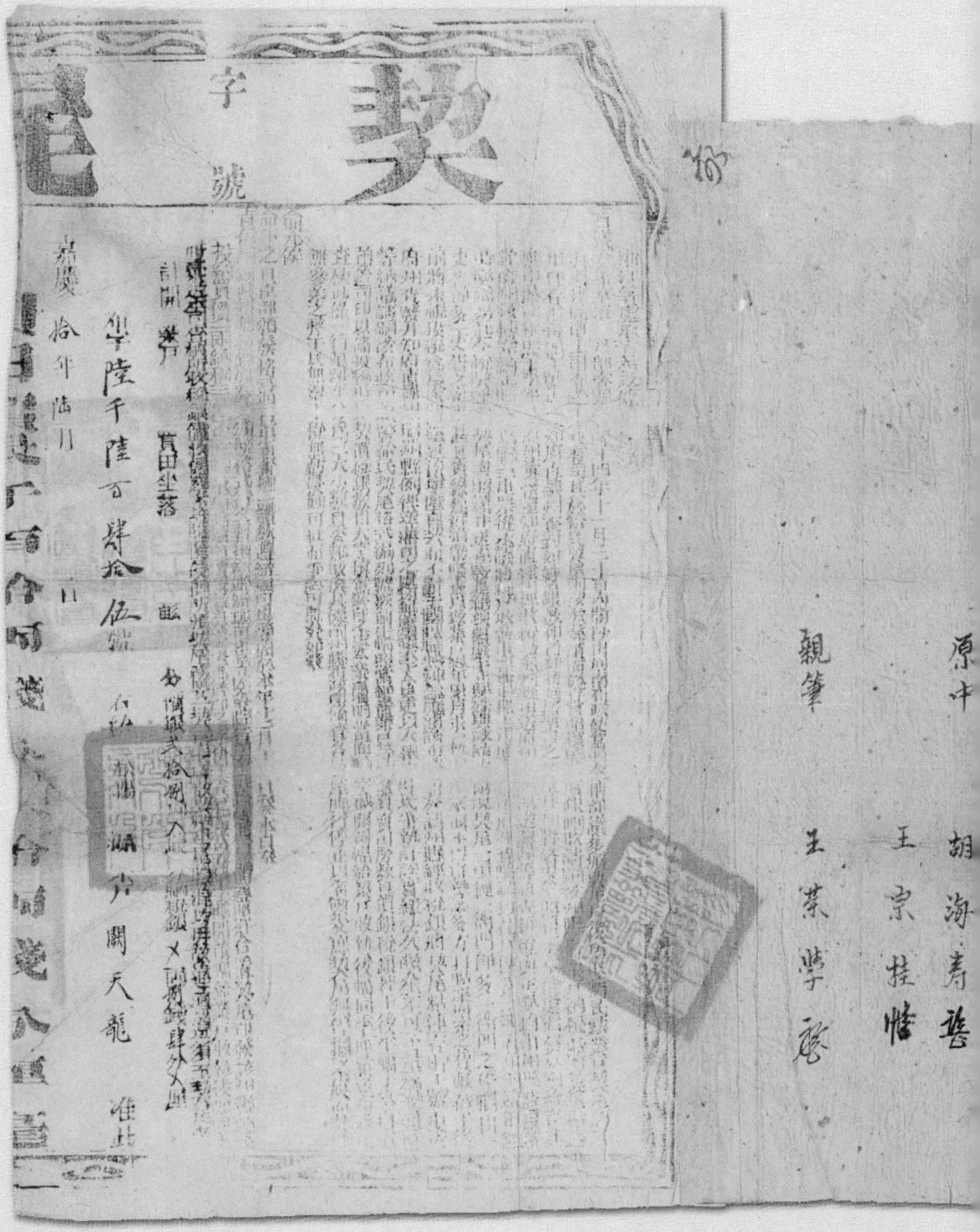
字
契
號
嘉慶拾年陸月　日
計開業戶
買田坐落
闕天龍
准此
原中　胡海壽
王宗桂
親筆　王榮學

立找斷截契人賴敦琳原與劉梭興交易民壹處土名坐落
雲邑九都茶舖山土名樟樹背畝分坵塅俱在正契載明
今因缺少口食再請托原中前去相勸業主找出契外
銀壹拾叁兩正其銀當日隨找兩相交付足訖並不短
少分文其田地塅修荒補闊任憑劉邊報星家糧賣主
不得異言執吝爭情自找之後一找千休永無找無贖亦
不得另生事端如違甘受疊之罪立找斷截契為據

原中 劉學賢
王德興
張田牧
楊泰
白興泰

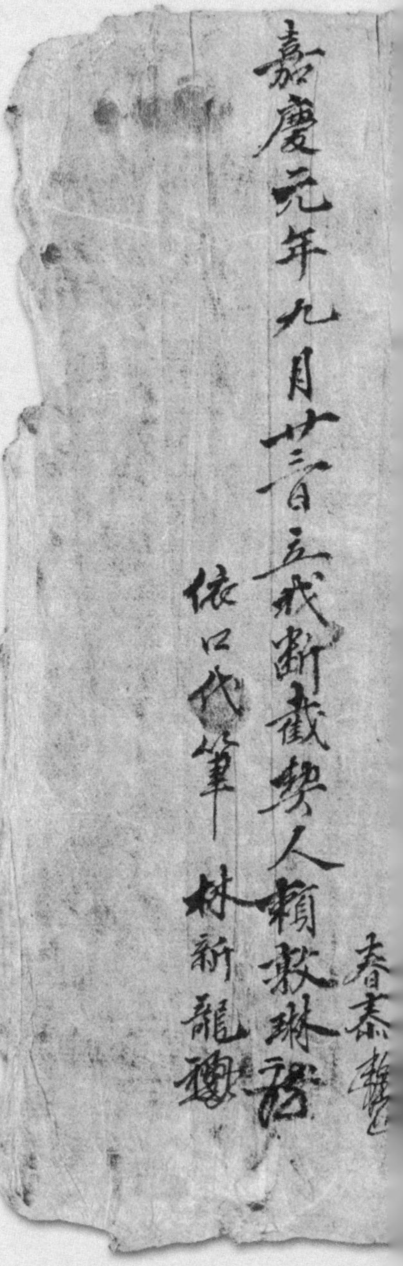
嘉慶元年九月廿三日立找断截契人賴敦琳
依口代筆林新龍
春泰

立找断截契人賴敦琳，原與劉接興交易民（田）壹處，土名坐落雲邑九都茶鋪，小土名樟樹背，畝分坵角，俱在正契載明，今因缺少口食，再請托原中前去相勸業主，找出契外銀壹拾叁两正，其銀當日隨找两相交付足訖，並不短少分文，其田地角修荒補闊，任憑劉边報垦承粮，賣主不得異言執吝等情，自找之後，一找千休，永無找無贖，亦不得另生事端，如違，甘受叠（騙）之罪，立找断截契為據。

原中　闕學賢

王德興

張田牧

伯　揚泰

興泰

春泰

嘉慶元年九月廿三日　立找断截契人　賴敦琳

依口代筆　林新龍

立賣田契人王萬年萬華萬宗等今因錢粮無辦自情愿將祖父遺下
民田壹處坐落百步庄廿一都土名潘山頭槽碓邊田壹坵計額壹畝
壹分正上至萬華田為界下至萬宗田為界左右山為界又壹處土名
百步源内老爐場頂上田壹坵計額肆分正上左右山為界下萬華田為
界今俱四至分明托中送與闕永壽承買為業當日憑中三面言斷時值
田價銅錢貳拾肆仟文正其錢即日仝中收足其田自賣之後任憑買主
推收過戶完粮起耕收租管業其田係自己三房清業與内外伯叔人等並無
寸土干碍日先亦無重典文墨交加如有此色賣人一力承當不涉買主之
事其田自賣之後契明價足永無找贖等情此出兩家心愿並無逼抑債貨
之故今欲有憑立賣田契付與買主永遠為據

嘉慶貳年二月拾陸日立賣契人 王萬年 萬華 萬宗

憑中 徐元華 陳玉盛

代筆 葉剣滌

立找田契人王萬華宗昔原典闕永壽交易民田
壹處坐落廿一都百步庄土名潘山頭田壹假又
土名百步源内老炉塲田壹處共田叁處並分界
額正契載明今粮迫請託原中找出契外銅錢
叁仟文正其錢即日收足其田此找之後斷根
绝賣永遠不敢識認再找昔情如違甘受疊
騙之論恐口無憑故立找契付典闕永壽為據

嘉慶二年三月廿六日立找契人 王萬華 宗

見找 徐元華 陳玉盛

代筆 葉荆禄

(前頁)>>>>>

立賣田契人王萬年、萬華、萬宗等，今因錢粮無辦，自情愿将祖父遺下民田壹處，坐落百步庄廿一都，土名潘山頭槽碓邊，田壹坵，計額壹畝壹分正，上至萬華田為界，下至萬宗田為界，左、右山為界，又壹處，土名百步源内老爐塲頂上田壹坵，計額肆分正，上、左、右山為界，下萬華田為界，今俱四至分明，托中送與闞永壽承買為業，當日憑中三面言断，時值田價銅錢貳拾肆仟文正，其錢即日仝中收足，其田自賣之後，任憑買主推收過户，完粮起耕，收租管業，其田係自己三房清業，與内外伯叔人等並無寸土干碍，日先亦無重典文墨交加，如有此色，賣人一力承當，不涉買主之事，其田自賣之後，契明價足，永無找贖等情，此出两家心愿，並無逼抑債貨之故，今欲有憑，立賣田契付與買主永遠為據。

華

嘉慶貳年二月拾陸日　立賣契人　王萬年

宗

憑中　徐元華

陳玉盛

代筆　葉荆禄

（前頁）>>>>>

立找田契人王萬年、萬華、萬宗等，原與闕永寿交易民田壹處，坐落廿一都百步庄，土名潘山頭，田壹塅，又土名百步源内老炉塲田壹處，共田弍處，畝分界額，正契載明，今粮迫，請託原中找出契外銅錢叁仟文正，其錢即日收足，其田此找之後，断根绝業，永遠不敢識認再找等情，如違，甘受叠騙之論，恐口無憑，故立找契付與闕永寿為據。

嘉慶二年三月廿六日　立找契人　王萬年

華

宗

見找　徐元華

陳玉盛

代筆　葉荆禄

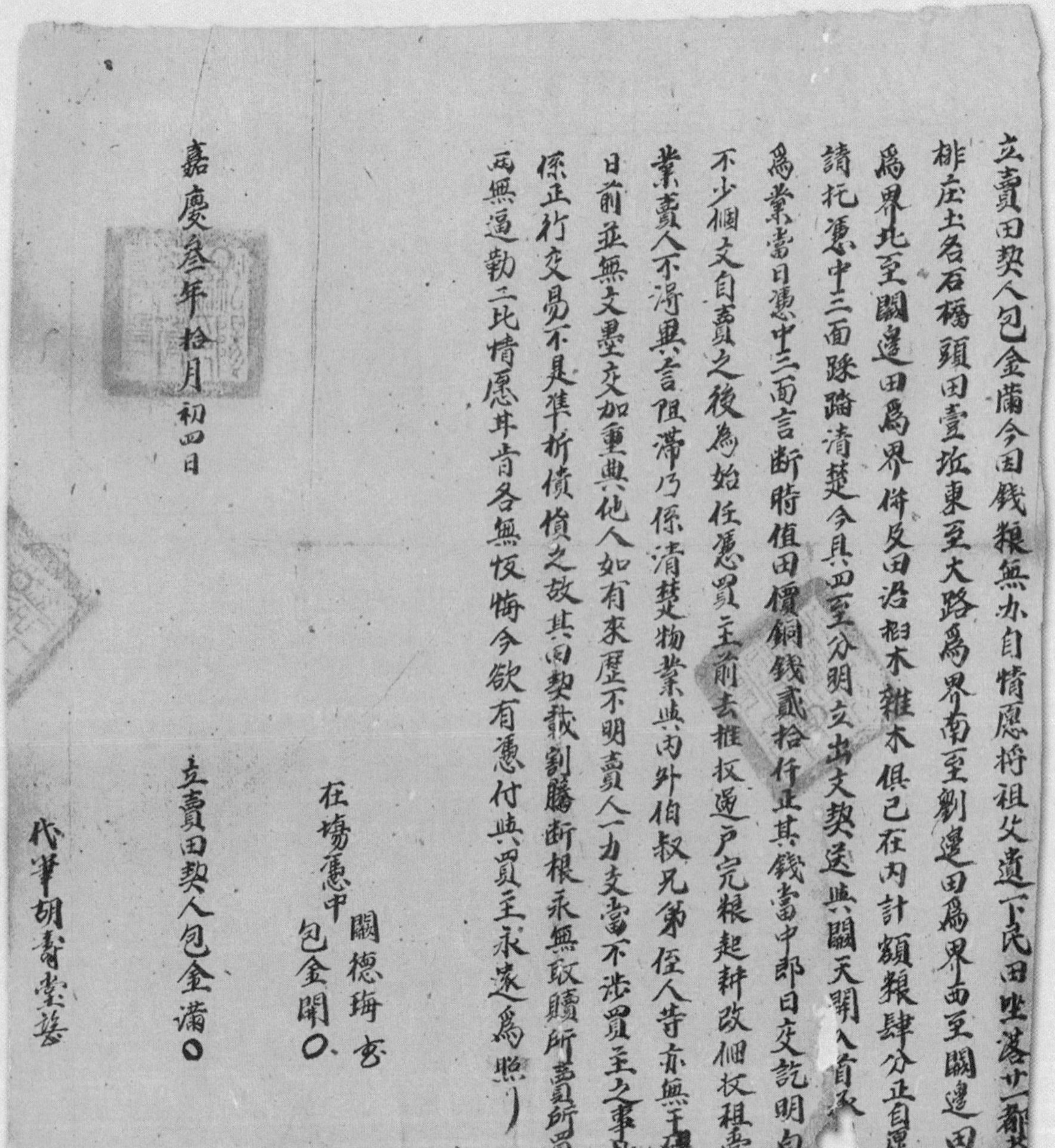
立賣田契人包金蒲今因錢粮無办自情愿将祖父遺下民田坐落廿一都茶
排庄土名石橋頭田壹坵東至大路為界南至劉邊田為界西至闕邊田
為界北至闕邊田為界併及田沿杉木雜木俱已在内計額粮肆分正自愿
請托憑中三面踩踏清楚今具四至分明立出支契送與闕天開入首承
為業當日憑中三面言断時值田價銅钱貳拾仟正其錢當中即日交訖明白
不少個文自賣之後為始任憑買主前去推收過户完粮起耕改佃收租管
業賣人不得異言阻滞乃係清楚物業與内外伯叔兄弟侄人等亦無干碍
日前並無文墨交加重典他人如有來歷不明賣人一力支當不涉買主之事此
係正行交易不是準折債貨之故其田契載劉騰断根永無取贖所賣所買
兩無逼勒二比情愿并肯各無返悔今欲有憑付與買主永遠為照

在場憑中 闕德珻
包金開 ○

嘉慶叁年拾月初四日

立賣田契人包金潽 ○

代筆胡壽棠

(前頁)>>>>>

立賣田契人包金滿，今因錢粮無办，自情愿将祖父遺下民田，坐落廿一都茶排庄，土名石橋頭，田壹坵，東至大路為界，南至劉邊田為界，西至闕邊田為界，北至闕邊田為界，併及田沿柏木、雜木俱已在内，計額粮肆分正，自愿請托憑中，三面踩踏清楚，今具四至分明，立出文契，送與闕天開入首承買為業，當日憑中三面言断，時值田價銅錢貳拾仟文正，其錢當中即日交訖明白，不少個文，自賣之後為始，任憑買主前去推收過户完粮，起耕改佃，收租管業，賣人不得異言阻滞，乃係清楚物業，與内外伯叔兄弟（子）侄人等亦無干碍，日前並無文墨交加重典他人，如有來歷不明，賣人一力支當，不涉買主之事，此係正行交易，不是準折債貨之故，其田契載割藤断根，永無取贖，所賣所買，兩無逼勒，二比情愿甘肯，各無反悔，今欲有憑，付與買主永遠為照。

在場憑中　闕德珻

包金開

嘉慶叁年拾月初四日　立賣田契人　包金滿

代筆　胡壽堂

立賣山契人闞魁琳，今因乏用，自情愿将父手遺下兄弟均分自己股内山場，坐落廿壹都夫人庙庄，小土名高坑屋外手菁山壹處，計山粮伍分正，其山外至葉家山尖頂直下分水為界，内至爐場田内手長崀直上分水為界，上至山頂為界，下至山脚大坑為界，今俱四至分明，親立文契，托中送與本都林福興入受承買為業，當日憑中，時值山價銅錢壹拾叁仟文正，其錢即隨契交訖，其山自賣之後，任從買主扦葬籙養，扦窑燒炭，過户完粮，执契管業，賣人不敢異言阻滞，其山乃係父遺清業，與上下房親伯叔兄弟子侄内外人等並無干碍，亦無重復典當他人，倘有上手來歷不明，賣人一力承當，不涉買主之事，自賣之後，永無找贖識認，契明價足，一買一賣，两家心愿，各無反悔逼抑等情，恐後無憑，故立賣契付與買主永遠為據行。

嘉慶肆年四月初六日　立賣契人　闞魁琳

在場胞兄　魁德

胞弟　魁仁

在場見中　邱永琳

代筆　王祖桂

（契尾，嘉慶伍年拾弍月）

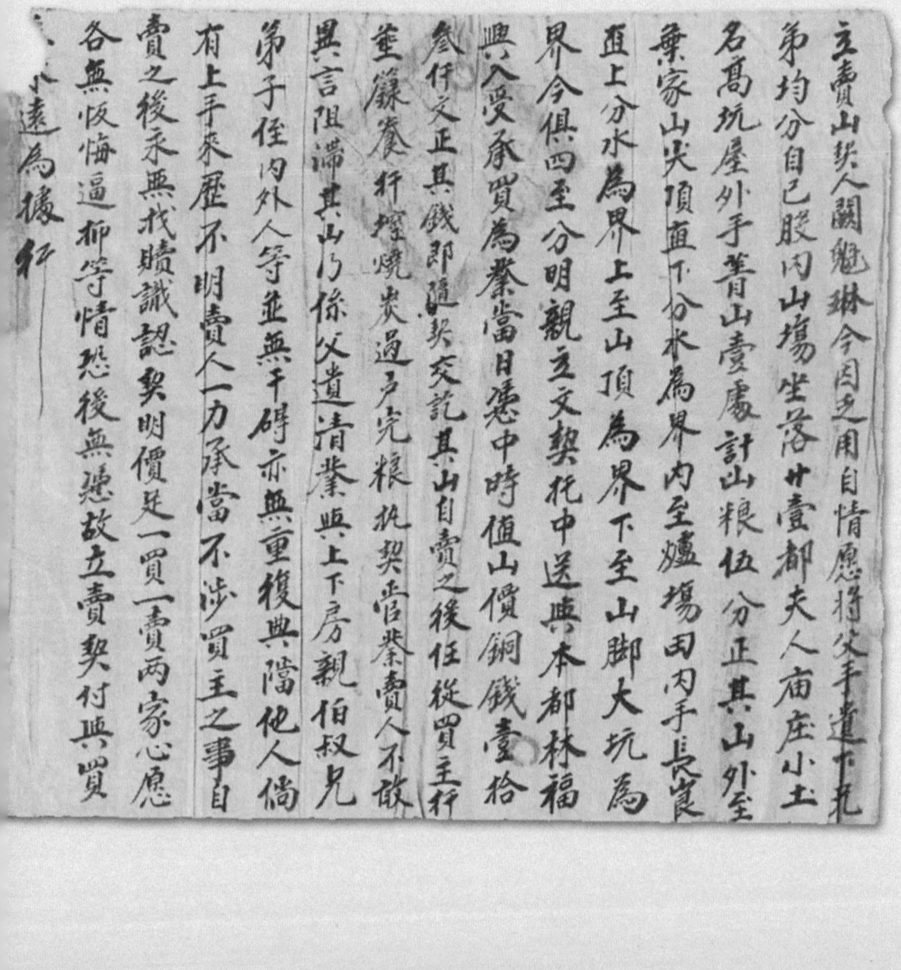

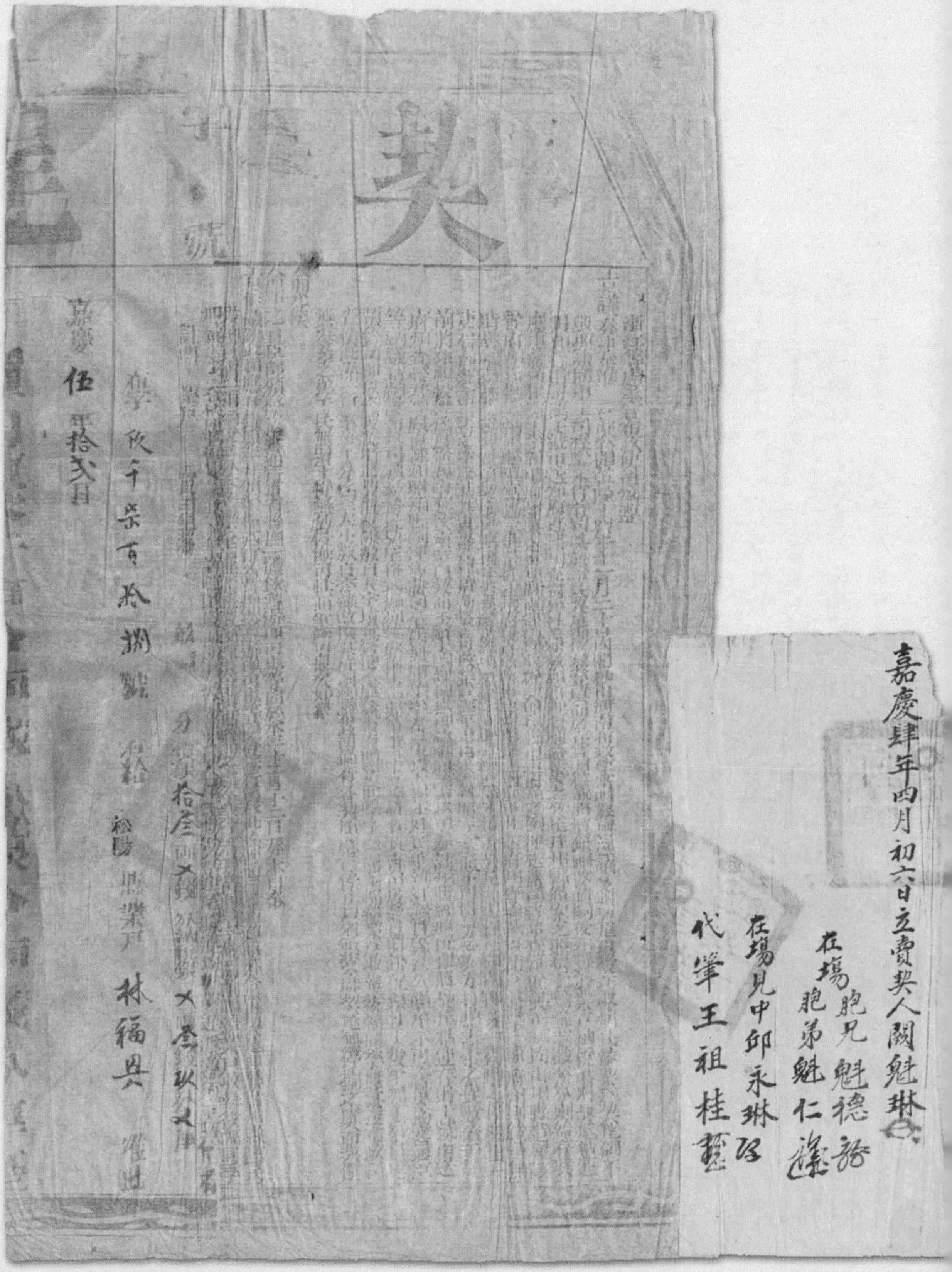
契
嘉慶伍年拾弍月
林福興
嘉慶肆年四月初六日立賣契人闕魁琳
在場胞兄魁德
胞弟魁仁
在場見中邱永琳
代筆王祖桂

立賣契魏庭桂，今因管業不便，愿將分入己名下水田數項，坐落土名松
邑廿一都大片頭前等處，四至畝分土名另開于後，憑中立契出賣與
闕天開爲業，面斷時價銅錢叁伯伍拾文，其錢當日收訖，其田任
從闕边段佃收租完糧管業，魏边無阻，日先並無文墨重叠，亦
無內外兄弟人等爭執，如有此色，魏边自能支當，不涉買主之事，
日後不拘年限，備办原價取贖，闕边無執，恐口無憑，立賣契存照。

計開

一土名安谷崗，東至路，南至坑，西至崇昌田，北至札頭頭田，大小叁
拾横；又坑背田一處，九横，拾柒坵；一土名揚頭崗田，大小叁坵；
一土名芥菜園田，大小六坵；又土名仝芥菜員口陳姓屋門首，大小貳坵；
一土名大龍坑田，大小捌坵；一土名包處坑瑞古路，又傳坵田貳處，上至闕田，
下至應田，左至坑，右至闕田爲界；一土名對門山田貳處，共田四處，大小六坵；
坵；一土名倉源頭門首下，秋壹坵；一土名外崗邊路田，大小五坵；
一土名倉源頭對門山田拾壹横，上至溝，下至潘姓田，左至坑，右至嶺爲界；
一土名揚路下屋門前田，大小拾六坵；一土名大山嶺後松樹崗下田，大小九坵。

以上等田共計額貳拾六畝乙分正　內註數字再照

立找契魏庭桂，日先有松邑廿一都水田數項，土名四至畝分俱已前契具
明，曾賣與闕天開边爲業，今因乏用，憑中再向闕边找出正契
外銅錢柒拾仟文正，其錢收訖，其田即與闕边段佃推收過戶完
糧管業，日后不得異言，恐口無憑，立找契存照。

見契叔　永琮　憑中　闕盈甫　代筆　永清

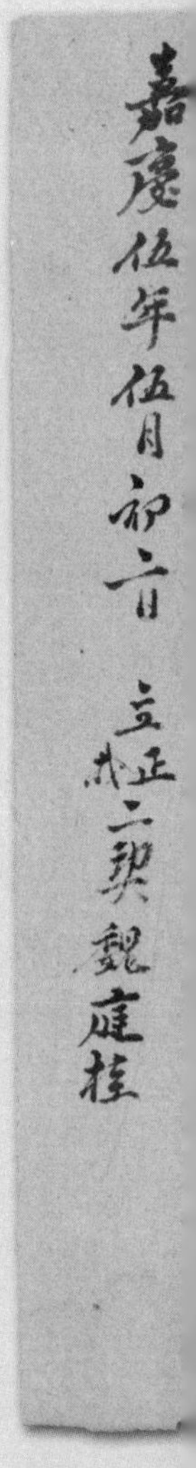

立賣契魏庭桂，今因管業不便，愿将分入已名下水田数項，坐落土名松邑廿一都大片頭庄等處，四至畝分土名另開于後，憑中立契，賣與闕天開為業，面断時價銅錢叁伯伍拾文，其錢當日收訖，其田任從闕边改佃收租，完粮管業，魏边無执，日先並無文墨重叠，亦無内外兄弟人等争执，如有此色，魏边自能支當，不涉買主之事，日後不拘年限，倫办原價取贖，闕边無执，恐口無憑，立賣契存照。

計開

一土名安岱崗，東至路，南至坑，西至荣昌田，北至扎頭頭田，大小叁拾横，又坑背田一處，九横拾柒坵，一土名楊頭崗，田大小叁坵，

一土名芥菜園，田大小六坵，又土名仝芥菜員［園］口陳姓屋门首，大小弍坵，

一土名大龍坑，田大小捌坵，一土名包處坑潘右路，又傳比田弍處，上至闕田，下至應田，左至坑，右至闕田為界，一土名對门山田弍處，共田四處，大小六拾壹坵，一土名倉源頭门首下秧壹坵，一土名外崗過路，田大小五坵，

一土名倉源頭對门山，田拾壹横，上至山，下至潘姓田，左至坑，右至嶺為界，

一土名横路下屋门前，田大小拾六坵，一土名大嶺後松樹崗下，田大小九坵，

以上等田，共计額式拾六畝一分正。内註数字，再照。

立找契魏庭桂，日先有松邑廿一都水田数項，土名四至畝分，俱已前契具明，曾賣與闕天開边為業，今因乏用，憑中再向闕边找出正契外銅錢柒拾仟文正，其錢收讫，其田即與闕边改佃，推收過户，完粮管業，日后不得異言，恐口無憑，立找契存照。

見契　叔　永琮　憑中　闕登庸　代筆　永清

嘉慶伍年伍月初二日　立正、找二契　魏庭桂

立賣田契人黃接牧，今因家口缺乏钱粮無办，自情愿（將）父分阄下水田，土名坐落九都内管楊村庄，小土名石硫坑尾塅，民田壹處，上至柏公横路為界，下至坑為界，左右坑為界，又对面田大小貳坵，其田大小共柒坵，其田净處不留坵角，計額陸分，今具四址分明，今請託中立契，出賣與李永兴入手向前承買，當日凴中三面言断，目值時價銀壹拾肆两正，其銀隨契两相交付足訖明白，並無短少，其田與上下房親『房親』伯叔兄弟並無干碍，倘有来歷不明，皆係賣人一力支當，不涉買主之事，自賣之日為始，任凴買主推收過户，起耕改佃，永為李边血業，委係正行交易，不是準折負債之故，两家情愿，两無逼勒等情，恐口無凴，立賣田契付與李边永遠管業為照。

一批内註加字陸個。

在見中　黃接養

張田牧

黃接生

嘉慶伍年拾月十二日　立賣田契　黃接牧

依口代筆　林斯春

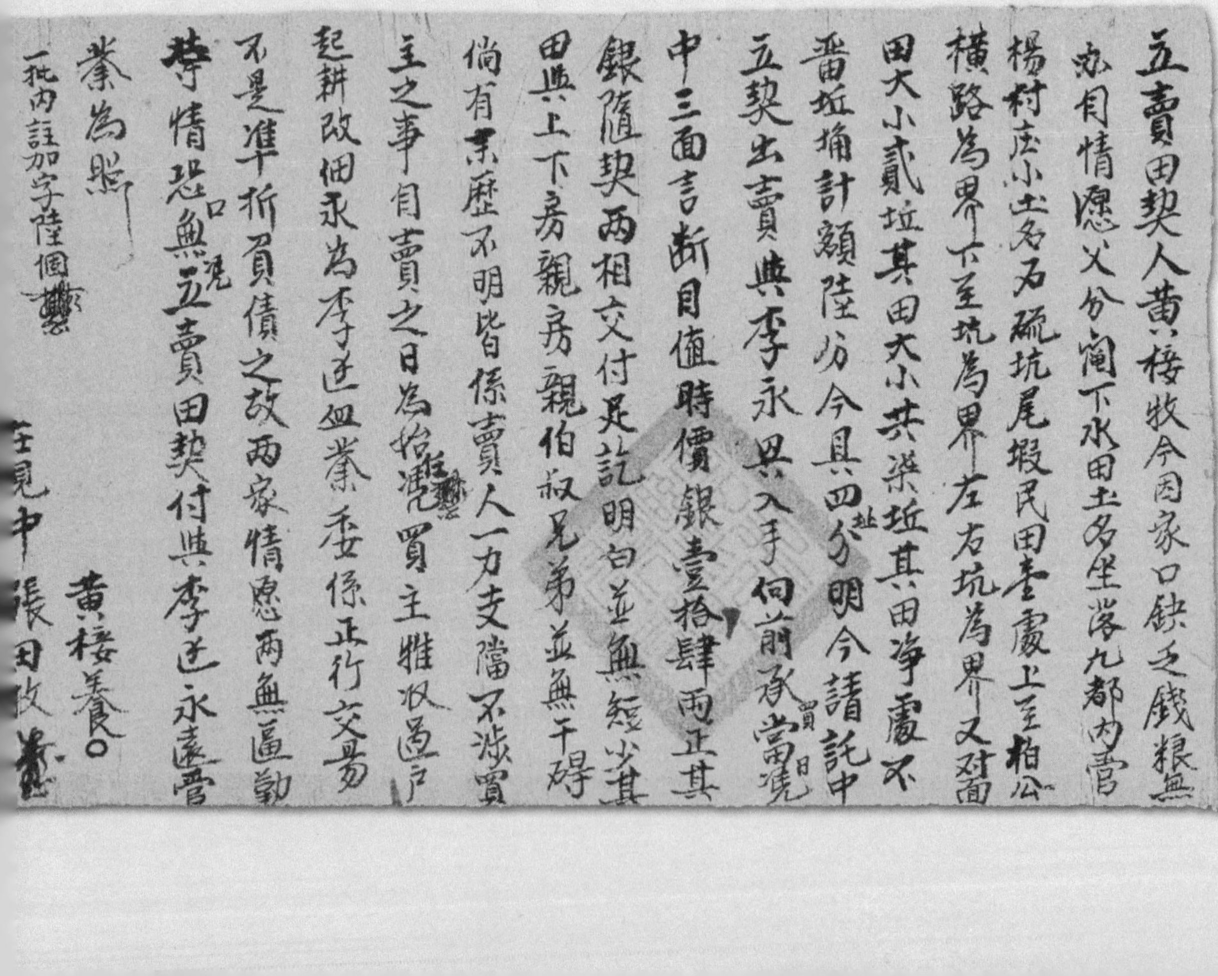
立賣田契人黃接牧今因家口缺乏錢粮無
办自情愿父分阄下水田土名坐落九都内管
楊村庄小土名石硫坑尾塅民田壹處上至柏公
横路為界下至坑為界左右坑為界又对面
田大小貳坵其田大小共柒坵其田净處不
留坵角計額陸分今具四址分明今請託中
立契出賣與李永兴入手向前承買當日凴
中三面言断目值時價銀壹拾肆两正其
銀隨契两相交付足訖明白並無短少其
田與上下房親房親伯叔兄弟並無干碍
倘有来歷不明皆係賣人一力支當不涉買
主之事自賣之日為始任凴買主推收過户
起耕改佃永為李边血業委係正行交易
不是準折負債之故两家情愿两無逼勒
等情恐口無凴立賣田契付與李边永遠管
業為照
一批内註加字陸個
在見中　張田牧　黃接養

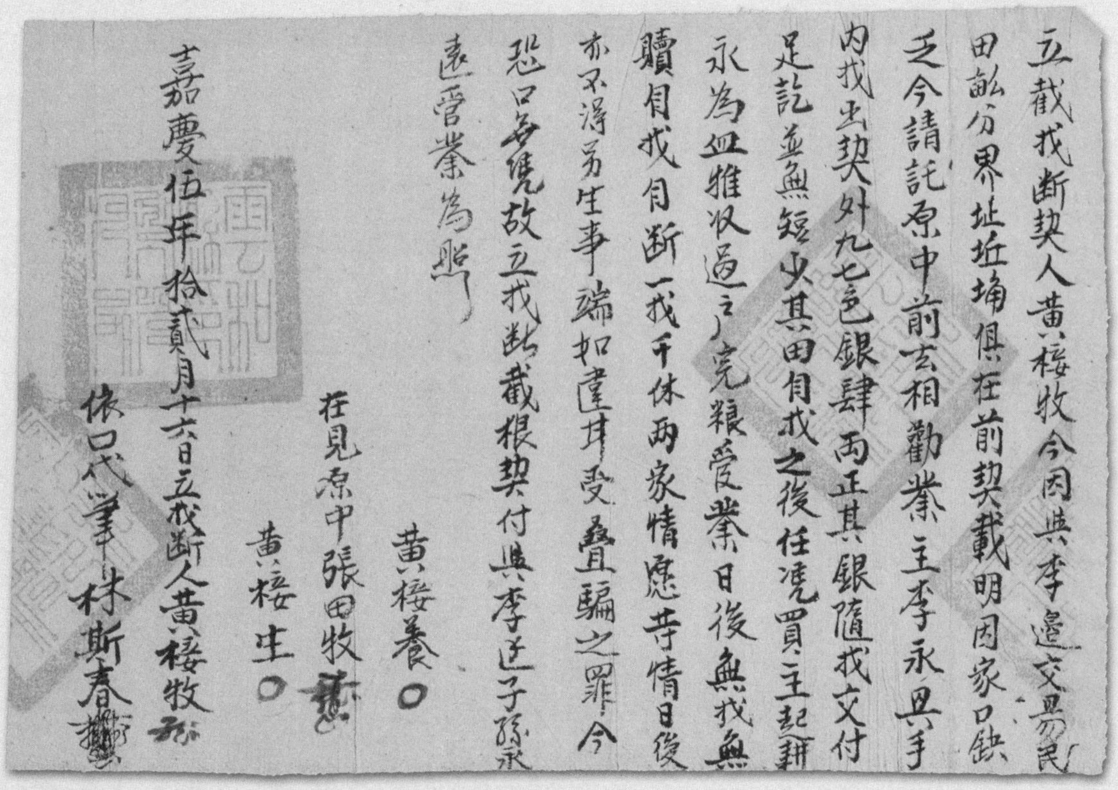

立截找断契人黃接牧，今因與李邊交易民
田，畝分界址坵角，俱在前契載明，因家口缺
乏，今請託原中前去相勸業主李永兴手
內，找出契外九七色銀肆两正，其銀隨找交付
足訖，並無短少，其田自找之後，任凴買主起耕，
永為血（業），推收過户，完粮管業，日後無找無
贖，自找自断，一找千休，两家情愿等情，日後
亦不得另生事端，如違，甘受叠騙之罪，今
恐口無凴，故立找断截根契付與李边子孫永
遠管業為照。

在見原中 黃接養
張田牧
黃接生

嘉慶伍年拾貳月十六日 立找断人 黃接牧
依口代筆 林斯春

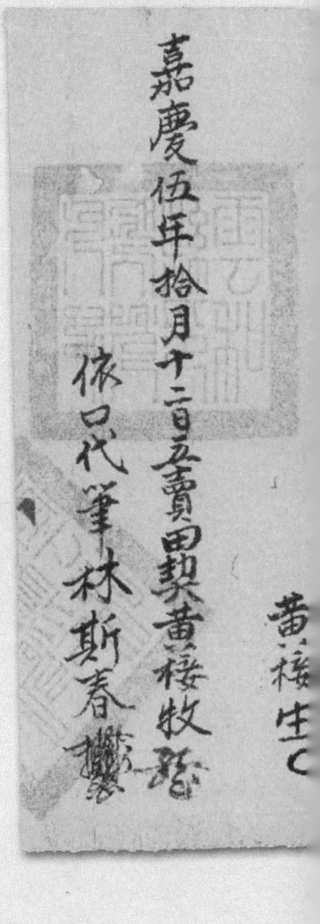

立賣水碓契人胡增山今因錢粮無办自情愿将祖嗣公置有水碓壹根坐落
本都茶排庄土名樟樹下大路邊東至大河為界南至水路為界西至大路為界北
至塅边田為界今俱四至分明計粮八分正上連瓦桶下及基地門路薛坪一併麵磨器
物等件俱概碓内便用照依旧管托中歀行立契出賣與闕天開承買為業當日憑
中言斷時值價錢肆拾捌千文正其錢即日隨契兩相交訖自賣之後任憑買主推収
過户完粮管業賣人無得異言此係祖嗣遺下清楚物業與内外叔姪人等並無干碍
亦無重典文墨交加如有来歷不明賣人一力支當不涉買主之事所賣所買出在兩其情愿
此係正行交易契明價足並無債貨準折之故永遠不敢異言取贖等情今欲有憑立賣
契付與買主永遠子孫管業為據

一批水碓坪沿杉木以後隨契管業再照據

嘉慶八年正月念四日　立賣水碓契人　胡增山○

在塲叔伯胡元榮（押）　有撲　元貴

兄　永興（押）　永順○　有全○

憑中　闕德梅（押）　胡有山（押）　單正立（押）

代筆闕萬瑜（押）

立找水碓契人胡增山原與闕天開文易水碓契一根坐落本都茶排庄土名
樟樹下大路沿边併及粮額界至等項正契載明今因口食不給自情愿請
原中向業主相勸再找出契外錢拾千文正其錢即日親收足訖自找之后其
業產意滿價足永遠杜根再不敢異言找價等情今欲有憑立找契付與
買主永遠子孫為照

契
在場叔伯　有琳
元榮
元貴
兄　永順
永興
有金
原中　闕德海
胡有山
單正立收
代筆　闕葛瑜

（前頁）>>>>>

立賣水碓契人胡增山，今因錢粮無办，自情愿将经嗣公置有水碓壹欄，坐落本都茶排庄，土名樟樹下大路邊，東至大河為界，南至水路為界，西至大路為界，北至闞边田為界，今俱四至分明，計粮八分正，上連瓦桷，下及基地門路餘坪，一併麺磨器物等件，俱概碓内便用，照依旧管托中，欲行立契，出賣與闞天開承買為業，當日凴中言断，时值價錢肆拾捌千文正，其錢即日随契两相交訖，自賣之後，任憑買主推收過户，完粮管業，賣人無得異言，此係祖嗣遺下清楚物業，與内外叔姪人等並無干碍，亦無重典文墨交加，如有来歴不明，賣人一力支當，不涉買主之事，所賣所買，出在两甘情愿，此係正行交易，契明價足，並無債負準折之故，永遠不敢異言取贖等情，今欲有憑，立賣契付與買主永遠子孫管業為據。

一批水碓坪沿杉木弍枝，随契管業，再照。

嘉慶八年正月念四日　立賣水碓契人　胡增山

在場叔伯　胡有琳

元貴

元荣

兄　永順

永興

有全

憑中　闞德瑇

胡有山

單正立

代筆　闞萬瑜

（前頁）>>>>>

立找水碓契人胡增山，原與闕天開交易水碓契一欍，坐落本都茶排庄，土名樟樹下大路沿边，併及粮額界至等項，正契載明，今因口食不給，自情愿請託原中向業主相勸，再找出契外錢拾千文正，其錢即日親收足訖，自找之后，其業產意滿價足，永遠断根，再不敢異言找價等情，今欲有凴，立找契付與買主永遠子孫為照。

嘉慶八年貳月初六日　立找契人　胡增山

在場叔伯　有琳

元荣

元貴

兄　永順

永興

有全

原中　闕德珻

胡有山

單正立

代筆　闕萬瑜

（契尾，嘉慶玖年陆月）

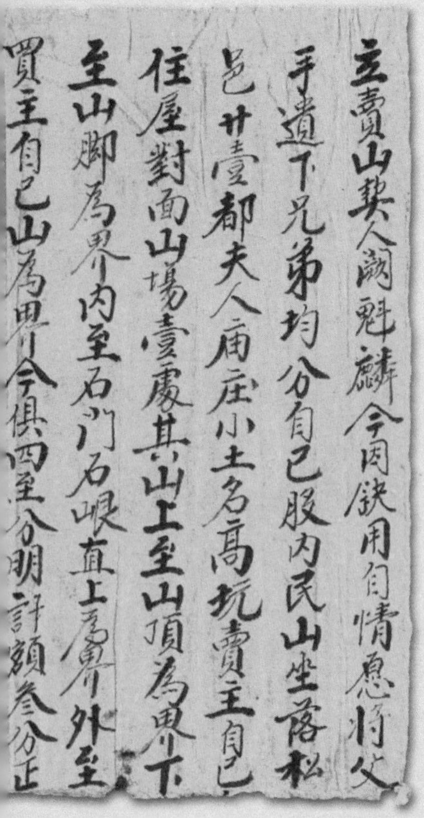
立賣山契人闕魁麟今因缺用自情愿將父
手遺下兄弟均分自己股内民山坐落松
邑廿壹都夫人廟庄小土名高坑賣主自己
住屋對面山場壹處其山上至山頂為界下
至山腳為界内至石门石峴直上為界外至
買主自己山為界今俱四至分明計額叁分正

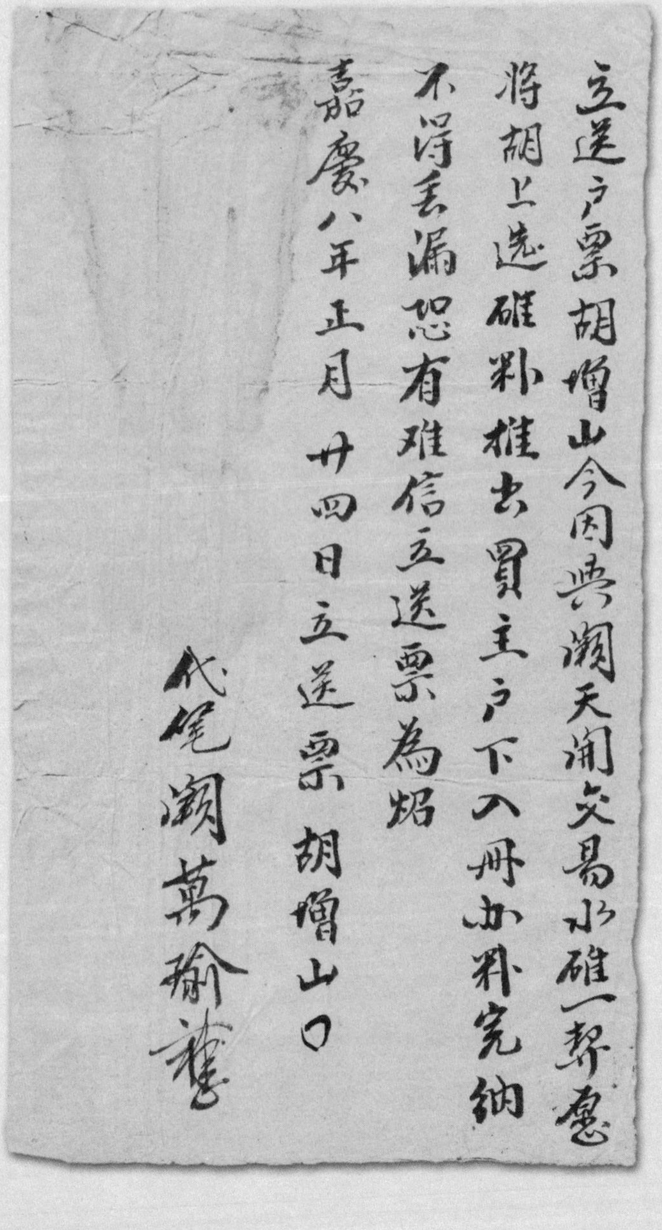

立送户票胡增山，今因與闕天闸交易水碓一契，愿将胡上选碓粮推出買主户下入册，办粮完纳，不得丢漏，恐有难信，立送票為照。

嘉慶八年正月廿四日　立送票　胡增山

代笔　闕萬瑜

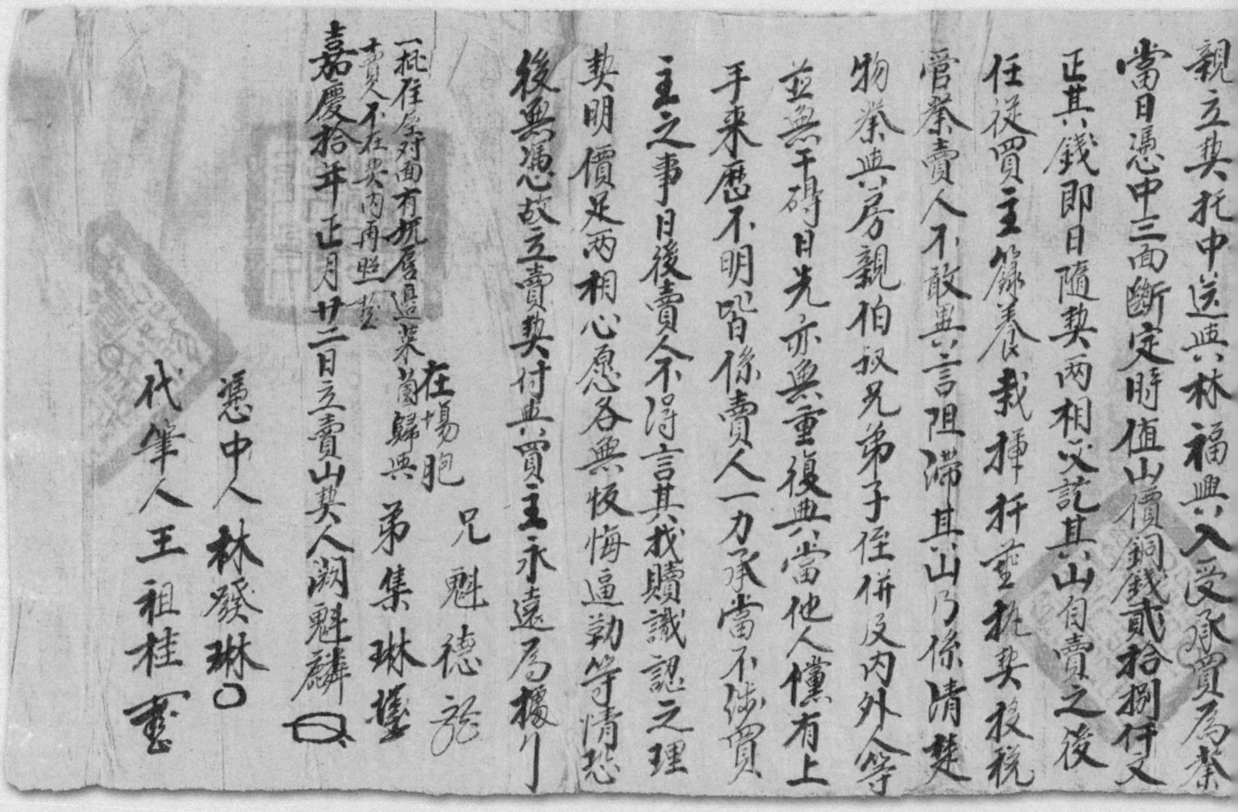

立賣山契人闕魁麟，今因缺用，自情愿将父
手遺下兄弟均分自己股内民山，坐落松
邑廿壹都夫人庙庄，小土名高坑賣主自己
住屋對面山塲壹處，其山上至山頂為界，下
至山脚為界，内至石门石崀直上為界，外至
買主自己山為界，今俱四至分明，計額叁分正，
親立契，托中送與林福興入受承買為業，
當日憑中三面斷定，時值山價銅錢貳拾捌仟文
正，其錢即日隨契两相交訖，其山自賣之後，
任從買主籙養栽插扦葬，执契投稅
管業，賣人不敢異言阻滯，其山乃係清楚
物業，與房親伯叔兄弟子侄併及内外人等
並無干碍，日先亦無重復典當他人，儻有上
手来歷不明，皆係賣人一力承當，不涉買
主之事，日後賣人不得言其找贖識認之理，
契明價足，两相心愿，各無反悔逼勒等情，恐
後無憑，故立賣契付與買主永遠為據。
一批住屋对面有坑唇邊菜園歸與
賣人，不在契内，再照。在塲胞兄　魁德
弟　集琳
嘉慶拾年正月廿二日　立賣山契人　闕魁麟
憑中人　林發琳
代筆人　王祖桂

立賣山契人王文魁，今因錢粮無办，自情愿将父遺下民山壹處，坐落本都庄夫人庙庄，土名苦株嶺，上至山頂為界，下至山脚坑口為界，外至買主己山為界，内至新林阄内大坑植上為界，計額壹分正，今俱四至分明，托中欲行立契，出賣與邱荣全承買為業，當日憑（中）三面言断，時值山價銅錢壹拾陸仟文正，其錢即日随契两相交訖，自賣之後，任憑買主推收過户，完粮管業，併及山内樹木修籙畜養栽插，賣人無得異言識認，此係父遺清楚物業，以及内外人等並無干碍，亦無重典文墨交加，如有来歷不明，賣人一力承當，不涉買主之事，所賣所買，出在两甘情愿，此係正行交易，契明價足，並無逼抑債貨準折之故，其山王边永遠不敢異言找贖等情，今欲有憑，立賣契付與買主永遠管業為據。

嘉慶拾年貳月念三日　立賣山契人　王文魁

在塲叔　王新林

憑中人　林世全

郭光崇

代筆　闕萬瑜

（契尾，嘉慶拾壹年肆月）

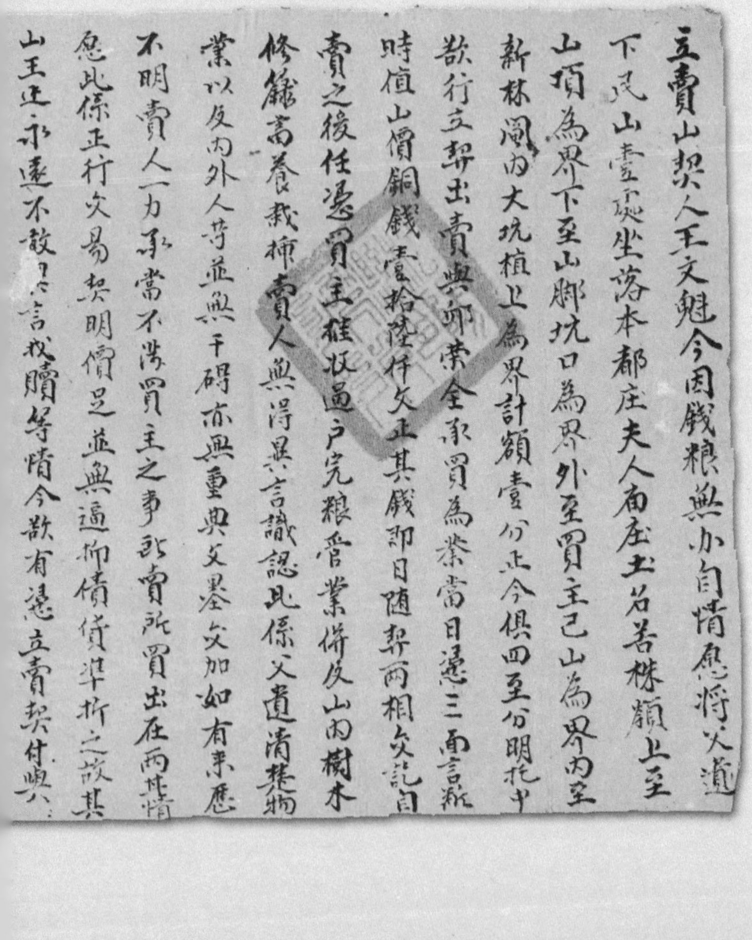
立賣山契人王文魁今因錢粮無办自情愿将父遺
下民山壹處坐落本都庄夫人庙庄土名苦株嶺上至
山頂為界下至山脚坑口為界外至買主己山為界内至
新林阄内大坑植上為界計額壹分正今俱四至分明托中
欲行立契出賣與邱荣全承買為業當日憑三面言断
時值山價銅錢壹拾陸仟文正其錢即日随契两相交訖自
賣之後任憑買主推收過户完粮管業併及山内樹木
修籙畜養栽插賣人無得異言識認此係父遺清楚物
業以及内外人等並無干碍亦無重典文墨交加如有来歷
不明賣人一力承當不涉買主之事所賣所買出在两甘情
愿此係正行交易契明價足並無逼抑債貨準折之故其
山王边永遠不敢異言找贖等情今欲有憑立賣契付與

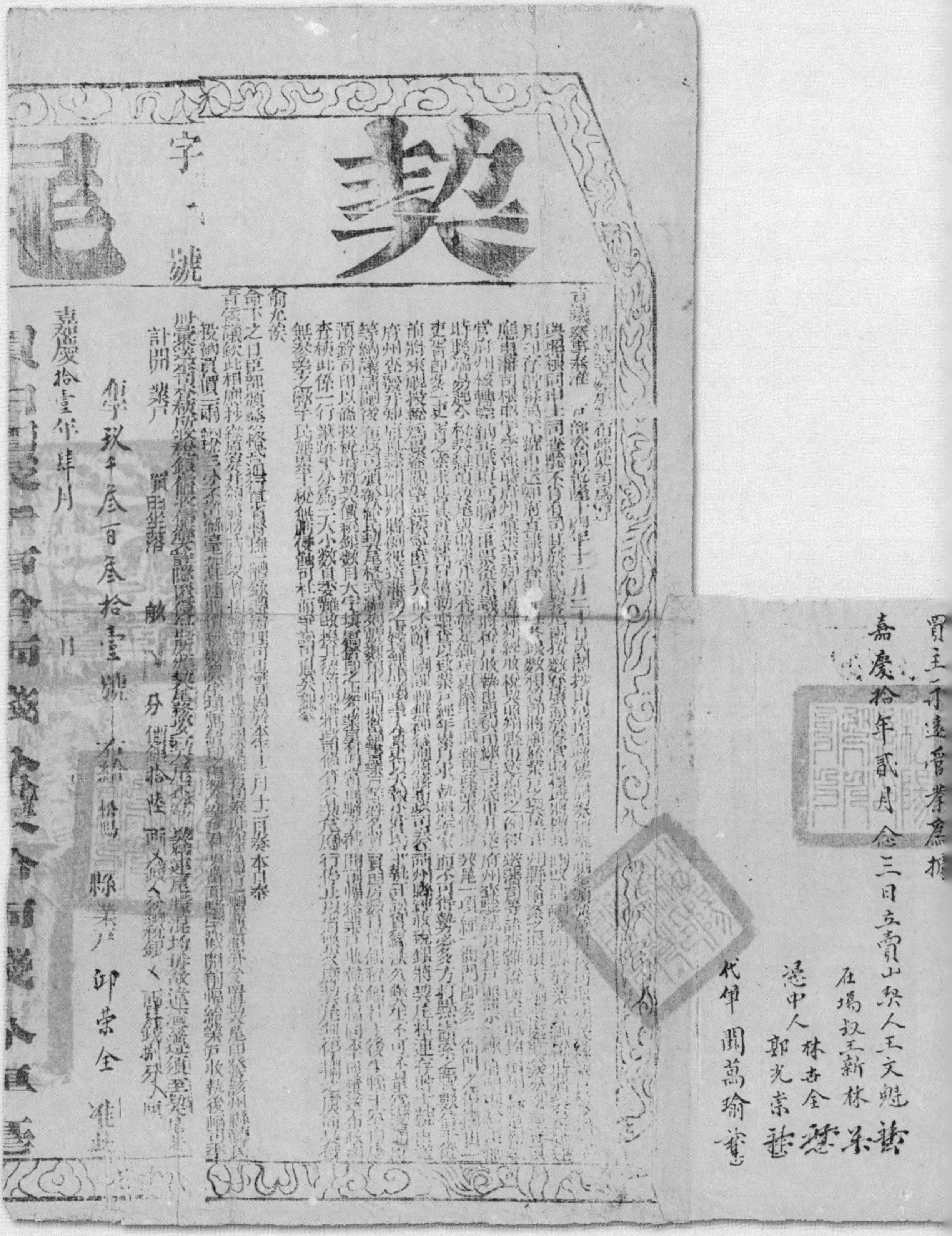

契

字　號

計開　業戶　　買田　　畝　　分　價銀拾陸兩

嘉慶拾壹年肆月　　日

買主王遠晉孝庶據

嘉慶拾年貳月念三日立賣山契人王文魁（押）

在場叔王新林（押）

憑中人　林志全（押）

郭光崇（押）

代筆　闕萬瑜（押）

立賣田契闕松奎今因錢粮無辦自情愿將父遺下民壹項坐落廿一都茶排庄土名冰長頭田弍處下㙓上至本家己田下至本姓余田為界左右山為界又上㙓田壹坵本家上下己田為界左右山為界右手直上至買主弍房田為界又土名石橋頭屋門前田壹處大小田陸坵共計類捌𠬝正田沿荒地以及杉樹隨田管業今俱𠔥明托中欲行立契出賣與本家闕天有天闕兄弟承買為業當日憑中言斷時值田價銅錢壹佰捌拾千文正其錢隨契兩相交訖自賣之後任從買主推收過戶完粮起耕收租管業賣人無得異言此係父遺清楚物業以及內外人等並無干碍亦無重典文墨交加如有來歷不明賣人一力承當不涉買主之事此賣所買兩相情愿此係正行交易契明價足並無逼抑等情今欲有憑立賣契付與買主永遠為照

嘉慶拾年拾月拾二日 立賣田契人 闕松奎(押)

在塲弟 闕獻奎(押)

憑中 闕昌山(押)

張廣元(押)

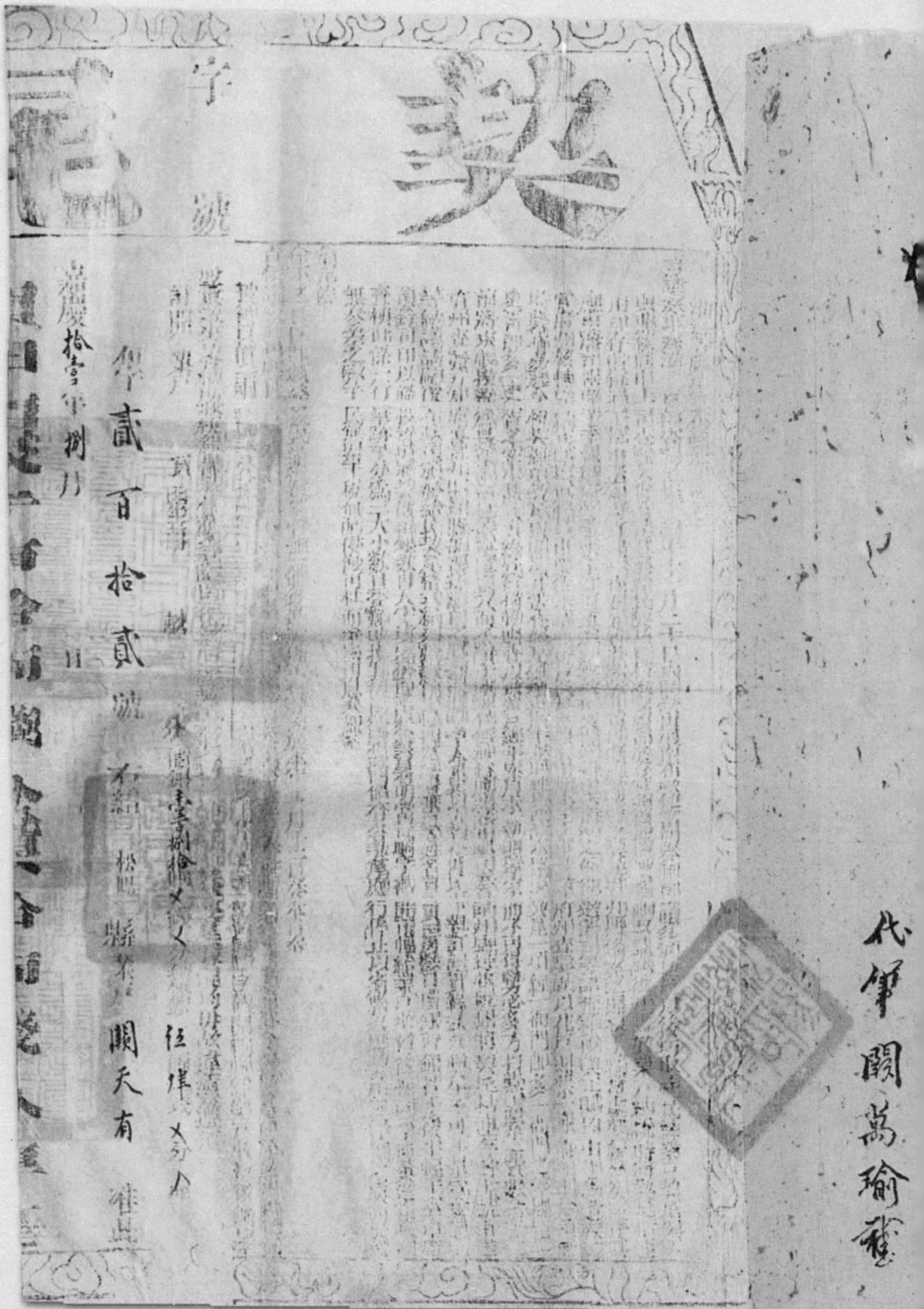
字 號
嘉慶拾壹年捌月 日
契貳百拾貳號
松陽縣業戶闕天有
代筆闕萬瑜

（前頁）>>>>>

立賣田契闕松奎，今因錢粮無办，自情愿将父遺下民（田）壹項，坐落廿一都茶排庄，土名水弄頭，田弍處，下墈上至本家忌田，下至本姓会田為界，左右山為界，又上墈田壹处，本家上下忌田為界，左右山為界，右手直上至買主弍房田為界，又土名石橋頭屋門前，田壹處，大小田陸坵，共計額捌畝正，田沿荒地以及柏樹随田管業，今俱分明，托中欲行立契出賣與本家闕天有、天開兄弟承買為業，當日憑中言断，時值田價銅錢壹伯捌拾千文正，其錢随契两相交訖，自賣之後，任凴買主推收過户，完粮起耕，收租管業，賣人無得異言，此係父遺清楚物業，以及内外人等並無干碍，亦無重典文墨交加，如有来歷不明，賣人一力承當，不涉買主之事，所賣所買，两甘情愿，此係正行交易，契明價足，並無逼抑等情，今欲有憑，立賣契付與買主永遠為照。

嘉慶拾年拾月拾二日　立賣田契人　闕松奎

在場弟　闕猷奎

憑中　闕易山

張廣元

代筆　闕萬瑜

（契尾，嘉慶拾壹年捌月）

□□□□□□□□□□□□□□□□□□□□□□□□□
□坐落二十一都茶排庄□□□□□□□□□□□□□□□
頭屋门前壹処，其田界至畝分，俱一正契載明，今因無錢□□
托原中向與業主边找過契外銅錢柒拾仟（文）正，其錢即日交足，其
田自找之後，任凴業主管業，此找永遠割截，亦無再找取贖等情，一找
千休，永不識認之理，此出两相甘愿，並無逼抑，恐口难信，故立杜找契為據。

見找叔　闕永魁

嘉慶拾年十二月初二日　立杜契人　闕松奎

在場弟　闕顕[1]奎

憑中　闕萬瑜

張廣元

代筆　闕易山

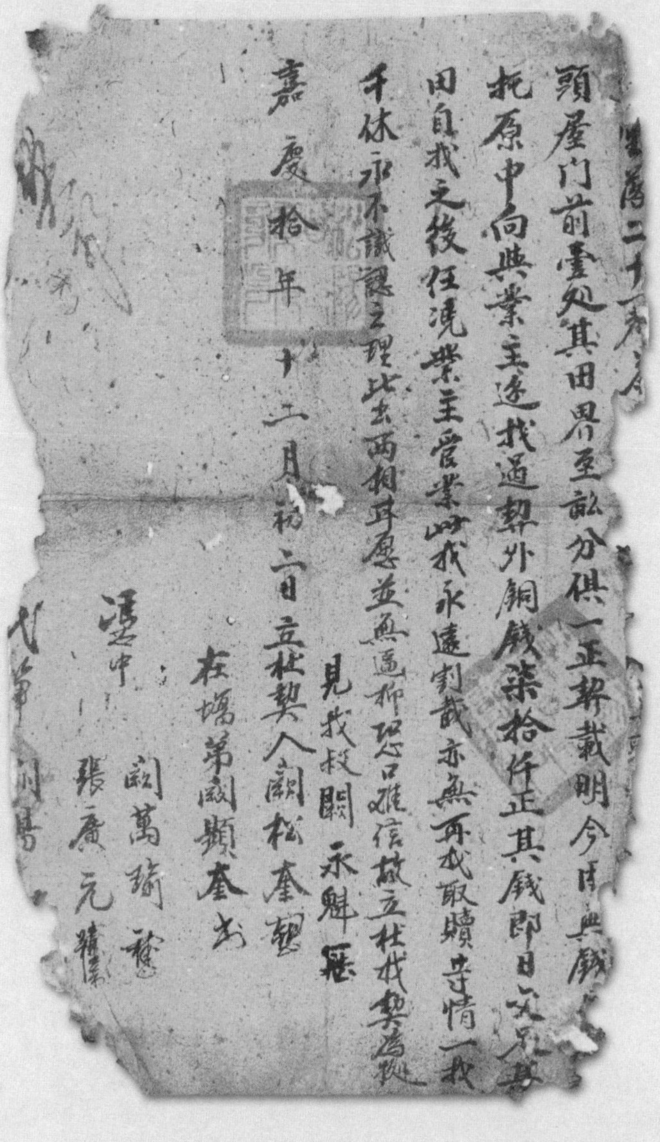

1 據光緒《闕氏宗譜》，『顕奎』實為『獻奎』。

立找断契人闞門林氏，原與邱荣全邊交易民田壹契，坐落土名界額，正契載明，今因無钱使用，再託原中相勸業主，找出契外銅钱拾弍仟文正，其钱即日親身收訖，不少個文，其田自找之後，永遠絶找，再不敢異言識認，如有此色，甘受叠騙之理，恐口难信，立找契付與業主永遠存據。

嘉慶拾年拾弍月廿六日　立找田契人　闞門林氏

仝男　闞財魁

金魁

原中　郭光松

藍正全

親筆

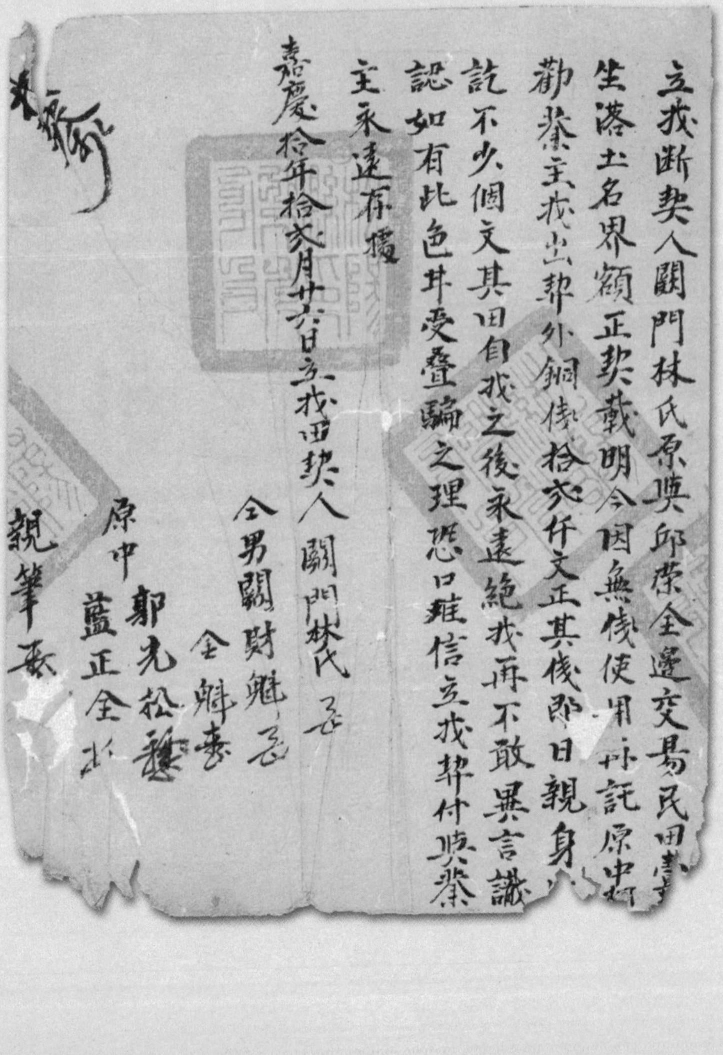

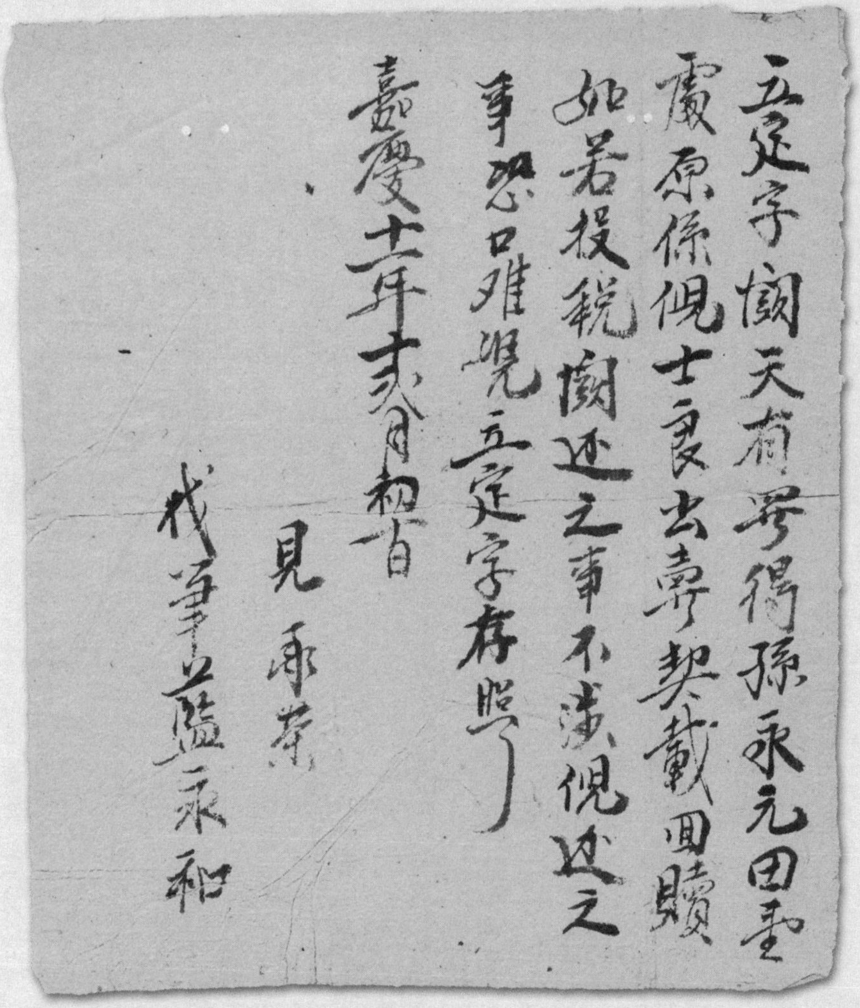

立定字闕天有，買得孫永元田壹
處，原係倪士良出賣，契載回贖，
如若投稅，闕边之事，不涉倪边之
事，恐口难凴，立定字存照。
嘉慶十一年十弍月初十日
見　承荣
代筆　藍永和

立賣田契人謝長福今因伐粮無办自情愿將父手兄弟分關自己閹内坐落廿一都大嶺后庄小土名米篩林
左片大小田垃上至閹迷田為界下至山為界左至山為界右至坑為界又右迷坑背頂頭田大小式垃併及田
沿相樹雜木田頭荒坪俱已一應在内計額叁分正自愿請託憑中三面踈踏清楚今訂四至分明盡處不留
立出文契送與閹天閣入手承買為業當日憑中三面言定時值田價銅錢捌仟文正其錢當日憑中三面即
日交訖明白不得短少個文自賣之後為始任憑買主前去當官推收過户完粮投稅起耕改佃收租管業賣人不得
異言阻滞乃係清楚物業與内外房親伯叔兄弟子侄人等並無寸土干碍日前並無文墨交加亦無重複典借他
人如有来歷不明皆係賣人一力承當不涉買主之事此係正行交易不是準折債貨之故其田契載割蘇斷根
日後子孫永無找贖等情所賣所買二造情愿二比甘心並無逼勒之理今欲有憑故立賣田契付與閹迷永
遠子孫為照

憑中人　謝長貴（押）
　　　　馮輝華（押）

立賣田契人謝長福（押）

代筆　刘樬生（押）

嘉慶拾壹年拾二月十六日

立找斷截田契人謝長福原與閹天閣交易民田壹契坐落廿一都大嶺后庄小土名米篩林安着計分界至前
有正契載明今因口食給迫請託原中相勸業主找出契外銅錢貳仟伍伯文正其錢卽日親收足訖不得短少

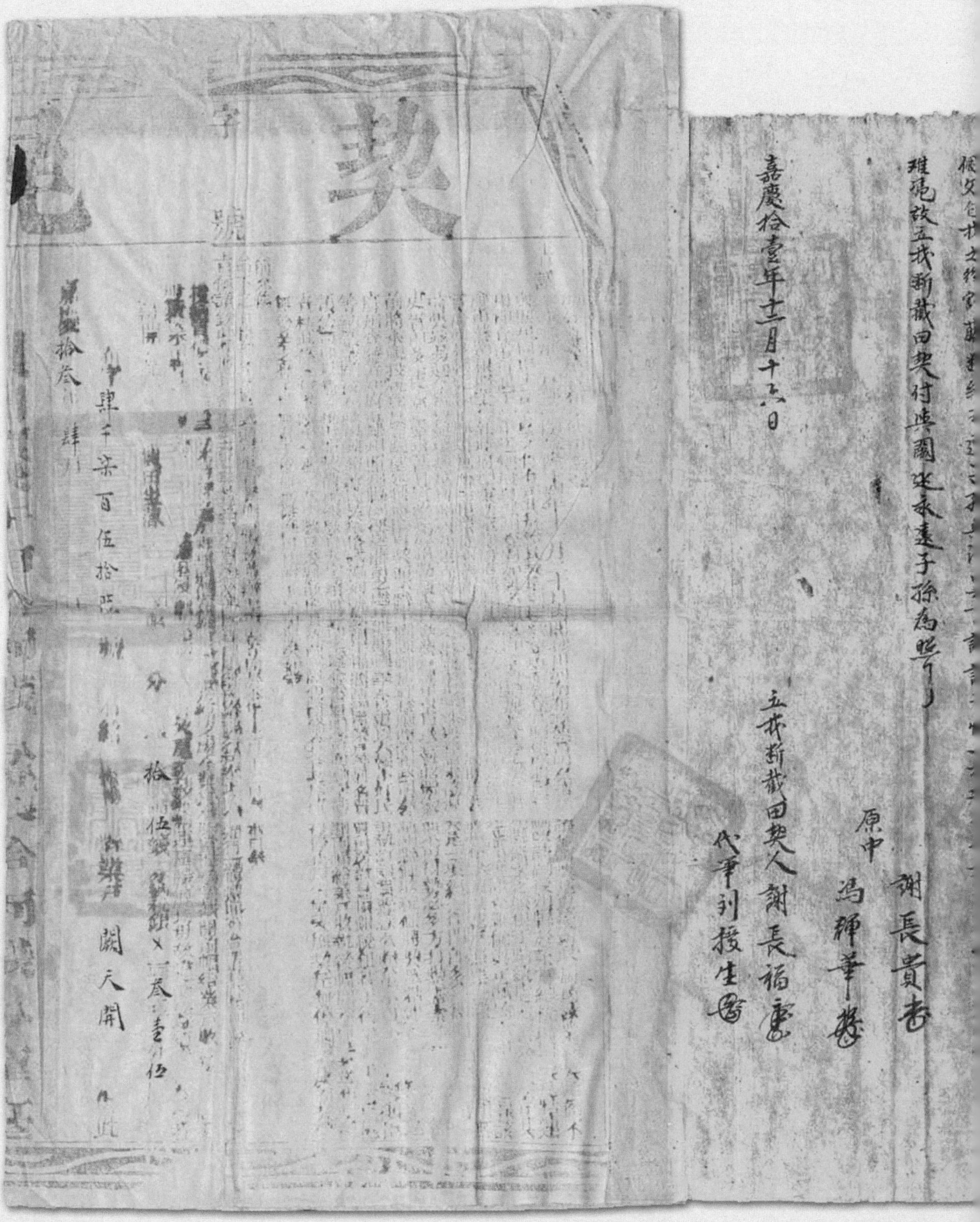
契
字　號
價肆千柒百伍拾
闕天開
推𥩟故立找斷截田契付與闕边永遠子孫為照
嘉慶拾壹年十二月十六日
立找斷截田契人謝長福
代筆劉援生
原中馮輝華
謝長貴

（前頁）>>>>>

立賣田契人謝長福，今因钱粮無办，自情愿将父手兄弟分鬮自己阄内，坐落廿一都大嶺后庄，小土名米篩林左片，大小肆坵，上至阙边田為界，下至山為界，左至山為界，右至坑為界，又右边坑背頂頭田大小弍坵，併及田沿柏樹雜木，田頭荒角，俱已一應在内，計額叁分正，自愿請託凴中，三面踩踏清楚，今計四至分明，盡處不留，立出文契，送與阙天開入手承買為業，當日凴中三面言定，時值田價銅錢捌仟文正，其錢當日凴中三面即日交訖明白，不得短少個文，自賣之後為始，（其田）任凴買主前去當官［管］推收過户，完粮投税，起耕改佃，收租管業，賣人不得異言阻滯，乃係清楚物業，與内外房親伯叔兄弟子侄人等並無寸土干碍，日前並無文墨交加，亦無重復典当他人，如有来歷不明，皆係賣人一力承當，不涉買主之事，此係正行交易，不是準折債貨之故，其田契截割藤断根，日後子孫永無找贖等情，所賣所買，二造情愿，二比甘心，並無逼勒之理，今欲有凴，故立賣田契付與阙边永遠子孫為照。

凴中人　謝長貴

馮輝華

嘉慶拾壹年拾二月十六日　立賣田契人　謝長福

代筆　刘接生

（前頁）>>>>>

立找断截田契人謝長福，原與闕天閌交易民田壹契，坐落廿一都大嶺后庄，小土名米篩林安着，畝分界至，前有正契載明，今因口食给迫，請託原中相勸業主，找出契外銅錢貳仟伍伯文正，其錢即日親收足訖，不得短少個文，自找之後，割藤断绝，永遠子孫無得異言識認等情，一找千休，如有此色，甘受重復叠騙之論，恐口难憑，故立找断截田契付與闕边永遠子孫為照。

原中　謝長貴

馮輝華

嘉慶拾壹年十二月十六日　立找断截田契人　謝長福

代筆　刘接生

（契尾，嘉慶拾叁年肆月）

立送户票人谢長福，今將廿一都大嶺后庄謝亮三户下民田叁分正，送入本都茶排庄闕天閌户下入册办粮，不得丢漏分厘，恐口难凴，立送户票是寔。

在見　馮輝華

嘉慶拾壹年十二月十六日　立送户票人　謝長福

代筆　刘接生

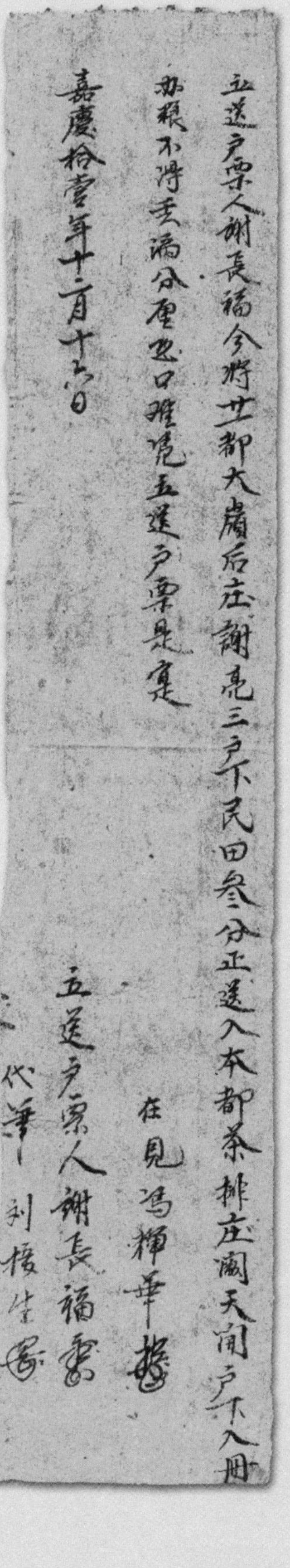

立賣田契人謝長富今因錢粮無办自情愿將父手兄弟分阄自己閹內坐落廿一都大嶺后庄土名
米節林屋基門首田叁坵又坑背田陸坵又杉樹下田壹坵又湖洋門田貳坵共田四處計額四分正
自情請託凴中三面踏清楚今計四至分明盡處不留立出文契送與闕天開入手承買
為業當日凴中三面言定時值田價銅錢拾貳仟文正其錢當日凴中三面即日交訖明白不
得短少個文自賣之後為始任凴買主前去當官推收過户完粮投稅起耕改佃收租管業賣
人不得異言阻滯乃係清楚物業與內外房親伯叔兄弟子侄人等並無寸土干碍日前
並無文墨交加亦無重複典當他人於有來歷不明皆係賣人一力承當不涉買主之事此係
正行交易不是準折債貨之故其田契截劉藤斷根日後子孫永無找贖等情所賣所買
兩造情愿二比甘心並無逼勒之理今欲有凴故立賣田契付與闕邊永遠子孫為照

謝長貴（押）

凴中人　闕學賢（押）

馮輝華（押）

立賣田契人　謝長富（押）

代筆　劉接生（押）

嘉慶拾貳年正月十八日

立找斷截田契人謝長富原與闕天開交易民田坐落廿一都大嶺后庄土名米節林安着畝分界至
前有正契載明今因口食給迫請託原中相勸業主找出契外銅錢叁仟文正其錢即日親收足

契

闕天開

[illegible]

後疊論之論恐口難憑故立找斷絕田契付與闕迷永遠子孫為照

嘉慶拾貳年正月廿八日

原中　闕學賢

謝長貴

立找斷截田契人　謝長富

代筆　劉榜生

（前頁）>>>>>

立賣田契人謝長富，今因錢粮無办，自情愿将父手兄弟分阄自己閹内，坐落廿一都大嶺后庄，土名米篩林屋基門首，田叁坵，又坑背田陸坵，又杉樹下田壹坵，又湖洋凹田貳坵，共田四處，計額四分正，自情請託凂中，三面踩踏清楚，今計四至分明，盡處不留，立出文契，送與闕天開入手承買為業，當日凂中三面言定，時值田價銅錢拾貳仟文正，其钱當日凂中三面即日交訖明白，不得短少個文，自賣之後為始，任凂買主前去當官［管］，推收過户，完粮投税，起耕改佃，收租管業，賣人不得異言阻滞，乃係清楚物業，與内外房親伯叔兄弟子侄人等並無寸土干碍，日前並無文墨交加，亦無重復典当他人，如有来歷不明，皆係賣人一力承當，不涉買主之事，此係正行交易，不是準折債貨之故，其田契載割藤断根，日後子孫永無找贖等情，所賣所買，兩造情愿，二比甘心，並無逼勒之理，今欲有凂，故立賣田契付與闕边永遠子孫為照。

凂中人　謝長貴

闕學賢

馮輝華

嘉慶拾貳年正月廿八日　立賣田契人　謝長富

代筆　刘接生

(前頁)>>>>>

立找断截田契人謝長富，原與闕天開交易民田，坐落廿一都大嶺后庄，土名米篩林安着，畝分界至，前有正契載明，今因口食給迫，請託原中相勸業主，找出契外銅錢叁仟文正，其钱即日親收足訖，不得短少個文，自找之後，割藤断截，日後子孫無得異言識認等情，一找千休，如有此色，甘受重復叠騙之論，恐口难凴，故立找断絶田契付與闕边永遠子孫為照。

原中　闕學賢

謝長貴

嘉慶拾貳年正月廿八日　立找断截田契人　謝長富

代筆　刘接生

(契尾，嘉慶拾叁年肆月)

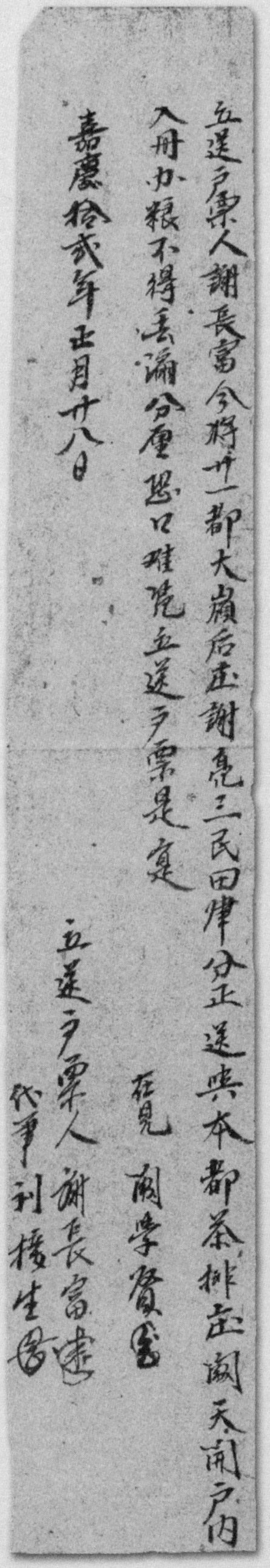

立送户票人謝長富，今将廿一都大嶺后庄謝亮三民田肆分正，送與本都茶排庄闕天閞户内入册办粮，不得丢漏分厘，恐口难凴，立送户票是寔。

在見　闕學賢

嘉慶拾弎年正月廿八日　立送户票人　謝長富

代筆　刘接生

立杜找契人闕松奎仝弟顯奎等原典本家叔逢文曷民田叁處土名坐落二十一都台虎庄梨樹崗田壹处又土名坐落大庁頭塢墑田壹处又土名坐落夫人廟庄塢林山脚田壹处其田叁項界頻畝分俱一正契載明今因錢粮缺少憑托原中向典業主本家闕天閏叔邊再找過契外錢陸拾肆仟文正其錢即日收足其田自找之後契明價足任凭起耕管業收租完粮一找千休永斷割藤再不敢加找之理此出兩相甘願並無逼抑等情恐口難信故立杜找契永遠為據

嘉慶拾叁年十二月初六日立杜找契人闕松奎（押）

仝弟人闕顯奎（押）

闕耀奎（押）

張廣元（押）

憑原中闕永明（押）

闕永昱（押）

闕萬瑜（押）

代筆人闕昌山（押）

（前頁）>>>>>

立杜找契人闕松奎仝弟獻奎等，原與本家叔边交易民田叁處，土名坐落二十一都后宅庄梨樹岗，田壹处，又土名坐落大片頭塢塆，田壹处，又土名坐落夫人庙庄塢林山脚，田壹处，其田叁項界額畝分，俱一正契載明，今因錢粮缺办，愿托原中向與業主本家闕天㴱叔边，再找過契外錢陆拾肆仟文正，其錢即日收足，其田自找之後，契明價足，任凴起耕管業，收租完粮，一找千休，永断割藤，再不敢加找之理，此出两相甘願，並無逼抑等情，恐口难信，故立杜找契永遠為據。

嘉慶拾叁年十二月初六日　立杜找契人　闕松奎

仝弟『人』　闕獻奎

闕耀奎

憑原中　闕永明

张廣元

闕永昱

闕萬瑜

代筆人　闕易山

立賣契人劉新永今因錢粮無辦自情愿將從父所遺兄弟分閬自己
閬內土名坐落念壹都夫人廟庄菓菜源坑垻子裏田壹處上至荒坰為
界下至劉長生田為界左至山為界又小窩田壹坵右至坑𪸩為界大小
陸塅拾伍坵又壹處閬永𫓧田內壹塅貳坵又壹處大嶺邊劉有富田
下大小肆坵今俱四至分明共計穀壹畝伍分整盡處不留親立文契送
與閬天有天閬兄弟入手承賣為業當日憑中三面言定時值價銅錢叁
拾捌仟文整其錢當日憑中即日交訖其田自賣之後任憑買主推收過户
完粮起耕改佃收租管業賣人不得異言阻滯乃係清楚物業與內外
伯叔兄弟子侄人等並無土塅不清日前亦並無重典重賣文墨交加如有
来歷不明皆係自己壹力承當不涉銀主之事此係正行交易亦並
無債貨準折之故其田永絕葛藤日後子孫亦並無言找言贖等情
所賣所買兩相甘心並無逼抑反悔等情恐口無憑立賣契付與閬
邊永遠子孫管業執據

嘉慶拾肆年玖月拾陸日立賣契人劉新永〇

劉有富（押）

在場 兄劉新福〇
侄劉承富（押）

石有福（押）

憑中 郭光松（押）

代筆 丁光雲（押）

立找截契人劉新永原因日先與閬天有天閬兄弟邊交易民
田壹契土名坐落念壹都夫人廟庄菓菜源坑垻子裏田壹處上至荒坰
為界下至劉長生田為界左至山為界右至坑𪸩為界大小陸塅拾伍坵又壹處
閬永𫓧田內壹塅貳坵又壹處大嶺邊劉有富田下大小肆坵亩分坵段前契俱

契

字　號

[illegible]

計開業戶　買自[illegible]

布字壹千壹百柒拾柒號　右給　業戶　闕天有　准此

嘉慶拾伍年拾壹月

出契外錢拾仟文整其錢即日親收完足並無短少分文自我之後當蘇
永絕子孫永遠毋得異言如有此情甘受重複疊騙賴我之論恐口難信
故立我截絕契付與闕邊永遠執據
嘉慶拾肆年拾月貳拾陸日立我截截契人劉新永
劉有富
本場兄劉新福
侄劉象富
原中　石有福
郭光私
代筆丁光亨

（前頁）>>>>>

立賣契人劉新永，今因錢粮無辦，自情愿将继父所遺兄手分闗自己阄内，土名坐落念壹都夫人廟庄芥菜源坑塓子裏，田壹處，上至荒塓為界，下至刘長生田為界，左至山為界，又小窩田壹坵，右至坑壠為界，大小陆横拾伍坵，又壹處，阙永燦田内壹横貳坵，又壹處，大崩蓬劉有富田下，大小肆坵，今俱四至分明，共计额壹畝伍分整，尽處不留，親立文契，送與阙天有、天闲兄弟入手承賣［買］為業，當日憑中三面言定，时值價銅錢叁拾捌仟文整，其錢當日憑中即日交讫，其田自賣之後，任憑買主推收過户，完粮起耕，改佃收租管業，賣人不得異言阻滞，乃係清楚物業，與内外伯叔兄弟子侄人等並無土塔干涉，日前亦並無重典重賣文墨交加，如有来歷不明，皆係自己壹力承當，不涉銀主之事，此係正行交易，亦並無債货準折之故，其田永绝葛藤，日後子孫亦並無言找言贖等情，所賣所買，两相甘心，並無逼抑反悔等情，恐口無據，故立賣契付與阙邊永遠子孫管業执據。

嘉慶拾肆年玖月拾陆日　立賣契人　劉新永

劉有富

在塲兄　劉新福

侄　劉承富

憑中　石有福

郭光松

代筆　丁光雲

（前頁）>>>>>

立找断截契人劉新永，原因日先與闕天有、天閑兄弟邊交易民田壹契，土名坐落念壹都夫人廟庄芥菜源坑垻子裏，田壹處，上至荒垻為界，下至劉長生田為界，左至山為界，右至坑壠為界，大小陆横拾伍坵，又壹處，闕永燦田内壹横貳坵，又壹處，大崩蓬劉有富田下大小肆坵，亩分坵段，前契俱已載清，契清價足，本無言找之理，今因粮食两迫，懇托原中相勸銀主，找出契外錢拾仟文整，其錢即日親收完足，並無短少分文，自找之後，葛藤永绝，子孫永遠再無異言，如有此些，甘受重複叠騙賴找之論，恐口难信，故立找断绝契付與闕邊永遠执據。

劉有富

嘉慶拾肆年拾月貳拾陆日　立找断截契人　劉新永

在場兄　劉新福

侄　劉承富

原中　石有福

郭光松

代筆　丁光雲

（契尾，嘉慶拾伍年拾壹月）

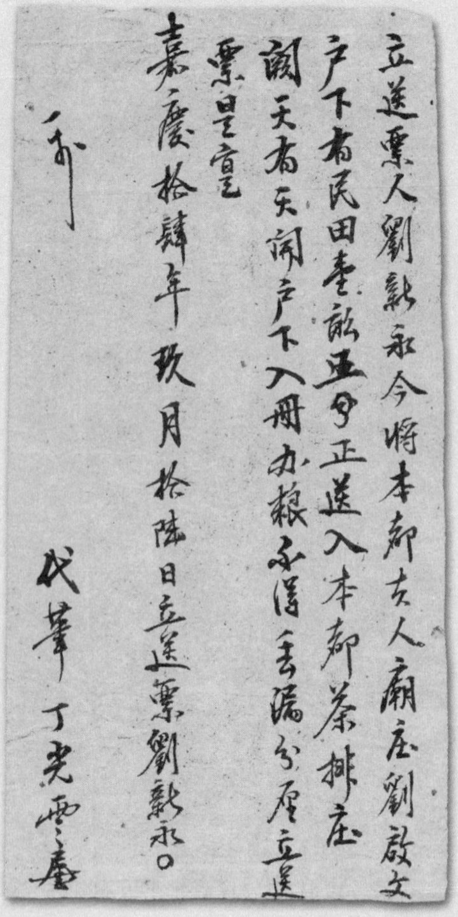

立送票人劉新永，今将本都夫人廟庄劉啟文户下有民田壹畝五分正，送入本都茶排庄闕天有、天開户下入册办粮，不得丢漏分厘，立送票是寔。

嘉慶拾肆年玖月拾陆日　立送票　劉新永

代筆　丁光雲

立賣田契劉有富，今因錢粮無办，自愿将父手遺下民田共陆处，坐落廿一都夫人庙庄，其田土名芥菜源大崩蓬，上至山為界，下至山為界，左至坑為界，右至山為界，又土名本处外壹处，上至併左右俱山為界，下至買主田為界，又土名本处对门田壹处，其田上下左右俱係荒坦為界，又土名坐落温代岗屋门口边田壹处，共三横，小大玖坵，其田上至賣人忌田為界，下至山沿為（界），右至山為界，左至賣人忌田（為）界，又土名下后金鴨母窝田壹处，上至闕姓田為（界），下至天后宫会田為界，左右山界，又土名石岩下田壹处，其田買主田角界边併共陆處，共計額貳畝正，今俱四至分明，親托憑中立契，出賣與闕天有、天開边承買為業，當日三面言断，時值田價銅錢捌拾仟文正，其錢即日隨契交訖，其田自賣之後，任憑買主推收過户，完粮起耕，收租管業，賣人不得異言，亦係己分併成富田清楚物業，與内外叔伯兄弟人等無涉，並無文墨與人交加，如有来歷不明，賣人一力承當，不干買主之事，此出两相情愿，並無逼抑債貨準折之故，恐口难信，故立賣田契永遠為據。

嘉慶拾肆年十一月廿日　立賣田契人　劉有富

在場兄人　劉成富

弟　劉石富

憑中人　石日才

劉新永

代筆人　闕易山

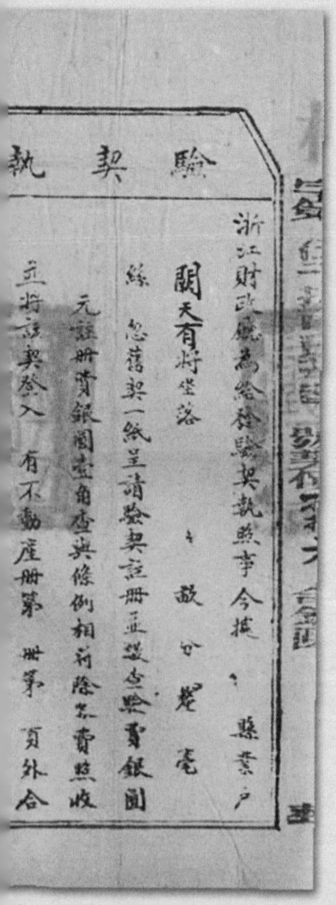

65

許三

立賣田契劉有富今因缺粮無办自愿將父手遺下民田共陆处坐落廿一都夫人廟庄其田土名芥菜源大崩蓬上至山為界下至山為界左至坑為界右至山為界又土名本处外壹处上至併左右俱山為界下至買主田為界又土名本处对门田壹处其田上下左右俱係荒坝為界又土名坐落温代岗屋门口迳田壹处共三横小大玖丘其田上至賣人退田為界下至山沿為右至山為界左至賣人退田界又土名下台金鴨毋窩田壹处上至闕姓田為下至天台窩会田為界左右山界又土名石岩下田壹处其田買主田角界迳併共陆處共計额貳畝正今憑田至分明親托憑中立契出賣與闕天有天開迳承買為業當日三面言断時值田價銅錢捌拾仟文正其戝即日隨契交訖其田自賣之後任憑買主推收過户完粮起耕収租管業賣人不得異言亦係己分併成富田清楚物業與內外叔伯兄弟人等無涉並無文墨與人交加如有來歷不明賣人一力承當不干買主之事此出兩相情愿並無逼抑債貨準折之故恐口難信故立賣田契永遠為據

嘉慶拾肆年十一月廿日立賣田契人劉有富

在場兄人劉成富

弟劉石富

憑中人石日才

劉新永

代筆人闕昌山書

照　中華民國　年　月　日　縣知事

字第　號

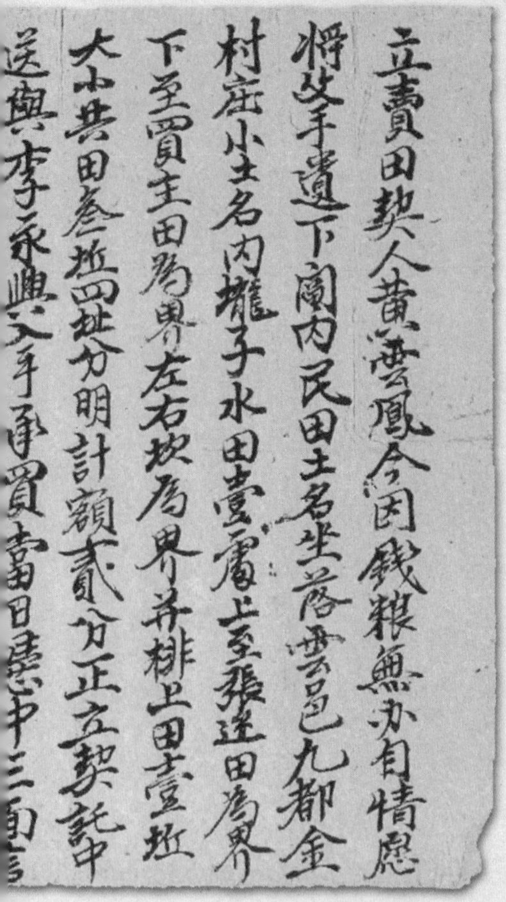

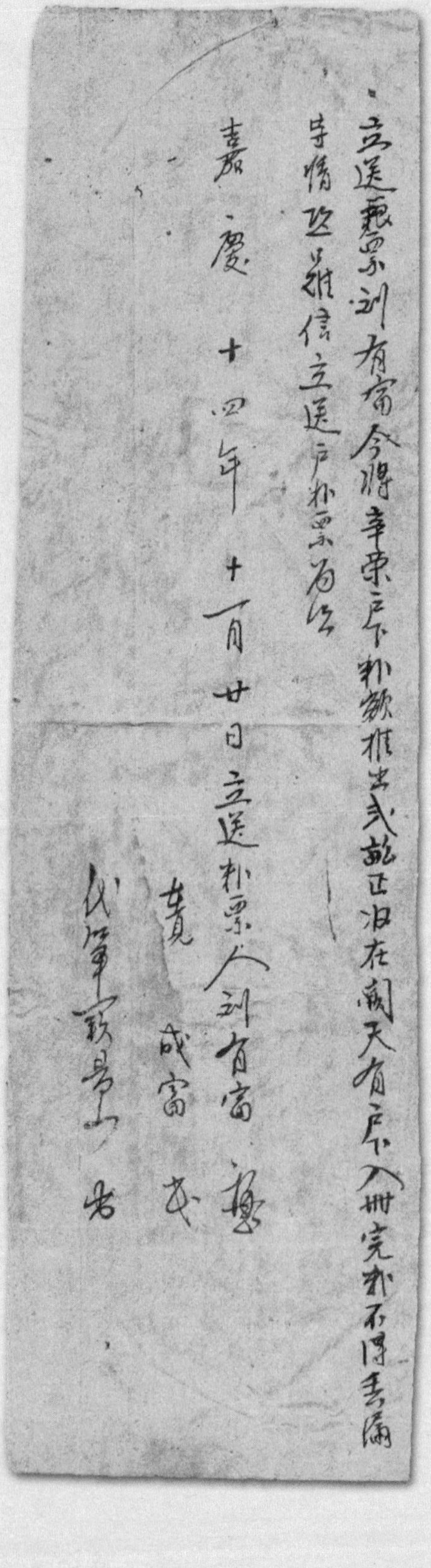

立送粮票刘有富，今将辛荣户下粮额推出弍畝正，收在阙天有户下入册完粮，不得丢漏等情，恐口难信，立送户粮票为照。

嘉慶十四年十一月廿日　立送粮票人　刘有富

在見　成富

代筆　阙易山

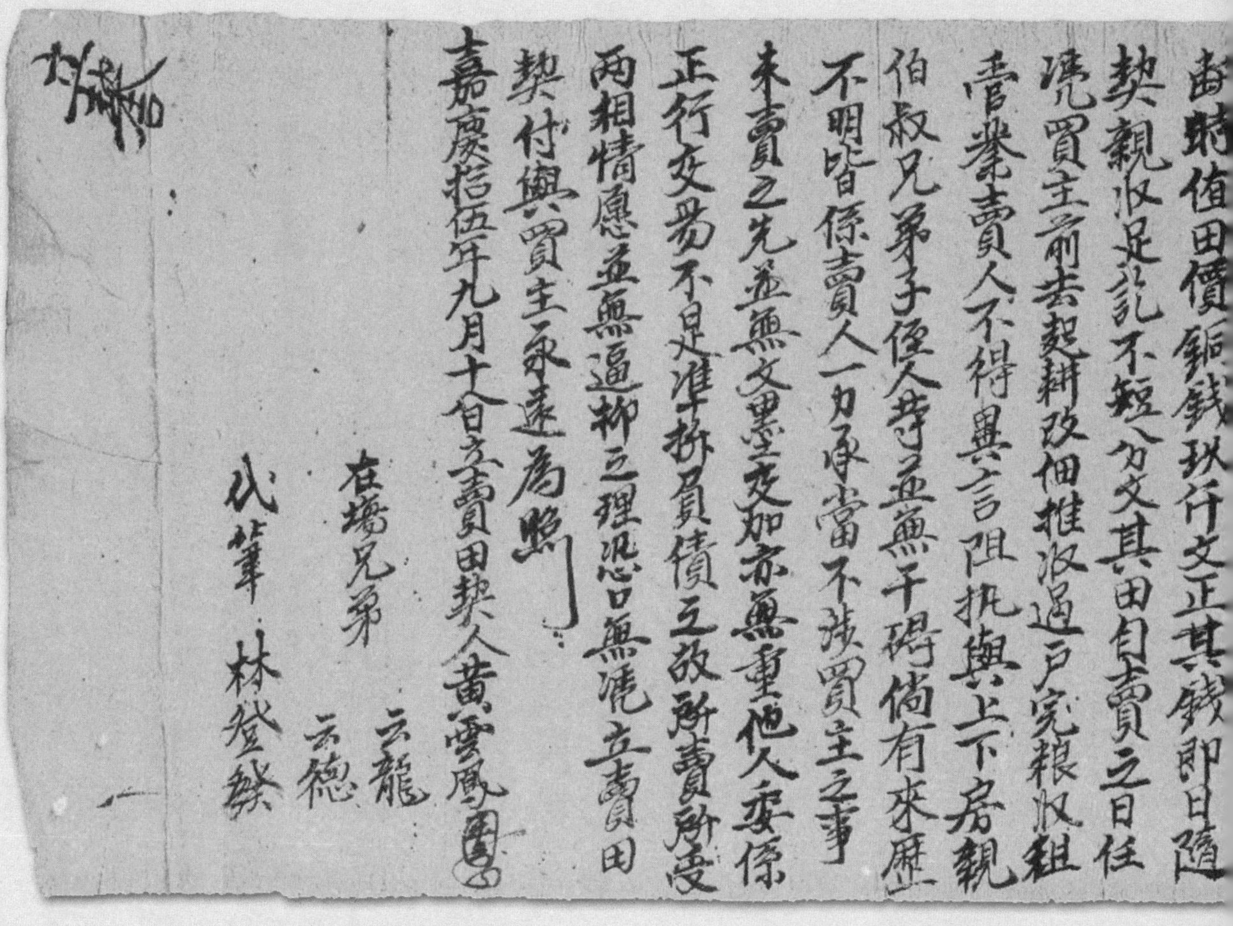
畝時值田價銅錢玖仟文正其錢即日隨
契親收足訖不短分文其田自賣之日任
憑買主前去起耕改佃推收過户完粮收租
管業賣人不得異言阻执與上下房親
伯叔兄弟子侄人等並無干碍倘有來歷
不明皆係賣人一力承當不涉買主之事
未賣之先並無文墨交加亦無重他人委係
正行交易不是準折負債之故所賣所受
兩相情愿並無逼抑之理恐口無憑立賣田
契付與買主永遠為照
嘉慶拾伍年九月十八日立賣田契人黃雲鳳
在場兄弟　云龍
云德
代筆　林登發

立賣田契人黃雲鳳，今因錢粮無办，自情愿將父手遺下阄内民田，土名坐落雲邑九都金村庄，小土名内壠子，水田壹處，上至張边田為界，下至買主田為界，左右坎為界，并排上田壹坵，大小共田叁坵，四址分明，計額貳分正，立契託中送與李永興入手承買，當日憑中三面言断，時值田價銅錢玖仟文正，其錢即日隨契親收足訖，不短分文，其田自賣之日，任憑買主前去起耕改佃，推收過户，完粮收租管業，賣人不得異言阻执，與上下房親伯叔兄弟子侄人等並無干碍，倘有來歷不明，皆係賣人一力承當，不涉買主之事，未賣之先，並無文墨交加，亦無重（典）他人，委係正行交易，不是準折負債之故，所賣所受，兩相情愿，並無逼抑之理，恐口無憑，立賣田契付與買主永遠為照。

嘉慶拾伍年九月十八日　立賣田契人　黃雲鳳

在場兄弟　云龍

云德

代筆　林登發

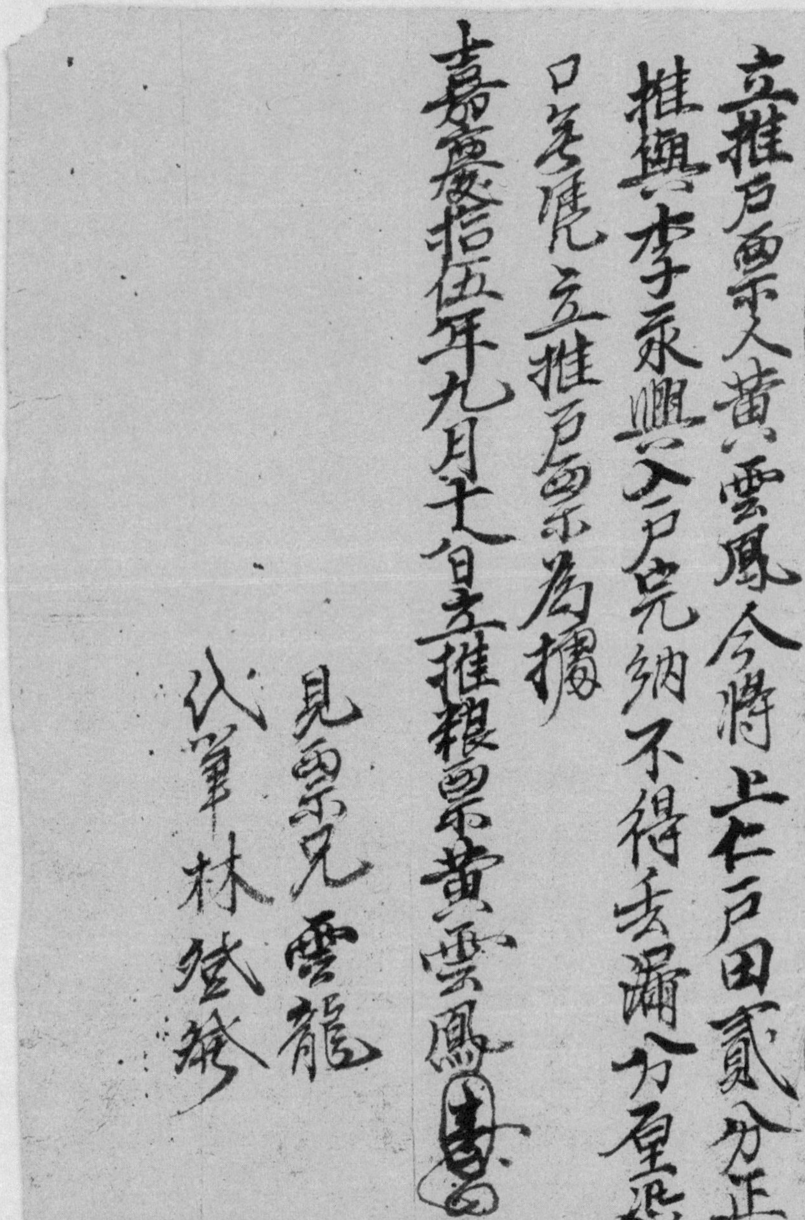
立推户票人黄雲鳳，今將上仁户田貳分正，推與李永興入户完納，不得丟漏分厘，恐口無憑，立推户票為據。
嘉慶拾伍年九月十八日立推粮票黄雲鳳（押）
見票兄雲龍
代筆林登發

立推户票人黄雲鳳，今将上仁户田貳分正，
推與李永興入户完纳，不得丟漏分厘，恐
口無憑，立推户票為據。

嘉慶拾伍年九月十八日　立推粮票　黄雲鳳

見票兄　雲龍

代筆　林登發

立賣屋契人葉富貴今因缺粮無办自情愿將父手架造住屋壹堂坐落土名廿一都茶排庄石橋頭坐西向東內分左邊併中堂壹半上至瓦桷下及基地礎石大門門外餘坪前後左邊墻頭撇脚中堂對直出均分壹半計額壹分自愿請托憑中立出文契送與闕天有　弟天開入手承買爲業當日憑中三面言定屋價銅錢叁拾千文正其錢當日憑中即日交訖不少個文其屋自賣之後任憑買主管業賣人不得異言阻滯乃係清楚物業與內外伯叔兄弟子姪人等並無寸土干碍日前並無重典文墨交加如有來歷不明皆係賣人一力承當不涉買主之事此係正行交易不是準折債貨之故日後子孫永無找贖等情所賣所買兩造情愿二比甘心並無逼勒之理今欲有憑立賣契付與闕邊永遠子孫爲照

嘉慶拾陸年二月初六日立賣屋契人葉富貴○

在場叔　葉七生○

葉九生（押）

弟　葉通貴○

葉長貴○

憑中人　陳盛開○

陳興養（押）

代筆人　葉石泰（押）

（前頁）>>>>>

立賣屋契人葉富貴，今因錢粮無办，自情愿將父手架造住屋壹堂，坐落土名廿一都茶排庄石橋頭，坐西向東，内分左邊併中堂壹半，上至瓦桷，下及基地簷石，大門門外餘坪，前後左邊墻頭墈脚，中堂對直出均分壹半，計額壹分，自愿請托憑中立出文契，送與闞天有、弟天開入手承買為業，當日憑中三面言定，屋價銅錢叁拾千文正，其錢當日憑中即日交訖，不少個文，其屋自賣之後，任憑買主管業，賣人不得異言阻滞，乃係清楚物業，與内外伯叔兄弟子姪人等並無寸土干碍，日前並無重典文墨交加，如有來歷不明，皆係賣人一力承當，不涉買主之事，此係正行交易，不是準折債貨之故，日後子孫永無找贖等情，所賣所買，两造情愿，二比甘心，並無逼勒之理，今欲有憑，立賣契付與闞邊永遠子孫為照。

嘉慶拾陸年二月初六日　立賣屋契人　葉富貴

在場叔　葉七生

葉九生

弟　葉通貴

葉長貴

憑中人　陳盛開

陳兴養

代筆人　葉石泰

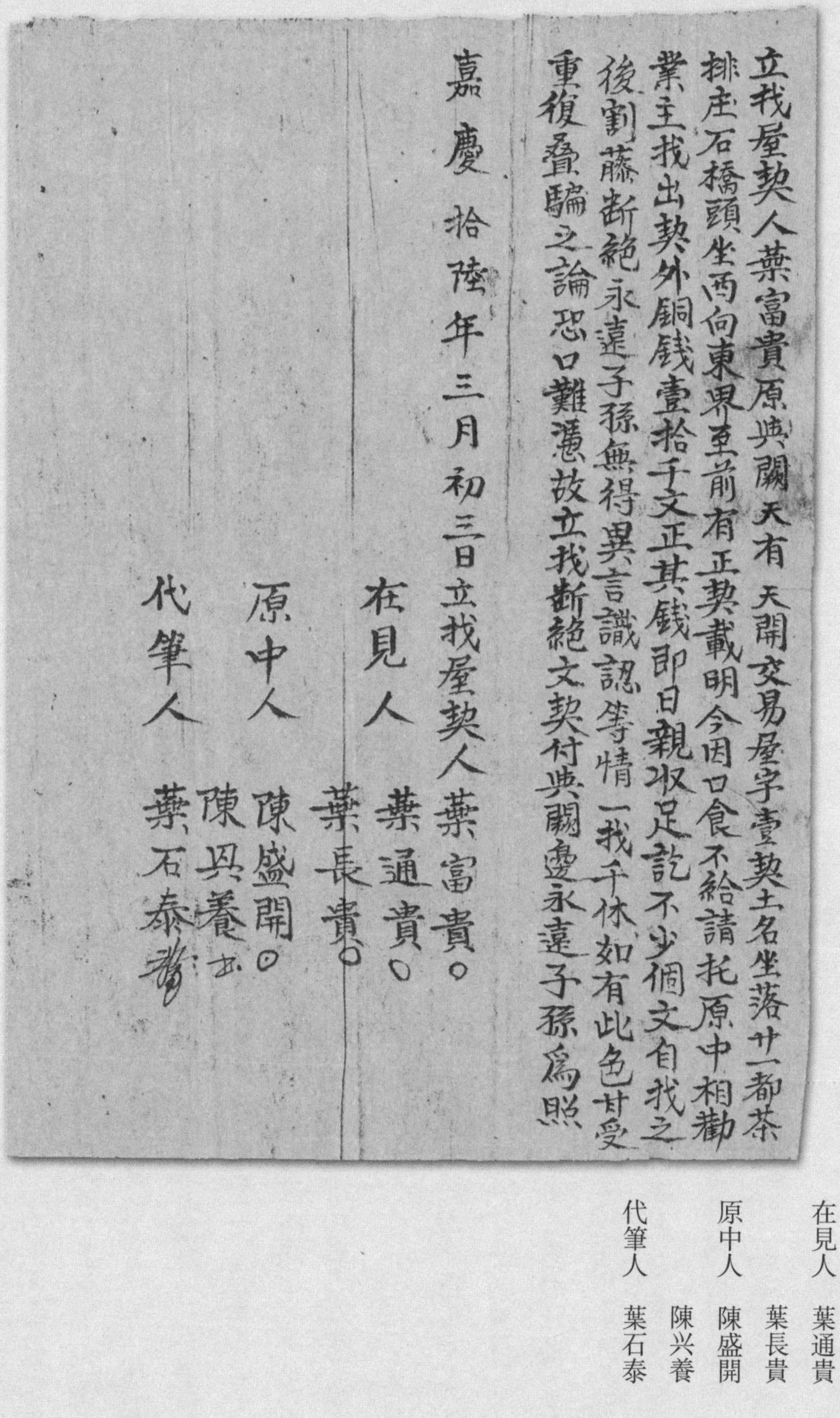

立找屋契人葉富貴，原與闕天有、天開交易屋宇壹契，土名坐落廿一都茶排庄石橋頭，坐西向東，界至前有正契載明，今因口食不給，請托原中相勸業主，找出契外銅錢壹拾千文正，其錢即日親收足訖，不少個文，自找之後，割藤断絶，永遠子孫無得異言識認等情，一找千休，如有此色，甘受重復叠騙之論，恐口難憑，故立找断絶文契付與闕邊永遠子孫為照。

嘉慶拾陸年三月初三日　立找屋契人　葉富貴

在見人　葉通貴

葉長貴

原中人　陳盛開

陳兴養

代筆人　　葉石泰

立賣田契人闞永魁今因錢粮無辨自情愿將祖父遺分下自己閹內民田兩處坐落本都庄
土名後金季山頭水田壹處水圳上田壹項上至永壽田為界下至併右至俱係永壽田併路為
界又水圳下田壹項上下至永壽田為界左至坑壠為界右至安岱崗路為界共計大小肆拾壹坵
又壹處茶子山脚田壹項上至茶子山為界下至張姓田為界右至茶山路為界左至闞姓田為界
計大小肆坵又土名後金坑田壹處上至林姓田為界下至林姓田為界左至坑壠為界右至天貴[illegible]
為界計大小肆坵又壹坐落下後金坑田壹處上至小坑為界下至程姓水塘田為界左右路為[illegible]
併夂路外崀上田壹坵外至天培叔田為界內至路為界上下闞姓田為界右至坑扎場為界共計大
小壹拾玖坵又坐落後金坑對門田壹處共計大小田陸橫又夂路上田壹橫計叁坵下至林姓田為
界右至闞姓田為界左至坑圳為計大小拾肆坵併夂田沿㭊樹襍木在內今將各處四至踏明界
內不留坵角立行送與本族叔德璞承買為業其田共計額伍畝伍分正當日憑中三面言斷
時值田價銅錢貳伯仟文正其錢郎隨契兩相交兑足訖不少個文其田任從買主推收過
戶完粮收租改佃易耕管業賣人無得異言阻执其田乃係父遺分下自己閹內清楚物業
與內外上下房親伯叔兄弟子侄人等並無干涉其田未賣日前亦無文墨重典交加倘有來
歷不明賣人自能一力承當不涉買主之事其田一賣一買兩坪情愿並無逼抑準折債負之故其
此賣之後割藤斷根賣人永不異言找價取贖等情今欲有憑立賣田契付與買主子孫
永遠管業為據

嘉慶拾柒年玖月初九日　立賣田契人闞永魁（押）

在見侄　顯奎（押）

憑中人闞永明（押）

代筆　石日才（押）

立找田契人闞永魁原日典與本族叔德璞為業本都庄土名後金季山頭典夂後金坑民田兩
[illegible]

錢叁拾弍仟文正其錢即日兩相交訖明不少個文其田此之後契明價足一找千休割藤
斷根永遠不得異言找價取贖等情如有此色甘受盗騙之論今欲有憑立找田契付與
買主永遠管業為據

嘉慶拾柒年拾弍月初十日立找田契人闕永魁（押）

在見侄顯奎（押）

原中人闕永明（押）

代筆石日才（押）

契

字　號

計開業户

嘉慶弍拾叁年拾壹月

布字肆千陸百肆拾叁號

右給　闕德瑛

准此

（前頁）>>>>>

立賣田契人闕永魁，今因錢粮無辨［辦］，自情愿将祖父遺分下自己阄内民田兩處，坐落本都庄，土名後金季山頭，水田壹處，水圳上田壹項，上至永壽田為界，下至併右至俱係永壽田併路為界，又水圳下田壹項，上下至永壽田為界，左至坑壠為界，右至安岱崗路為界，共計大小肆拾壹坵，又壹處，茶子山脚田壹項，上至茶子山為界，下至張姓田為界，右至茶山路為界，左至闕姓田為界，計大小肆坵，又土名後金坑田壹處，上至林姓田為界，下至林姓田為界，左至坑壠為界，右至天貴叔田為界，計大小肆坵，又壹坐落下後金坑田壹處，上至小坑為界，下至程姓水塘田為界，左右路為界，併及路外良上田壹坵，外至天培叔田為界，内至路為界，上下闕姓田為界，右至坑扎塌為界，共計大小壹拾玖坵，又坐落後金坑對門田壹處，共計大小田陸横，又及路上田壹横，計式坵，下至林姓田為界，右至闕姓田為界，左至坑圳為（界），計大小拾肆坵，併及田沿柏樹雜木在内，今将各處四至踏明，界内不留坵角，立行送與本族叔德瑛承買為業，其田共計額伍畝伍分正，當日憑中三面言断，時值田價銅錢貳伯仟文正，其錢即隨契兩相交兑足訖，不少個文，其田任從買主推收過户，完粮收租，改佃易耕管業，賣人無得異言阻执，其田乃係父遺分下自己阄内清楚物業，與内外上下房親伯叔兄弟子侄人等並無干涉，其田未賣日前，亦無文墨重典交加，倘有來歷不明，賣人自能一力承當，不涉買主之事，其田一賣一買，兩甘情愿，並無逼抑準折債負之故，其（田）此賣之後，割藤断根，賣人永不異言找價取贖等情，今欲有憑，立賣田契付與買主子孫永遠管業為據。

嘉慶拾柒年玖月初九日　立賣田契人　闕永魁

在見侄　獻奎

憑中人　闕永明

代筆　石日才

（前頁）>>>>>

立找田契人闕永魁，原日與本族叔德瑛交易本都庄，土名後金季山頭與及後金坑民田兩處，界額俱在正契載明，今因粮迫，自情託原中筆向到業主德瑛叔手內，再找出契外銅錢叁拾弍仟文正，其錢即日两相交訖明（白），不少個文，其田此（找）之後，契明價足，一找千休，割藤断根，永遠不得異言找價取贖等情，如有此色，甘受叠騙之論，今欲有憑，立找田契付與買主永遠管業為據。

嘉慶拾柒年拾弍月初十日　立找田契人　闕永魁

在見侄　　獻奎

原中人　闕永明

代筆　石日才

（契尾，嘉慶弍拾叁年拾壹月）

立賣田契人闕耀奎今因錢粮無辦自情愿將祖父遺分下自己閫内民田壹處坐落本都庄土名南山水田壹處
計額伍畝正其田上至路與永燦田為界下至永壽田為界左至林姓與永壽田為界右至路為界併及路外賣人自田
三大坵下田壹處上至即係賣人田為界下右兩至葉姓田為界左至路為界其田界内中隔楊姓坟壹穴左右王姓田兩
小坵又坟前田壹坵内計田三田屬王姓之業其餘界不留寸土荒地今具四至分明立契送與本族叔祖天有天開二位向
前承買為業當日憑中三面言斷時值田價銅錢壹百貳拾仟文正其錢即日隨契兩相交訖足訖不少個文其田任從
買主推収過戶完粮易耕改佃収租管業賣人無得異争執其田未賣日前並無重復典當文墨交加亦無内外房親伯
叔兄弟人等並無干涉倘有來歷不明賣人自行一力支當不涉買主之事其田所賣所買兩相情愿系係正行交易並
非準折債貨之故其田一賣千休割藤斷根賣人永遠不敢異言找價取贖等情今恐無憑立賣田契付與買主子孫
永遠管業為據

嘉慶拾捌年貳月拾九日 立賣田契人闕耀奎（押）

在場叔 闕永魁（押）

兄 闕松奎（押）

顯奎（押）

憑中人 闕永明（押）

代筆 石日才（押）

契

[illegible]

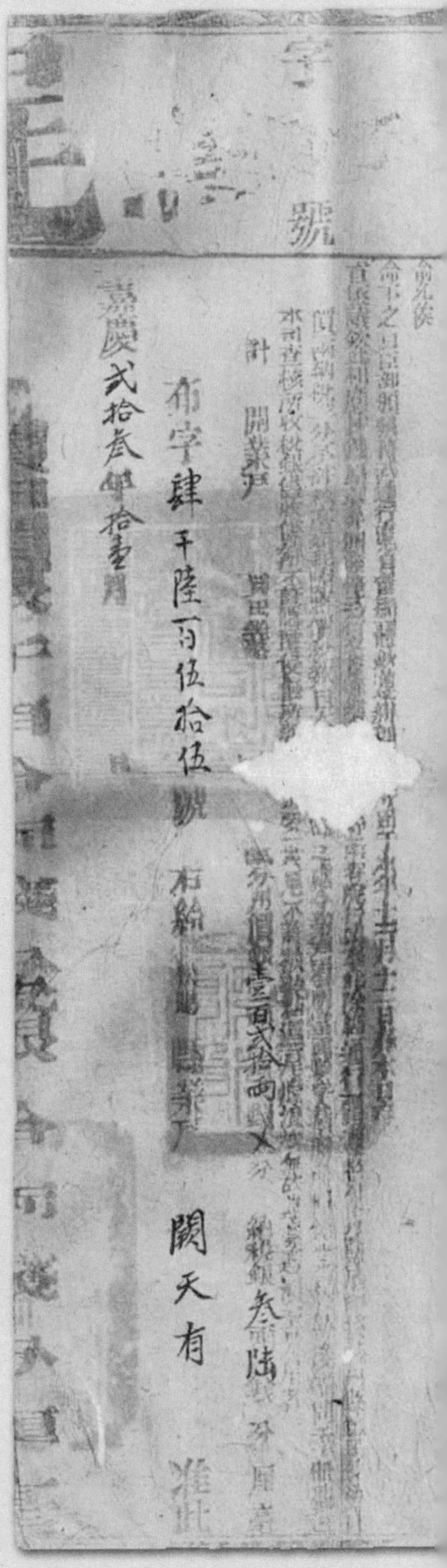

立賣田契人闕耀奎，今因錢粮無辦，自情愿将祖父遺分下自己鬮内民田壹處，坐落本都庄，土名南山水田壹處，計額伍畝正，其田上至路與永燦田為界，下至永壽田為界，左至林姓與永壽田為界，右至路為界，併及路外賣人自田三大坵下田壹處，上至即係賣人田為界，下、右兩至葉姓田為界，左至路為界，其田界内中隔楊姓坟壹穴，左右王姓田兩小坵，又坟前田壹坵，内計田三田属王姓之業，其餘界不留寸土荒角，今具四至分明，立契送與本族叔祖天有、天開二位向前承買為業，當日憑中三面言斷，時值田價銅錢壹百貳拾仟文正，其錢即日隨契兩相交兑足訖，不少個文，其田任從買主推收過户完粮，易耕改佃，收租管業，賣人無得異（言）争执，其田未買日前，並無重復典當文墨交加，亦無内外房親伯叔兄弟人等並無干涉，倘有來歷不明，賣人自行一力支當，不涉買主之事，其田所賣所買，两相情愿，委係正行交易，並非準折債貨之故，其田一賣千休，割藤断根，賣人永遠不敢異言找價取贖等情，今恐無憑，立賣田契付與買主子孫永遠管業為據。

嘉慶拾捌年貳月拾九日　立賣田契人　闕耀奎

在塲叔　闕永魁

兄　闕松奎

獻奎

憑中人　闕永明

代筆　石日才

（契尾，嘉慶弍拾叁年拾壹月）

立找田契人闕耀奎原因日前與本族叔祖天有天閒交易坐落本都土名南山下民田壹契界址俱在正契載明今因錢粮無辦請託原中肇再向到業主手內再出契外銅錢叁拾仟文正其錢即日交訖清楚不少個文其田此找之後契明價足心情意滿一找千休割藤斷根賣人不得異言找價取贖等情如有此色甘受重騙之端今恐無憑立找田契付與買主永遠管業為據

嘉慶拾捌年叁月初十日　立找田契人闕耀奎（押）

在場叔　闕永魁（押）

九松奎（押）

顯奎（押）

原中人闕永明（押）

代筆　石日才（押）

契

字　號

浙江等處承宣布政使司為遵……[illegible]

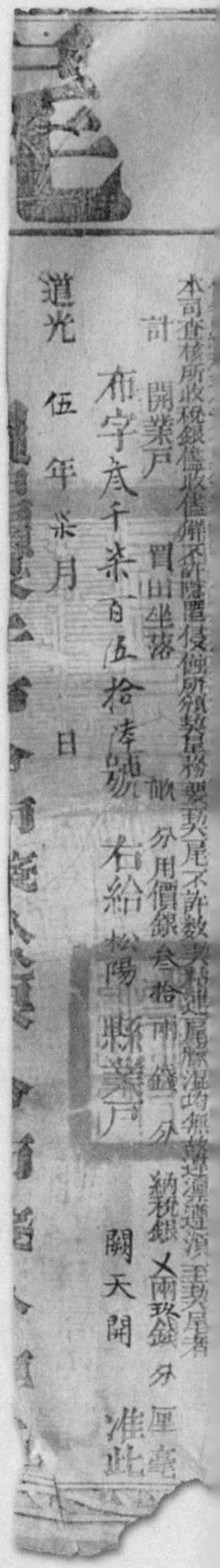

立找田契人闞耀奎，原因日前與本族叔祖天有、天開交易坐落本都庄，土名南山下民田壹契，界額俱在正契載明，今因錢粮無辧，請託原中筆再向到業主手內，再（找）出契外銅錢叁拾仟文正，其錢即日交訖清楚，不少個文，其田此找之後，契明價足，心情意滿，一找千休，割藤断根，賣人不得異言找價取贖等情，如有此色，甘受叠騙之論，今恐無憑，立找田契付與買主永遠管業為據。

嘉慶拾捌年叁月初十日　立找田契人　闞耀奎

在場叔　闞永魁

兄　松奎

獻奎

原中人　闞永明

代筆　石日才

（契尾，道光伍年柒月）

（前有脱漏）

庄買主户入册办粮完納，不得丢漏分厘，今恐無憑，立送户票為照。

嘉慶十八年弍月十九日　立送户票人　闞耀奎

在見兄　松奎

代筆　石日才

立賣田契人闕德琮今因錢糧無办自情愿將祖父遺下分闔自己阄内民田坐落廿都茶排
庄土名葉庄樟樹下田壹坵東至溪為界南至天進屋為界西至大路為界北至闕王会田為界
今俱四至分明計額叁分正自愿請托憑中送與本家 天開叔入手承買為業當日憑中
三面言斷時值田價錢捌仟文正其錢即日隨契交足不少個文其田自賣之後任憑買主
前去當官推収过户完粮起耕改佃架造収租管業賣人不得異言阻滞乃係清楚物業
與内外伯叔兄弟子侄人等亦無寸土干碍日前並無重典文墨交加如有來歷不明賣人一力
承當不涉買主之事此係正行交易不是准折債貨之故其田契截割藤斷根日後子孫
永無找贖等情所賣所買兩相情愿二比甘肯並無逼勒之理今欲有憑故立賣田契付與
買主子孫永遠為照

嘉慶拾捌年六月初九日

立賣田契人闕德琮（押）
在場父 三有（押）
憑中人 德琦（押）
代筆闕崇和（押）

立找斷絕田契人闕德琮原與本家天開叔交易明田一契坐落廿都茶排庄土名
葉庄樟樹下安着該处界至前有正契載明今因口食給迫請托原中相勸業主
找过契外銅錢玖仟伍百文正其錢即日親取足訖不得短少個文自找之後割藤
絕根永遠子孫無得異言識認等情一找千休如有此色甘受叠騙重復之論恐
口难憑故立找斷絕田契付[illegible]

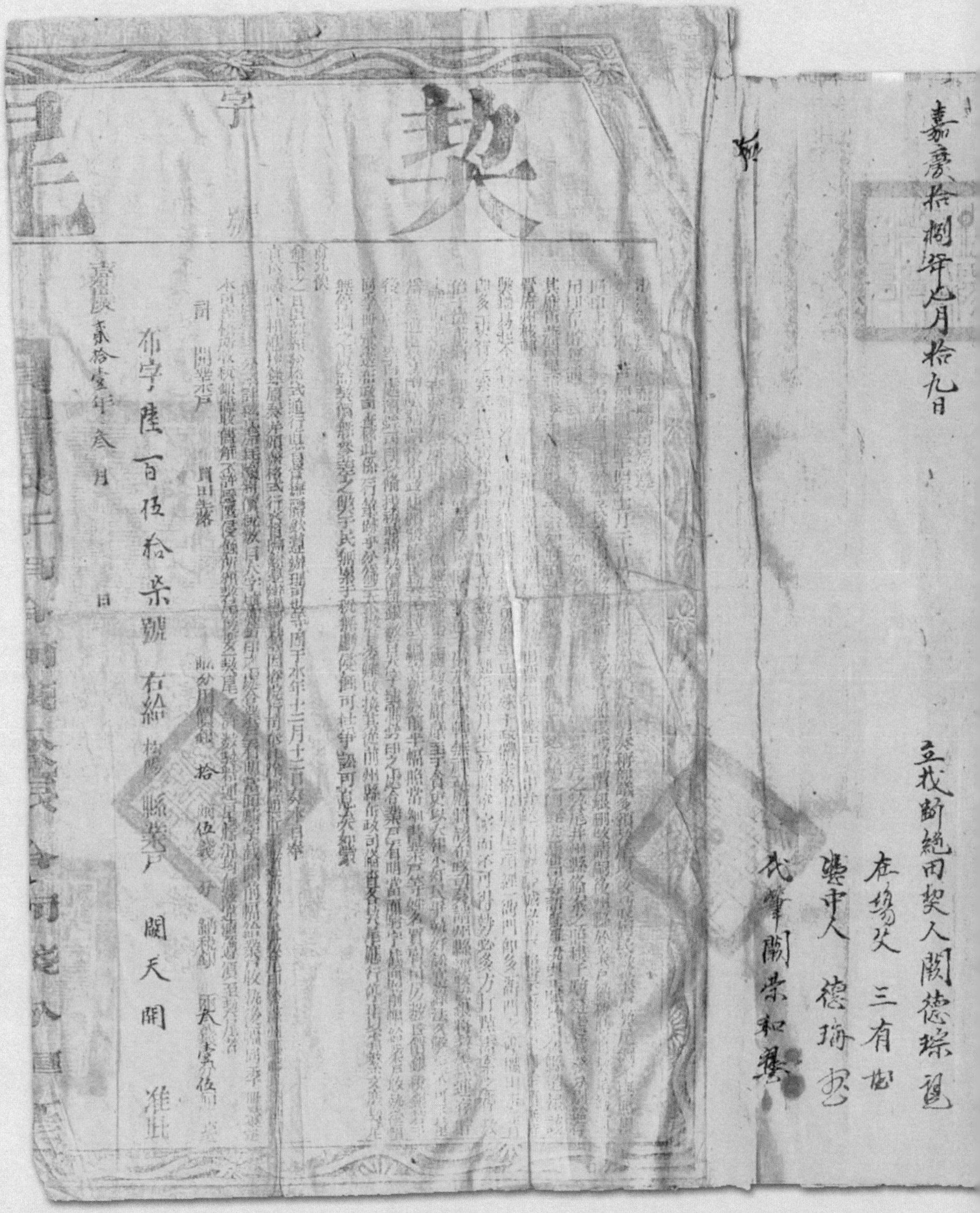
嘉慶拾捌年九月拾九日
立杜斷絕田契人闕德琮
在場父　三有
憑中人　德瑜
代筆　闕崇和
契
布字陸百伍拾柒號　右給　松陽縣業戶　闕天開　准此
嘉慶貳拾壹年叁月　日

（前頁）>>>>>

立賣田契人闕德琮，今因錢粮無办，自情愿将祖父遺下分關自己阄内民田，坐落廿一都茶排庄，土名葉庄樟樹下，田壹坵，東至溪為界，南至天進屋為界，西至大路為界，北至關王会田為界，今俱四至分明，計額叁分正，自愿請托憑中送與本家天開叔入手承買為業，當日憑中三面言断，時值田價錢捌仟文正，其錢即日隨契交足，不少個文，其田自賣之後，任湀買主前去當官［管］，推收过户完粮，起耕改佃，架造收租管業，賣人不得異言阻滞，乃係清楚物業，與内外伯叔兄弟子侄人等亦無寸土干碍，日前並無重典文墨交加，如有来歴不明，賣人一力承當，不涉買主之事，此係正行交易，不是準折債貨之故，其田契載割藤断根，日後子孫永無找贖等情，所賣所買，两相情愿，二比甘肯，並無逼勒之理，今欲有憑，故立賣田契付與買主子孫永遠為照。

嘉慶拾捌年六月初九日　立賣田契人　闕德琮

在場父　三有

憑中人　德琈

代筆　闕荣和

（前頁）>>>>>

立找断絶田契人闕德琮，原與本家天開叔交易明［民］田一契，坐落廿一都茶排庄，土名葉庄樟樹下安着，畝分界至，前有正契載明，今因口食給迫，請托原中相勸業主，找过契外銅錢式仟伍百文正，其錢即日親收足訖，不得短少個文，自找之後，割藤絶根，永遠子孫無得異言識認等情，一找千休，如有此色，甘受叠騙重復之論，恐口难憑，故立找断絶田契付與買主子孫永遠為據。

嘉慶拾捌年七月拾九日　立找断絶田契人　闕德琮

在場父　三有

憑中人　德瑀

代筆　闕荣和

（契尾，嘉慶貳拾壹年叁月）

立送户票人闕德琮，今有民田，廿一都茶排庄荣山户下田叁分正，送與本都本庄天閞户下入册办粮，不得丢漏分厘，立送入户票是寔為用。

嘉慶拾捌年六月初九日　立送户票人　闕德琮

在見　德瑀

代筆　闕荣和

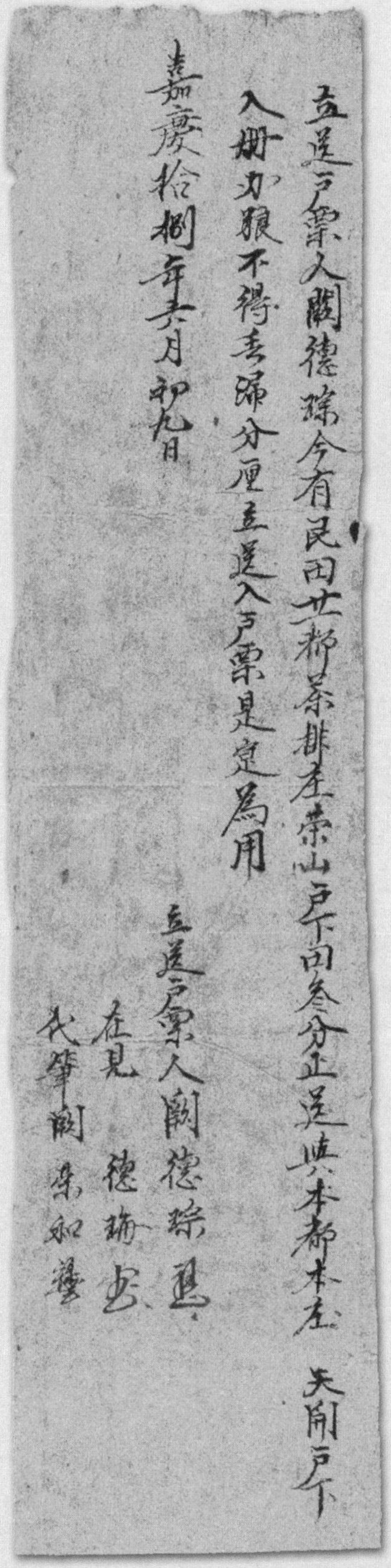

立送户票人闕德琮今有民田廿一都茶排庄荣山户下田叁分正送與本都本庄天閞户下入册办粮不得丢漏分厘立送入户票是寔為用

嘉慶拾捌年六月初九日

立送户票人闕德琮

在見德瑀

代筆闕荣和

立賣田契人劉有富今因錢粮無辦自情愿將自手續置民田壹處坐落本都夫人庙庄土名石岩下水田壹坵其田上至日光洸残山骨為界下至本田堪脚外路為界左右俱係山骨為界計額弍分正今將四至界內不留寸土請託中筆親立文契送與山樓橋曾榮琳親邊嘗內入手承買為業當日憑中三面言斷時值田價銅錢壹拾仟文正其錢即日隨契兩相交兑足訖無少個文其田任從買主推收入册過戶完粮易耕改佃收租管業賣人無得異言阻执其田原係自己親手續置清楚物業與上下內外房親伯叔兄弟子侄人等並無干涉未賣日先亦無重復典當文墨交加一賣一買委係正行交易並無逼抑準折債負之故倘有內外來歷不明皆係賣人自己一力支當不涉買主之事所賣所買兩相情愿其田一賣千休劉姓斷根子孫永遠不敢興言識認找價取贖等情今欲有憑立賣田契付與買主子孫永遠管業為據

一批契內側註置不敢三字再照批

嘉慶拾玖年正月二十九日　立賣田契人劉有富（押）

憑中人　潘茂順（押）　陳有乾○

代筆　石日才（押）

（前頁）>>>>>

立賣田契人劉有富，今因錢粮無辦，自情愿將自手續置民田壹處，坐落本都夫人庙庄，土名石岩下，水田壹坵，其田上至日先洗殘山骨為界，下至本田塝脚外路為界，左右俱係山骨為界，計額式分正，今将四至界内，不留寸土，請託中筆親立文契，送與山接橋曹榮琳親邊嘗内入手承買為業，當日憑中三面言断，時值田價銅錢壹拾仟文正，其錢即日随契两相交兑足訖，無少個文，其田任從買主推收入册，過户完粮，易耕改佃，收租管業，賣人無得異言阻执，其田原係自己親手續置清楚物業，與上下内外房親伯叔兄弟子侄人等並無干涉，未賣日先，亦無重復典當文墨交加，一賣一買，委係正行交易，並無逼抑準折債負之故，倘有内外來歷不明，皆係賣人自己一力支當，不涉買主之事，所賣所買，两甘情愿，其田一賣千休，割藤断根，子孫永遠不敢異言識認找價取贖等情，今欲有憑，立賣田契付與買主子孫永遠管業為據。

一批契内側註置不敢三字，再照。

嘉慶拾玖年正月二十九日　立賣田契人　劉有富

憑中人　潘茂順

陳有乾

代筆　石日才

立找田契人刘有富原因日前典曹荣琳親邊尝內交易民田壹契坐落本都夫人庙庄土名石岩下水壹處界額俱在正契載明今因粮迫無办請托原中筆向到業主家下細勸再找出契外銅錢肆千文正其錢即日當還中面交足訖不少個文其田自找之後契明價足一找千休心情意滿割藤断根刘邊子孫永遠不敢異言識認找價取贖等情如有此色弃受叠騙之論恐口難憑立找田契付典業主子孫永遠管業為據

嘉慶拾九年叁月初三日 立找田契人刘有富

原中人 潘茂順

陳有乾

代筆 石日才

（前頁）>>>>>

立找田契人刘有富，原因日前與曹荣琳親邊尝内交易民田壹契，坐落本都夫人庙庄，土名石岩下，水（田）壹處，界額俱在正契載明，今因粮迫無办，請托原中筆向到業主家下細勸，再找出契外銅錢肆千文正，其錢即日當憑中面交足訖，不少個文，其田自找之後，契明價足，一找千休，心情意滿，割藤断根，刘邊子孫永遠不敢異言識認找價取贖等情，如有此色，甘受叠騙之論，恐口難憑，立找田契付與業主子孫永遠管業為據。

嘉慶拾九年叁月初三日　立找田契人　刘有富

原中人　潘茂順

陳有乾

代筆　石日才

立賣田契人王永寿今因戲粮無办自情愿將自己閣下民田壹
處坐落廿一都蔡宅庄土名包處坑田壹處大小田九坵上至關姓田為
界下至墈下關姓田為界左至關姓田為界右至關姓田為界又中
包處田圳上圳下圳頭田大小共璨坵上至關周式姓田為界下至溪河
為界左右內關姓田為界外路為界今俱四至分明對額戲粮壹
畝正其田托中送與應壇清入手承買為業當日憑中三面言斷時
與田價酬戲叁拾貳千文正其戲即日當中交足明白不短個文其田
自賣之後任憑買主推收過戶完粮收租耕種營業此係自己清
楚物業與內伯叔兄弟人等並無文墨重典交加等情倘有來歷
不明皆係賣人一力承當不涉買主之事所賣所買出在兩甘情
愿乃係正行交易契明價足不是債貸準折之故其田割藤漸
根截賣永無找價之理今欲有憑立賣田契付與買主永遠為照

合式月初四日立賣田契人　王永寿 〇

契
字

嘉慶貳拾壹年叁月

布字陸百捌拾肆號　右給　松陽縣業戶　應壇清　准此

憑中
闕三有　押
黃利發
王日春
代筆　闕德琮

(前頁)>>>>>

立賣田契人王永寿，今因錢粮無办，自情愿将自己閫下民田壹處，坐落廿一都蔡宅庄，土名包處坑，田壹處，大小田九坵，上至闕姓田為界，下至勘下闕姓田為界，左至闕姓田為界，右至闕姓田為界，又中包處田圳上圳下圳頭田，大小共柒坵，上至闕、周弍姓田為界，下至溪河為界，左右内闕姓田為界，外路為界，今俱四至分明，計額錢粮壹畝正，其田托中送與應壇清入手承買為業，當日憑中三面言断，時直田價銅錢叁拾貳千文正，其錢即日當中交足明白，不短個文，其田自賣之後，任憑買主推收過户，完粮收租，耕種管業，此係自己清楚物業，與内（外）伯叔兄弟人等並無文墨重典交加等情，倘有来歷不明，皆係賣人一力承當，不涉買主之事，所賣所買，出在两甘情愿，乃係正行交易，契明價足，不是債貸準折之故，其田割藤断根截賣，永無找價之理，今欲有憑，立賣田契付與買主永遠為照。

嘉慶拾玖年拾貳月初四日　立賣田契人　王永寿

闕三有

憑中　黄利發

王日春

代筆　闕德琮

（契尾，嘉慶貳拾壹年叁月）

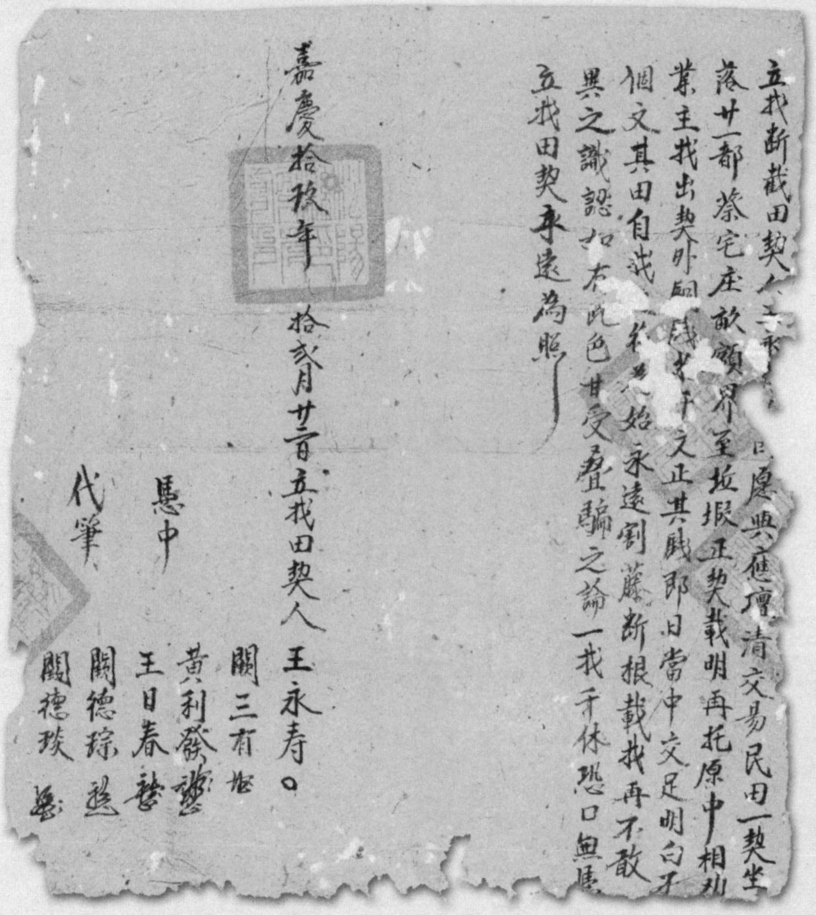

立找断截田契人王永寿，□□愿［原］與應壇清交易民田一契，坐落廿一都蔡宅庄，畝額界至坵塅，正契載明，再托原中相劝業主，找出契外銅錢□仟文正，其錢即日當中交足明白，不（少）個文，其田自找之後為始，永遠割藤断根截［截］找，再不敢異之［言］識認，如有此色，甘受叠騙之論，一找千休，恐口無憑，立找田契永遠為照。

嘉慶拾玖年拾弍月廿二日　立找田契人　王永寿

憑中　闕三有

黄利發

王日春

代筆　闕德琮

闕德琰

立賣田契人闕學方今因錢粮無办自情愿將自己民田壹處坐落廿
壹都茶排庄土名冷水上至左至山為界下至右至闕其雄田為界計額
叁分正三面踏踏清楚今俱四至分明并及墈熟田沿樹木盡處不留託中
立契出賣與闕天有、天培、天開、天瑜德總五股和城社會承買為業當
日憑中三面言定時值田價銅錢柒仟文正其錢即日隨契兩相交訖明
白不少個文其田自賣之後任憑買主推收過户完粮起耕改佃收租管
業賣人不得異言阻擋乃係清楚物業與内外伯叔兄弟子侄人等並
無寸土干碍日先亦無文墨交加重典他人倘有來歷不明皆係賣人一力承
當不涉買主之事委係正行交易不是準折債貨之故所賣所買此
出兩家情愿二比甘肯並無逼勒之理契明價足不得找贖等情今欲
有憑故立賣田契付與買主永遠為照——

嘉慶貳拾壹年二月初二日　立賣田契人闕學方

憑中　闕三有
包石金

契　（押）

代筆王榮學书

立找杜田契人闕學方，原與日先闕天有社會等邊交易民田壹契，坐落廿一都茶排庄土名冷水窟，界至前有正契載明，今因迫用，托中向業主找过契外銅錢壹千文，其錢即日兩相交訖明白，不少個文，其田自找之後割藤斷根，永不得異言。此色非受壹騙找手，係二比心愿，今欲有憑，恐口難信，立找杜田契文與買主永遠為照。

嘉慶貳拾壹年二月十八日　立找杜田契人闕學方（押）

原中　闕三有（押）

包石宝（押）

代筆　王榮學书

契　（押）

（前頁）>>>>>

立賣田契人闕學方，今因錢粮無办，自情愿将自置民田壹處，坐落廿壹都茶排庄，土名冷水，上至、左至山為界，下至、右至闕其雄田為界，計額叁分正，三面踩踏清楚，今俱四至分明，併及荒熟田沿樹木，盡處不留，託中立契，出賣與闕天有、天培、天開、德珻、德璁五股，和城社會承買為業，當日憑中三面言定，時值田價銅錢柒仟文正，其錢即日隨契两相交訖明白，不少個文，其田自賣之後，任憑買主推收過户完粮，起耕改佃，收租管業，賣人不得異言阻挡，乃係清楚物業，與内外伯叔兄弟子侄人等並無寸土干碍，日先亦無文墨交加重典他人，倘有来歷不明，皆係賣人一力承當，不涉買主之事，委係正行交易，不是準折債貨之故，所賣所買，此出两家情愿，二比甘肯，並無逼勒之理，契明價足，不得找贖等情，今欲有憑，故立賣田契付與買主永遠為照。

嘉慶貳拾壹年二月初二日　立賣田契人　闕學方

憑中　闕三有

包石宝

代筆　王榮學

（前頁）>>>>>

立找杜田契人闕學方，原與日先闕天有社會等边交易民田壹契，坐落廿一都茶排庄，土名冷水，畝分界至，前有正契載明，今因迫用，托中向業主找过契外銅錢壹千文，其錢即日两相交讫明白，不少個文，其田自找之後，割藤断根，永不得異言，此色，甘受叠騙，一找千休，二比心愿，今欲『有』有憑，恐口难信，立找杜田契交與買主永遠為照。

嘉慶貳拾壹年二月十六日　立找杜田契人　闕學方

原中　闕三有

包石宝

代筆　王榮學

立送户票人闕學方，今將本都下宅庄闕貴利起户三分正，送入茶排庄闕天有社會等入户三分正，不敢丟漏分厘，立送户票為據。

嘉慶二十一年二月初二日　立送户票人　闕學方

原中　包石宝

代筆　王榮學

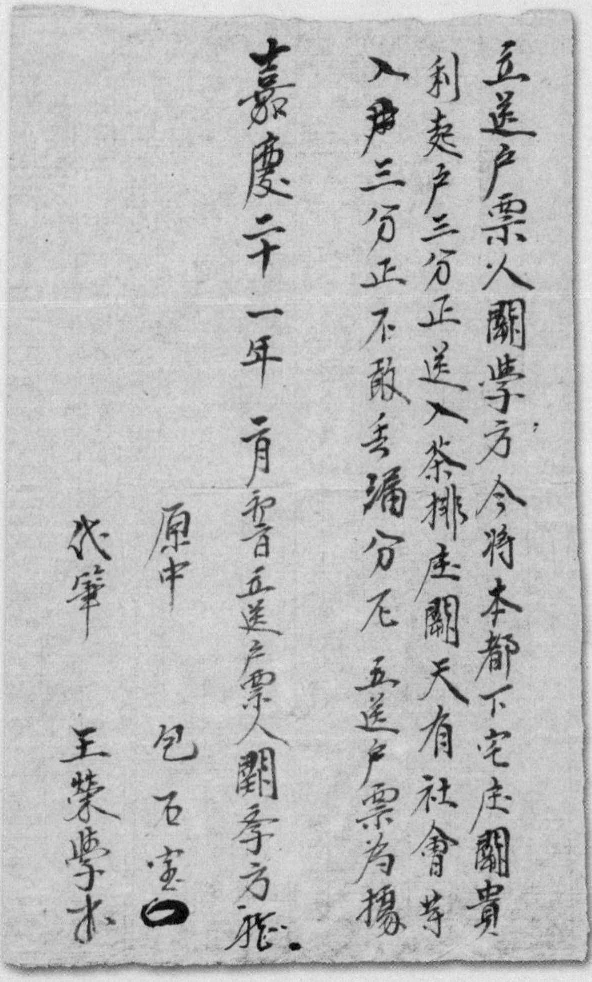
立送户票人闕學方今將本都下宅庄闕貴利起户三分正送入茶排庄闕天有社會等入户三分正不敢丟漏分厘立送户票為據

嘉慶廿一年二月初二日立送户票人闕學方

原中　包石宝

代筆　王榮學

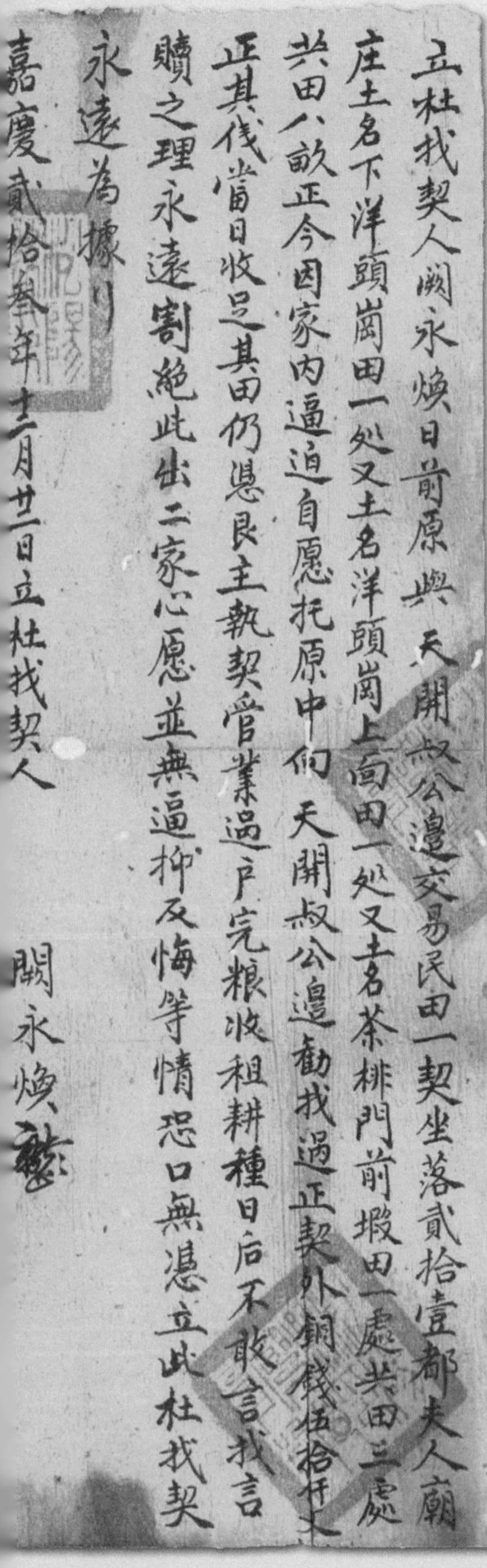
立杜找契人闕永煥日前原與 天開叔公邊交易民田一契坐落貳拾壹都夫人廟庄土名下洋頭崗田一処又土名洋頭崗上向田一処又土名茶排門前墩田一處共田三處共田八畝正今因家内逼迫自愿托原中向 天開叔公邊勸找過正契外銅錢伍拾仟文正其錢當日收足其田仍憑艮主執契管業過户完粮收租耕種日后不敢言找言贖之理永遠割絶此出二家心愿並無逼抑反悔等情恐口無憑立此杜找契永遠為據

嘉慶貳拾叁年十二月廿二日立杜找契人　闕永煥

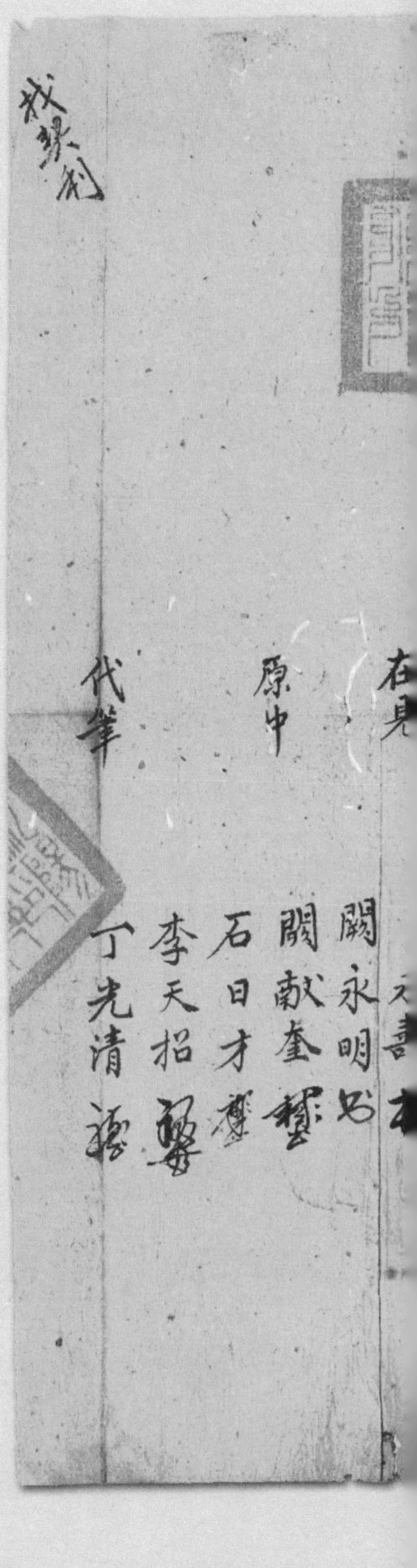

立杜找契人闞永煥，日前原與天開叔公邊交易民田一契，坐落貳拾壹都夫人廟庄，土名下洋頭崗，田一处，又土名洋頭崗上面，田一处，又土名茶排門前垟，田一處，共田三處，共田八畝正，今因家內逼迫，自愿托原中向天開叔公邊，勸找過正契外銅錢伍拾仟文正，其钱當日收足，其田仍憑银主執契管業，過户完粮，收租耕種，日后不敢言找言贖之理，永遠割絶，此出二家心愿，並無逼抑反悔等情，恐口無憑，立此杜找契永遠為據。

嘉慶貳拾叁年十二月廿二日　立杜找契人　闞永煥

在見　永壽

闞永明

原中　闞献奎

石日才

李天招

代筆　丁光清

立賣田契人王招養今因錢粮無办自情愿將自置民田坐落松邑二十一都茶排庄土名葉蔴洋涼停内片崗上田大小柒坵四橫上至山下至闕姓田左至山右至山爲界計額佐分正今具四至分明欲行立契托中送與闕天有天貴天培天開德瑀等向前入手承買爲業當日憑中面斷時値田價錢壹拾玖千文正其錢即日隨契兩相交訖明白不少個文其田自賣之後任憑買主推収過户完粮起耕收租管業賣人不得異言阻執委係正行交易不是準折貨債之故與上下房親伯叔兄弟内外人等並無干碍倘有來歷不明皆係賣人一力承當不涉買主之事愿賣愿受此出兩相情愿並無逼抑等情今欲有憑故立賣田契付與闕進子孫永遠管業存據

嘉慶二十五年九月十七日

立賣田契人王招養

在場 伯 成茂

叔 成富

叔 成利

代筆張辰東

（前頁）>>>>>

立賣田契人王招養，今因錢粮無办，自情愿将自置民田，坐落松邑二十一都茶排庄，土名葉蘇洋涼停［亭］内片崗上，田大小柒坵四横，上至山，下至闕姓田，左至山，右至山為界，計額伍分正，今具四至分明，欲行立契，托中送與闕天有、天貴、天培、天開、德瑒等向前入手承買為業，當日憑中面斷，時值田價錢壹拾玖千文正，其錢即日隨契两相交訖明白，不少個文，其田自賣之後，任憑買主推收過户，完粮起耕，收租管業，賣人不得異言阻執，委係正行交易，不是準折貨債之故，與上下房親伯叔兄弟内外人等並無干碍，倘有來歷不明，皆係賣人一力承當，不涉買主之事，愿賣愿受，此出两相情愿，並無逼抑等情，今欲有憑，故立賣田契付與闕邊子孫永遠管業存據。

嘉慶二十五年九月十七日　立賣田契人　王招養

在塲伯　成茂

叔　成富

成利

代筆　張辰東

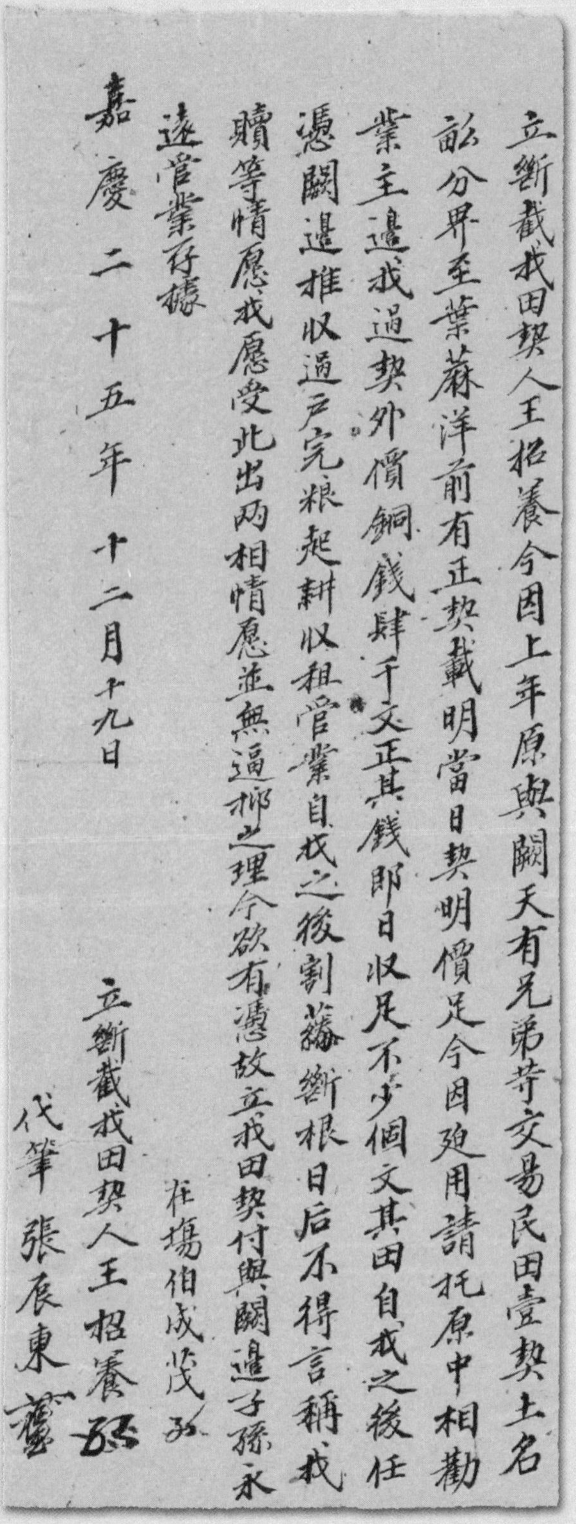

立斷截找田契人王招養，今因上年原與闞天有兄弟等交易民田壹契，土名畝分界至葉蔴洋，前有正契載明，當日契明價足，今因迫用，請托原中相勸業主邊，找過契外價銅錢肆千文正，其錢即日收足，不少個文，其田自找之後，任憑闞邊推收過户，完粮起耕，收租管業，自找之後，割藤斷根，日后不得言稱找贖等情，愿找愿受，此出两相情愿，並無逼抑之理，今欲有憑，故立找田契付與闞邊子孫永遠管業存據。

在場伯　成茂

嘉慶二十五年十二月十九日　立斷截找田契人　王招養

代筆　張辰東

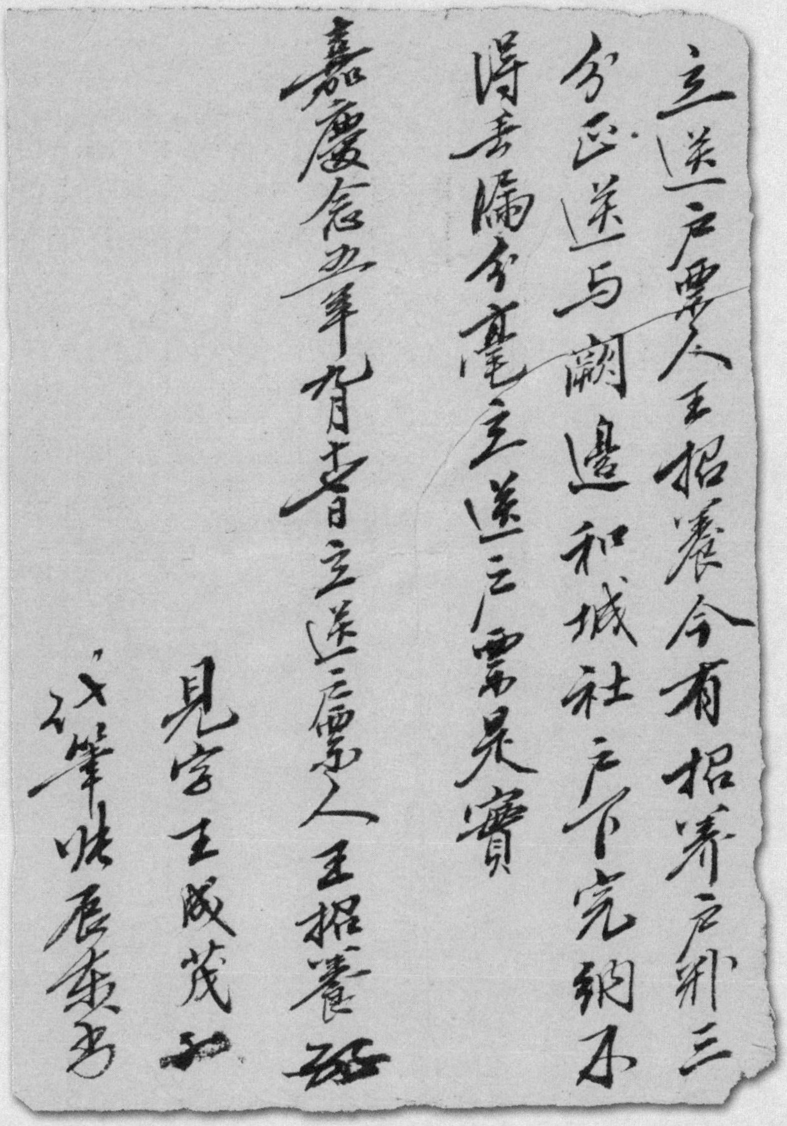

立送户票人王招養，今有招养户粮三
分正，送与阙邊和城社户下完纳，不
得丢漏分毫，立送户票是實。
嘉慶念五年九月十七日　立送户票人　王招養
見字　王成茂
代筆　张辰东

立助田字裔孫永壽仝弟永煥今因本族架
造宗祠缺少地基湊便當衆採踏正英公嘗田
坐落二十一都夫人廟左廟下田叁坵其田東至路
爲界南至永魁田爲界西至賴姓坟地及單姓墻
脚爲界北至本祠田爲界計額肆畝計租柒
担肆桶正今來自愿出助與維則堂
法敬公祠內承嘗爲業其田自助之后任凴
收租過戶完粮架造餘地耕種嘗業助人
無得異言此乃清楚產業與內外人等並
無干涉如有來歷不明助人自能支當不
干祠內之事恐口難信立助字爲照

嘉慶貳拾五年十一月初三日

立助田字裔孫永壽
永煥

在場族叔 其雄
天有
天開

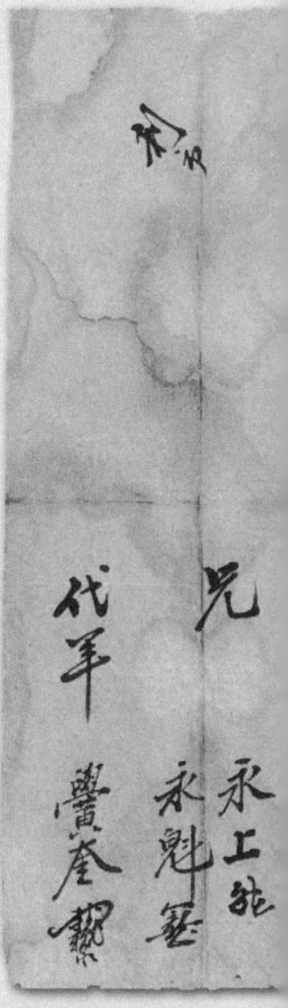

立助田字裔孫永壽仝弟永焕，今因本族架造宗祠，缺少地基，凑便當衆採［踩］踏正英公嘗田，坐落二十一都夫人廟庄，廟下田叁坵，其田東至路为界，南至永魁田为界，西至賴姓坟地及單姓墻脚为界，北至本祠田为界，計額肆畝，計租柒担肆桶正，今来自愿出助與維則堂法敬公祠内承管为業，其田自助之后，任凴收租過户完粮，架造餘地，耕種管業，助人無得異言，此乃清楚產業，與内外人等並無干涉，如有来歷不明，助人自能支當，不干祠内之事，恐口難信，立助字为照。

嘉慶弍拾五年十一月初二日　立助田字裔孫　永壽

焕

在場族叔　其雄

天有

天開

兄　永上

永魁

代筆　贇奎

立賣田契人鄭正雲仝夥闕金魁銀魁今因錢粮無辦自情愿將日前合夥仝置民田壹處坐落本都庄周嶺小湖坑山硃頭民田壹處計田大小叁坵上至山骨為界下至山骨為界左至買主田為界右至山骨為界計額伍分正今具四至分明託中筆親立文契欲行出賣與本都茶排庄闕天開叔桐前入受承買為業當日憑中三面言斷時值田價銅錢貳拾肆仟文正其錢即日隨契兩相交乾足訖不少個文其田任從買主推收過戶入册完粮易科改佃收租管業賣人無得異言其田未賣之先亦無重典文墨交加與上下內外伯叔兄弟人等並無干涉乃係自己三股合置清楚産業如有內外來歷不明皆係賣人自己一力承當不涉買主之事其田所賣所買委係正行並無逼抑準折債貨之故其田一賣千休割藤斷根永遠不得異言找價取贖等情今欲有憑立賣田付與買主子孫永遠管業為據

大清道光元年玖月初九日　立賣田契人鄭正雲（押）

闕金魁（押）

闕銀魁（押）

憑中　闕來魁（押）

代筆　石日才（押）

立找田契人鄭正雲仝夥闕金魁銀魁原因日前典闕天開叔交易民田壹契坐落本都庄周嶺小湖坑山硃頭民田壹處界額俱在正契載明今因錢粮無辦自情請託原中筆再向到買主手內找出契外銅錢肆仟文正其錢即日兩相交訖清楚不少個文其自找之後契明價足心情意滿一找千休割藤斷根永遠不得異言識認找價取贖等語今恐難憑立找田契付與買主永遠為據

大清道光元年拾弍月拾七日　立找田契人鄭正雲（押）

闕金魁（押）

闕銀魁（押）

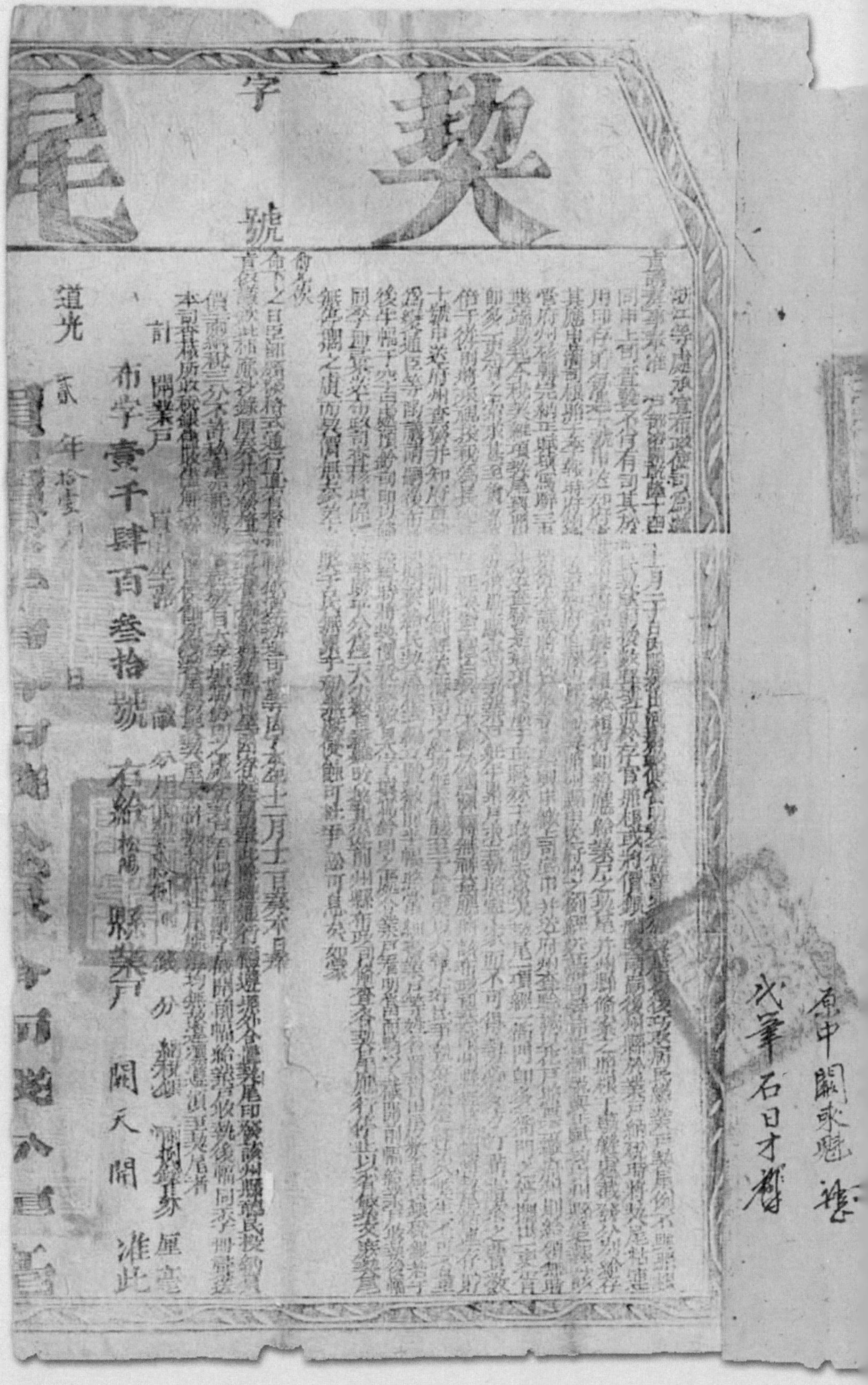

契尾

字 號

計開業戶

布字壹千肆百叁拾號 右給松陽縣業戶闕天開 准此

道光 貳 年 拾貳 月 日

原中闕求魁

代筆石日才

（前頁）>>>>>

立賣田契人鄭正雲仝夥闕金魁、銀魁，今因錢粮無辦，自情愿将日前合夥仝置民田壹處，坐落本都庄周嶺小湖坑山硃頭，民田壹處，計田大小叁坵，上至山骨為界，下至山骨為界，左至買主田為界，右至山骨為界，計額伍分正，今具四至分明，託中筆親立文契，欲行出賣與本都茶排庄闕天開叔相前人受承買為業，當日憑中三面言断，時值田價銅錢貳拾肆仟文正，其錢即日隨契兩相交兑足訖，不少個文，其田任從買主推收過户，入册完粮，易耕改佃，收租管業，賣人無得異言，其田未賣之先，亦無重典文墨交加，與上下内外伯叔兄弟人等並無干涉，乃係自己三夥合置清楚産業，如有内外來歷不明，皆係賣人自己一力承當，不涉買主之事，其田所賣所買，委係正行，並無逼抑準折債貨［貸］之故，其田一賣千休，割藤断根，永遠不得異言找價取贖等情，今欲有憑，立賣田（契）付與買主子孫永遠管業為據。

大清道光元年玖月初九日　立賣田契人　鄭正雲

闕金魁

闕銀魁

憑中　闕來魁

代筆　石日才

立找田契人鄭正雲仝夥闕金魁、銀魁，原因日前與闕天開叔交易民田壹契，坐落本都庄周嶺小湖坑山硃頭，民田壹處，界額俱在正契載明，今因錢粮無辦，自情請託原中筆，再向到買主手内找出契外銅錢肆仟文正，其錢即日兩相交訖清楚，不少個文，其（田）自找之後，契明價足，心情意滿，一找千休，割藤断根，永遠不得異言識認找價取贖等語，今恐難憑，立找田契付與買主永遠為據。

大清道光元年拾弍月拾七日　立找田契人　鄭正雲

闕金魁

闕銀魁

原中　闕來魁

代筆　石日才

（契尾，道光貳年拾壹月）

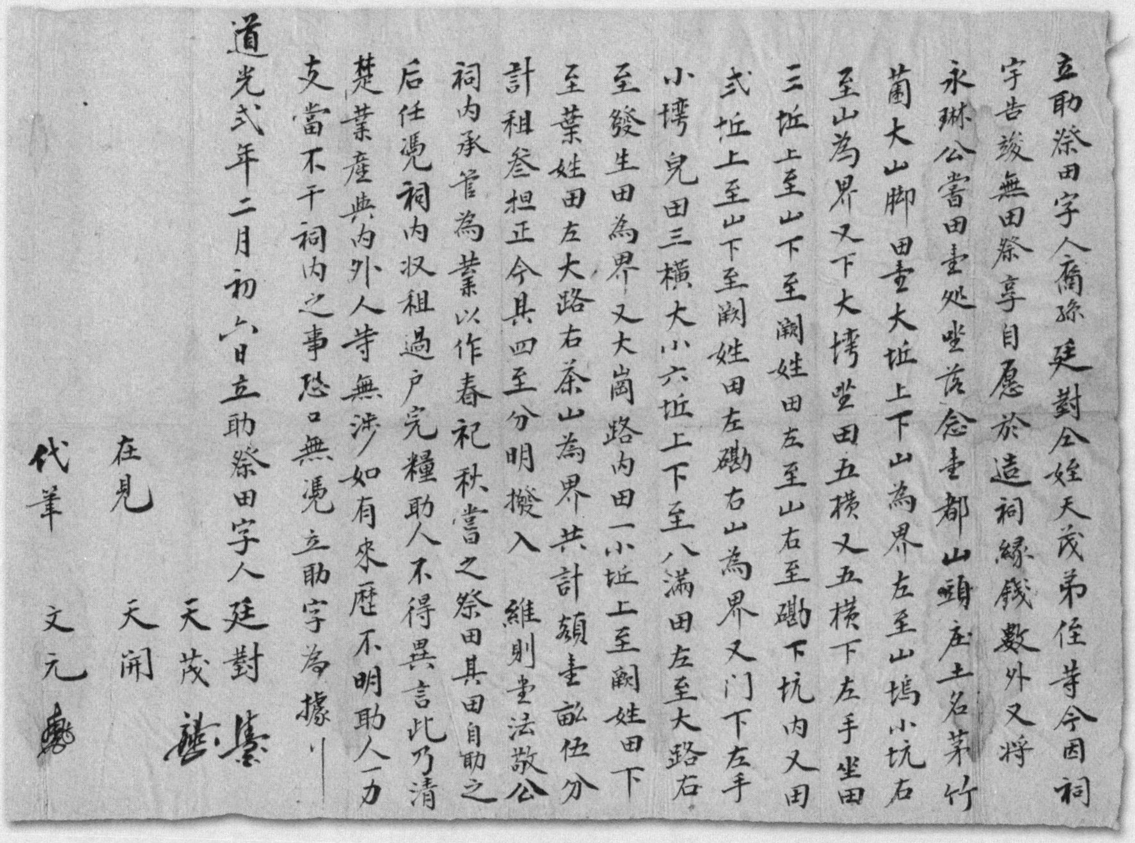

立助祭田字人裔孫廷對仝姪天茂、弟侄等，今因祠宇告竣，無田祭享，自愿於造祠缘錢數外，又将永琳公嘗田壹处，坐落念壹都山頭庄，土名茅竹園大山脚，田壹大坵，上下山為界，左至山塢小坑，右至山為界，又下大塆，坐田五横，又五横下左手坐田三坵，上至山，下至闕姓田，左至山，右至磡下坑内，又田弍坵，上至山，下至闕姓田，左磡、右山為界，又门下左手小塆兒田三横，大小六坵，上下至八滿田，左至大路，右至發生田為界，又大崗路内田一小坵，上至闕姓田，下至葉姓田，左大路，右茶山為界，共計額壹畝伍分，計租叁担正，今具四至分明，撥入維則堂法敬公祠内承管為業，以作春祀秋嘗之祭田，其田自助之后，任憑祠内收租過户完糧，助人不得異言，此乃清楚業產，與内外人等無涉，如有來歷不明，助人一力支當，不干祠内之事，恐口無凴，立助字為據。

道光弍年二月初六日　立助祭田字人　廷對

天茂

在見　天開

代筆　文元

立賣田契人闕學慶今因無錢使用自情愿將祖父遺下分阄内民田壹處坐落廿壹都夫人廟土名鷄屎匣安着上至路為界下至坑為界左右俱坑為界又灰寮邊田壹坵又坑背田陆坵又本處水田叁坵其田上至德理田下至坑左至坑右至山為界計額貳畝正併及田沿樹雜木等項屋基在内今具四至分明托中立契出賣與本族德瑛叔邊入手承買為業當日憑中三面言斷定時值田價銅錢陸拾伍千文正其錢即日隨契兩家交訖不欠個文自賣之後任從買主推收過户完粮收租會原属分阄内已業与内外房伯叔人等無干所賣所買兩相心愿並無逼勒準折債貨之故如有上手來歷不明皆係賣人自能支吖不干買主之事一賣千休割藤斷根賣人不異言找價取贖等情今恐口難信故立賣田契付與買主子孫永遠管業為據

道光肆年四月十五日立賣田契人 闕學慶（押）

在場 叔 闕鳳奎

兄 闕添慶

憑中 闕天進（押）

闕恭奎（押）

闕光奎

代筆 闕献奎（押）

（前頁）>>>>>

立賣田契人闕學慶，今因無錢使用，自情愿将祖父遺下分阄内民田壹處，坐落廿壹都夫人庙，土名雞屎匣安着，上至路為界，下至坑為界，左右俱坑為界，又灰寮邊田壹坵，又坑背田陆坵，又本處水田叁坵，其田上至德理田，下至坑，左至坑，右至山為界，計額貳畝正，併及田沿樹雜木等項，屋基在内，今具四至分明，托中立契出賣與本族德瑛叔邊入手承買為業，當日凴中三面言断，定時值田價銅錢陸拾伍千文正，其錢即日隨契两家交訖，不欠個文，自賣之後，任從買主推收過户完粮，收租管（業），原属分阄内己業，与内外房伯叔人等無干，所賣所買，两相心愿，並無逼勒準折債貨之故，如有上手来歷不明，皆係賣人自能支听，不干買主之事，一賣千休，割藤断根，賣人不異言找價取贖等情，今恐口难信，故立賣田契付與買主子孫永遠管業為據。

道光肆年四月十五日　立賣田契人　闕學慶

在場叔　闕鳳奎

兄　闕添慶

凴中　闕天進

闕恭奎

闕光奎

代筆　闕献奎

立賣山契人林克桂今因生理缺用自情愿將父手遺下自己阄内民山坐落松邑念壹都夫人廟庄土名高坑獅子巖上至山頂下至山脚内至阄邊買主自己山外至天塔山崀分水為界今俱四至分明計山額伍分正托中立契出賣茶排庄阄天開親邊承買為業當日憑中三面言斷時值山價銅錢陸拾伍千文正其錢即日隨契兩相親收完足不少個文其山自賣之後任憑買主執契過户投税簿券出拚管業賣人兄弟内外人等不得異言阻滯日先并無曲當交墨在外如有上手來歷不明皆係出賣人一力承躭不涉業主之事其山不得言稱找贖一賣千休永截割藤各無返悔此出兩家情愿并無逼勒等情恐後無憑立賣山契付與業主永遠為照　内註賣字壹個批照

道光四年伍月初三日

立賣山契人林克桂

在場胞弟克柑

憑中　闕魁仁　胡其松

代筆　羅輝日

立送山粮票人林克桂日前原與闕天開邊交易民山壹契今將廿一都五合圩庄克桂户内山粮伍分正推入茶排庄天開户内入册辦粮不得[illegible]再照

立賣山契人林克桂，今因生理缺用，自情愿将父手遺下自己阄内民山，坐落松邑念壹都夫人庙庄，土名高坑獅子巖，上至山頂，下至山脚，内至闕邊買主自己山，外至天培山良分水為界，今俱四至分明，計山額伍分正，托中立契，出賣茶排庄闕天開親邊承買為業，當日凴中三面言断，時值山價銅錢陸拾伍千文正，其錢即日隨契两相親收完足，不少個文，其山自賣之後，任凴買主執契過户投税，籙养出拚管業，賣人兄弟内外人等不得異言阻滯，日先併無典當文墨在外，如有上手來歷不明，皆係出賣人一力承躭［擔］，不涉業主之事，其山不得言稱找贖，一賣千休，永截割藤，各無反悔，此出两家情愿，併無逼勒等情，恐後無凴，立賣山契付與業主永遠為據。　内註賣字壹個，批照。

道光四年伍月初三日　立賣山契人　林克桂

在塲胞弟　克柑

凴中　闕魁仁

胡其松

代筆　羅輝日

立送山粮票人林克桂，日前原與闕天開邊交易民山壹契，今将廿一都五合圩庄克桂户内山粮伍分正，推入茶排庄天開户内入册办粮，不得丢漏，再照。

（契尾，道光伍年柒月）

立賣水塘田契人闕永彝仝侄猷奎等今因錢粮無办自情愿將遺下已分
民田坐落松邑念一都夫人庙庄土名梧大樓安着水塘田叁處上水田壹坵上至
田下至田併山左至田右至坑為界又中央水塘田壹坵上至山下至田左至路右至
山為界又下水塘田壹坵上至李姓田下至蔡姓田左至田右至坑為界共計額
壹畝五分正三面踩踏四至分明托中立契出賣與本家闕德理叔邊入手承買
為業當日凭中三面言斷時值水塘田價銅錢壹伯千文正其錢即日隨契兩相
交訖不少分文其水塘田自賣之後任凭買主推收過户完粮起耕收租管業
此係己分之業與內外人等無涉日前亦無重典若有來歷不明賣人一力承當
不干買主之事契明價足愿賣愿買兩相甘肯並無逼抑等情恐口难凭故
立賣水塘田契永遠為據

一批此契田畫契归與父天開名下管業再照

道光肆年五月三十日立賣水塘田契人闕永彝

仝孫 漢學

仝侄 耀奎

猷奎

凭中 葉梧山

闕永明

其寶

鳳奎

天進

代筆 張石元

立找杜田契人闕永彝仝侄猷奎等日前原與本家闕德理叔交易民
田水塘叁坵坐落松邑念壹都夫人庙庄土名梧大樓安着畝分界址前有
正契載今因前價不足請托原中相劝業主找出契外銅錢弍拾捌千文正其
錢即日兩相交訖明白不少分文其水塘田自找之後割藤断根一找千休

契尾

字 號

布字伍千肆百柒拾貳號

業戶 闕德理

道光伍年柒月 日

道光肆年六月拾四日立找杜木塘田契人闕永群

仝孫 漢學

仝侄 耀奎 献奎

原中 闕永明 其賓 天進 鳳奎 彩奎 葉梧山

代筆 張石元

（前頁）>>>>>

立賣水塘田契人闞永魁仝侄猷奎等，今因錢粮無办，自情愿將遺下己分民田，坐落松邑念一都夫人庙庄，土名梧大楼，安着水塘田叁處，上水田壹坵，上至田，下至田併山，左至田，右至坑為界，又中央水塘田壹坵，上至山，下至田，左至路，右至山為界，又下水塘田壹坵，上至李姓田，下至蔡姓田，左至田，右至坑為界，共計額壹畝五分正，三面採［踩］踏，四至分明，托中立契出賣與本家闞德理叔邊入手承買為業，當日凴中三面言断，時值水塘田價銅錢壹伯千文正，其錢即日隨契兩相交訖，不少分文，其水塘田自賣之後，任凴買主推收過户，完粮起耕，收租管業，此係己分之業，與内外人等無涉，日前亦無重典，若有來歷不明，賣人一力承當，不干買主之事，契明價足，愿賣愿買，兩相甘肯，並無逼抑等情，恐口难凴，故立賣水塘田契永遠為據。

一批此契田盡契歸與父天闲名下管業，再照。

道光肆年五月三十日　立賣水塘田契人　闞永魁

仝孫　漢學

仝侄　耀奎

猷奎

凴中　葉梧山

闞永明

其實

鳳奎

天進

代筆　張石元

（前頁）>>>>>

立找杜田契人闕永魁仝侄献奎等，日前原與本家闕德理叔交易民田水塘叁坵，坐落松邑念壹都夫人庙庄，土名梧大楼安着，畝分界址，前有正契載（明），今因前價不足，請托原中相勸業主，找出契外銅錢弍拾捌千文正，其錢即日两相交訖明白，不少分文，其水塘田自找之後，割藤断根，一找千休，永不得再言找贖等情，恐口难凴，故立找杜水塘田永遠為據。

仝孫　漢學
仝侄　耀奎
献奎

道光肆年六月拾四日　立找杜水塘田契人　闕永魁
原中　闕永明
其寶
天進
鳳奎
彩奎
葉梧山
代筆　張石元

（契尾，道光伍年柒月）

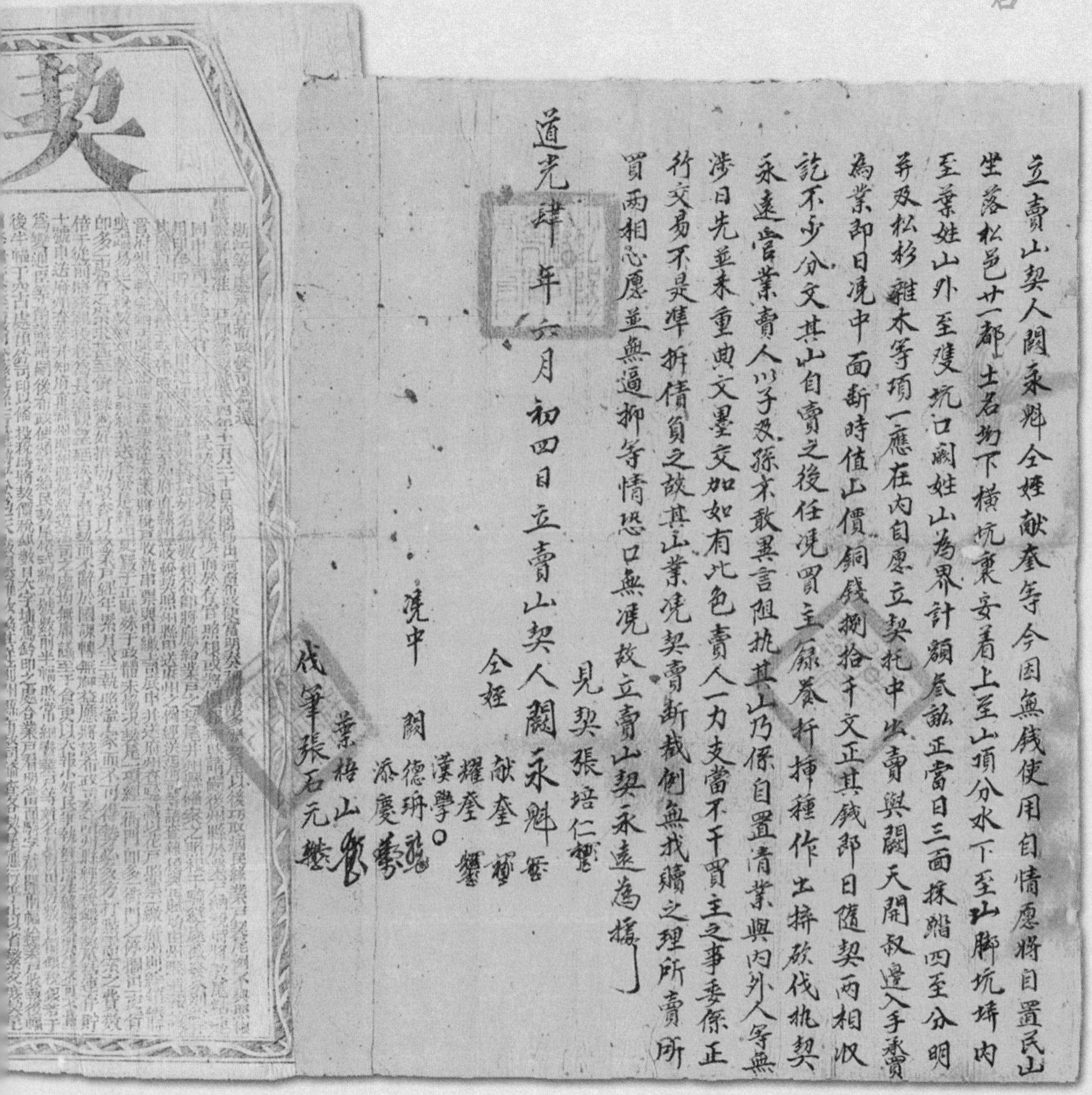

立賣山契人闕永魁仝姪猷奎等今因無錢使用自情愿將自置民山坐落松邑廿一都土名坳下橫坑東安着上至山頂分水下至山脚坑堘內至葉姓山外至獲坑口闕姓山為界計額叁畝正當日三面抹踏四至分明并及松杉雜木等項一應在內自愿立契托中出賣與闕天開叔邊入手承買為業即日憑中面斷時值山價銅錢捌拾千文正其錢即日隨契兩相收訖不少分文其山自賣之後任憑買主錄養扦插種作出拚砍伐執契永遠管業賣人以子及孫不敢異言阻執其山乃係自置清業與內外人等無涉日先並未重典文墨交加如有此色賣人一力支當不干買主之事委係正行交易不是準折債負之故其山業憑契賣斷截例無找贖之理所賣所買兩相心愿並無逼抑等情恐口無憑故立賣山契永遠為據

道光肆年六月初四日立賣山契人闕永魁（押）

仝姪 猷奎（押） 耀奎（押） 漢學○

見契 張培仁（押）

憑中 闕德珩（押） 添慶（押）

葉梧山（押）

代筆 張石元（押）

立賣山契人闞永魁仝姪献奎等，今因無錢使用，自情愿将自置民山，坐落松邑廿一都土名坳下横坑裏安着，上至山頂分水，下至山脚坑弄，内至葉姓山，外至雙坑口阙姓山為界，計額叁畝正，當日三面採［踩］踏，四至分明，并及松杉雜木等項，一應在内，自愿立契托中，出賣與闞天開叔邊入手承買為業，即日凂中面断，時值山價銅錢捌拾千文正，其錢即日隨契两相收訖，不少分文，其山自賣之後，任凂買主籙養扦插種作，出拚砍伐，执契永遠管業，賣人以子及［以及子］孫不敢異言阻执，其山乃係自置清業，與内外人等無涉，日先並未重典文墨交加，如有此色，賣人一力支當，不干買主之事，委係正行交易，不是準折債負之故，其山業凂契賣断截，例無找贖之理，所賣所買，两相心愿，並無逼抑等情，恐口無凂，故立賣山契永遠為據。

見契 張培仁

道光肆年六月初四日 立賣山契人 闞永魁

仝姪 献奎

耀奎

凂中 漢學

闞德玥

添慶

葉梧山

代筆 張石元

（契尾，道光伍年柒月）

立送户票阙永魁，原與阙天開交易水塘田壹契，又山壹契，田契计額壹畝五分正，山粮叁畝，今将阙光奎户田壹畝五分，又将阙正雄户山粮三畝，推入茶排庄阙天開户入册办粮，不得丢漏，恐口难信，立送户票為照。

道光四年六月初四日 立送户票 阙永魁

的筆

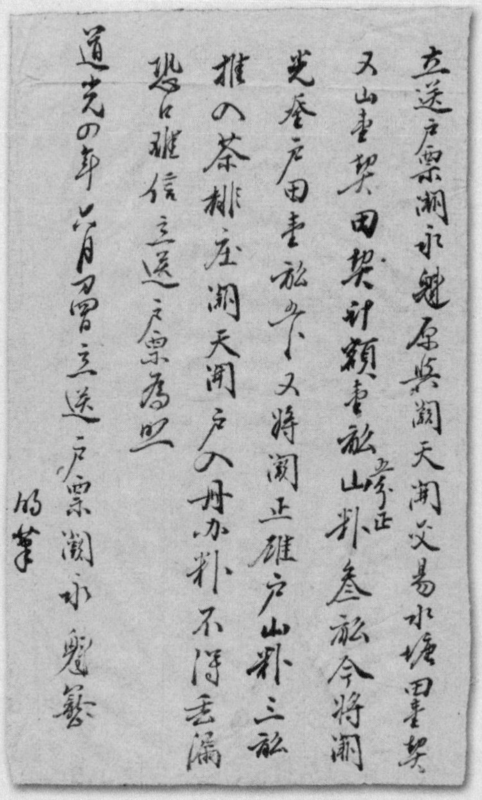

立賣田契人林克照今因錢粮無办以及吉用缺乏自情愿將自遺田業坐落廿壹都
步庄土名趙圩墺小土名唐葛周下巳屋下手水圳外叚隔坵水田弍坵計額壹畝正
其田上至魏姓田下至嫡侄化茂田并及賣人自己長坵田內至水圳外至水埭為界
今俱四至載明自愿立契托中出賣與王萬成邊入受承買為業當日凭中三面
言斷時值田價銅錢貳拾捌千文正其錢隨契交訖不少分文其田自賣之後任凭
買主推收入册办粮起佃易佃收租執契管業賣人永無異言阻執其田乃係自置田
業與伯叔兄弟子侄內外人等無涉日先亦未重典約交加之情並無致争如有此色
賣人自能一力承當不干買主之事委係賣買正行交易不是準折債負之故其田日
後有贖無找林邊不得異言勒找等情恐口难信立賣田契為據

一批內註不是兩字再照

道光肆年十二月初六日立賣田契人林克照

凭中人 許國富

林化茂

代筆人 鄧天申

（前頁）>>>>>

立賣田契人林克照，今因錢粮無办，以及吉［急］用缺乏，自情愿将自遺田業，坐落廿壹都百步庄，土名趙圩垻，小土名唐葛周下己屋下手水圳外雙隔坵，水田弍坵，計額壹畝正，其田上至魏姓田，下至嫡侄化茂田，并及賣人自己長坵田，内至水圳，外至水堜為界，今俱四至載明，自愿立契托中出賣與王萬成邊入受承買為業，當日凴中三面言断，時值田價銅錢貳拾捌千文正，其錢隨契交訖，不少分文，其田自賣之後，任凴買主推收入册办粮，起耕易佃收租，执契管業，賣人永無異言阻执，其田乃係自置田業，與伯叔兄弟子侄内外人等無涉，日先亦未重典約交加之情，並無致争，如有此色，賣人自能一力承當，不干買主之事，委係賣買正行交易，不是準折債負之故，其田日後有贖無找，林邊不得異言勒找等情，恐口难信，立賣田契為據。

一批内註不是两字，再照。

道光肆年十二月初六日　立賣田契人　林克照

凴中人　許國富

林化茂

代筆人　鄧天申

卅 立賣田契李喬瑾仝弟喬璣姪天運天富天利天財盛和等今因錢粮
無办自情愿將嘗田坐落松邑廿一都南山下庄總土名山頭安着水田
壹處小土名三皮頭其田上至王姓田為界下至葉姓田為界左至路為界
右至路為界今俱四至分明計額拾弍畝正併及水圳水路栂樹荒坪俱已
一應在内托中立契出賣與闕德玿入受承買為業當日憑中面斷時
值田價銅錢肆伯千文正其錢即日隨契兩相交訖明白不少個文其田自
賣之後任憑買主推収過户完粮起耕改佃収租管業未賣之先並無重
典交墨交加既賣之後亦無找贖等情原係自己房内清楚物業與内外人
等並無争执倘有來歷不明賣人一力支當不涉買主之事所賣所買兩
相情愿並無逼抑等情恐口难憑故立賣田契為據

道光伍年十一月初一日立賣田契人 李喬瑾

仝姪 盛和 天富 天運 天利 天財

李 喬璣 天興

憑中 石有福 胡其松 闕猷奎 李天養

代筆 張石元

立杜找契人李喬瑾仝弟喬璣姪天運天富天利天財盛和七房等原
因日前與闕德玿交易民田壹契坐落廿一都南山下庄總土名山頭小
土名三皮頭安着水田壹處上至王日恒田為界下至葉姓田為界左右俱
路為界其田大小共陸横半畝分前有正契載明今因前價未足自托原
中相勸買主闕德玿手内找出契外銅錢柒拾弍千文正其錢即日交訖

明白不短分文其田自找之後一找千休割藤斷根日後子孫永不敢言稱找
贖等情恐口难凴立杜找斷截田契付與闕邊永遠為據

道光伍年十二月廿日立杜找斷截契人李喬瓘（押）

仝姪　天運（押）　天利（押）　天財（押）　盛和（押）　天富（押）

原中　喬璣（押）　李天興（押）　石有福（押）　龔相龍（押）　闕欽奎（押）　胡其松（押）　闕德琍（押）　闕德瑞（押）　李天元（押）　張石元（押）

代筆

計開業戶
布字貳千柒百柒拾貳號
買田坐落
畝　分
右給松陽　執業戶
闕德琇　准此
道光伍年柒月　日

（前頁）>>>>>

立賣田契李喬瑾仝弟喬璣、姪天運、天富、天利、天財、盛和等，今因錢粮無办，自情愿将嘗田，坐落松邑廿一都南山下庄，總土名山頭，安着水田壹處，小土名三皮頭，其田上至王姓田為界，下至葉姓田為界，左至路為界，右至路為界，今俱四至分明，計額拾式畝正，併及水圳水路，柏樹荒坪，俱已一應在內，托中立契出賣與闕德玿入受承買為業，當日憑中面断，時值田價銅錢肆伯千文正，其錢即日隨契两相交訖明白，不少個文，其田自賣之後，任凴買主推收過户完粮，起耕改佃，收租管業。未賣之先，並無重典文墨交加，既賣之後，亦無找贖等情，原係自己房內清楚物業，與內外人等並無争执，倘有来歷不明，賣人一力支當，不涉買主之事，所賣所買，两相情愿，並無逼抑等情。恐口难憑，故立賣田契為據。

盛和
天富
仝姪 天運
天利
天財

道光伍年十一月初一日 立賣田契人 李喬瑾
喬機［璣］

李天興
石有福
凴中 胡其松
闕献奎
李天養

代筆 張石元

（前頁）>>>>>

立杜找契人李喬瑾仝弟喬機［璣］、姪天運、天富、天利、天財、盛和七房等，原因日前與闕德upload昭交易民田壹契，坐落廿一都南山下庄，總土名山頭，小土名三皮頭，安着水田壹處，上至王日恒田為界，下至葉姓田為界，左右俱路為界，其田大小共陸横半，畝分前有正契載明，今因前價未足，自托原中相勸買主闕德昭手內，找出契外銅錢柒拾弍千文正，其錢即日交訖明白，不短分文，其田自找之後，一找千休，割藤断根，日後子孫永不敢言稱找贖等情，恐口难凴，立杜找断截田契付與闕邊永遠為據。

　　盛和
　　天富
仝姪　天運
　　天利
　　天財

道光伍年十二月廿日　立杜找断截契人　李喬瑾
　　喬機［璣］

　　李天興
　　石有福
原中　闕献奎
　　龔相龍
　　胡其松
　　闕德玥
　　闕德瑞
　　李天元
代筆　張石元

（契尾，道光伍年柒月）

立賣田契人鄭天發今因錢粮無办自情愿將兄弟分閹已下田業坐落松邑廿都
橫水口庄土名石寺源小土名橫坑上假山脚民田壹處上至山脚下至雙陽坑左至
大坑右至小坑爲界又土名旱坑口爐塲基民田壹處上至闕翰通田下至荒石堪左至
大坑右至山爲界共田弍處計額叁分正其田四至界內并及蔴地荒坪塝地棕樹茶木等
項在俱樅在內今俱四至載明立契托中出賣與廿壹都茶排庄闕天培天開王成茂等
閹王會內拾股會友入受承買爲業當日憑中言斷時值田價銅錢弍拾伍千文正其錢隨
契交訖不少分文其田自賣之後任憑買主推收過戶完粮起畊易佃收租執契管業賣人不
敢異言阻執所賣之田乃係已分清業與伯叔兄弟人等無涉日前亦未重典文墨交加之情
並無致爭如有此色不干買主之事賣人自能一力承當委係正行交易不是準折債負之故其
田業憑契載斷載日後永無找贖此出兩相心愿並無逼抑等情今恐人難信故立賣田契
付與買主永遠爲據

立賣田契人鄭天發（押）

周顯基（押）
鄭天有〇
闕德瑛（押）
闕翰通（押）

憑中人

代筆人鄭天申（押）

道光陆年弍月十九日

立找斷契人鄭天發原與闕王會內等邊交易田業壹契坐落廿都橫水口庄土名
石寺源小土名橫坑上假山脚民田壹處又土名旱坑口爐塲基民田壹處共田弍處四至
畝額前有正契載明業経契價延明今因粮食急迫自托原中向至業主闕天培王
成茂闕天開等邊找過契外銅錢叁千文正其錢隨契交訖不少分文其田自找之

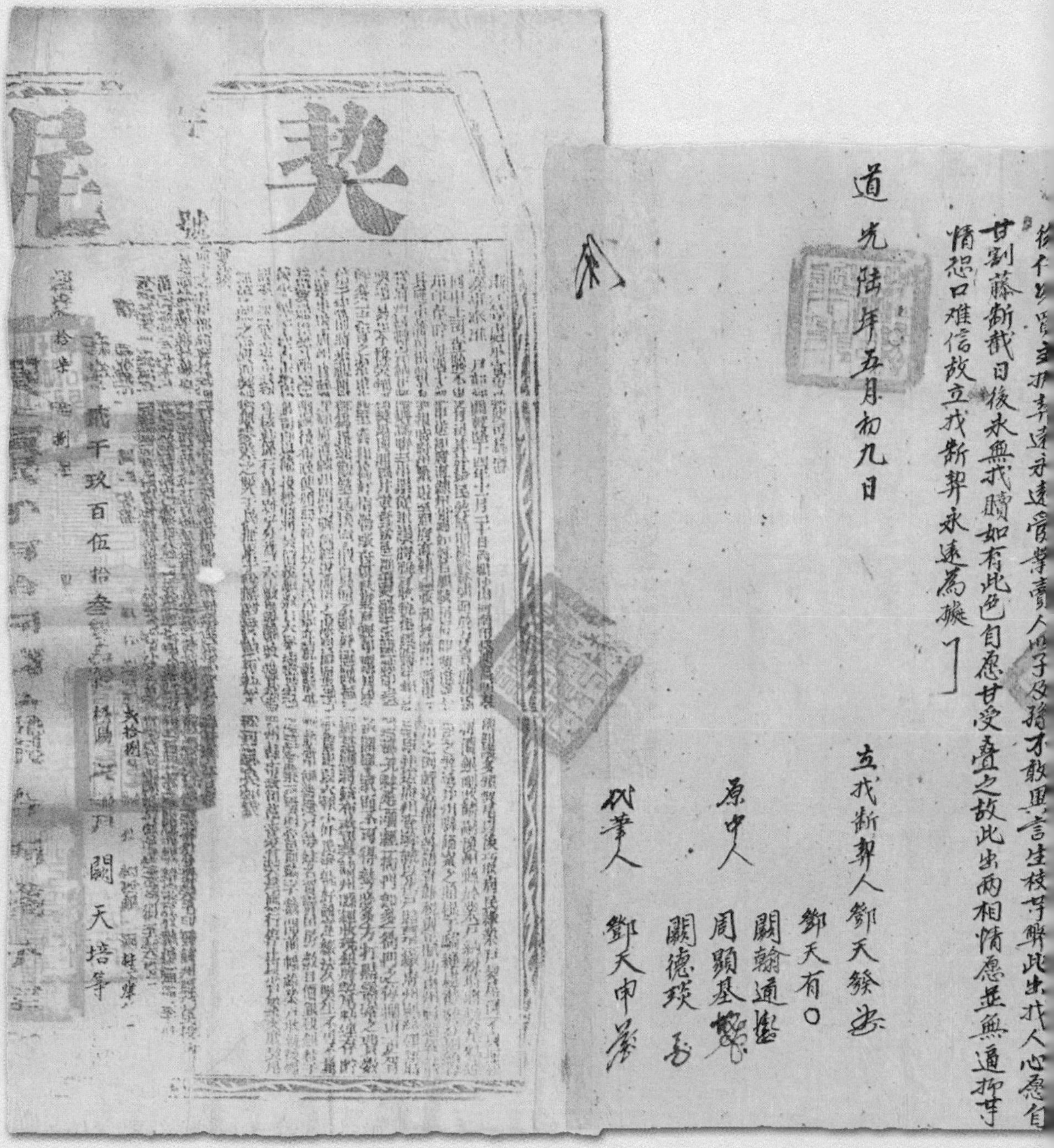

契

貳千玖百伍拾叁

業戶　闕天培等

……賣人子及孫不敢異言生枝节與此出找人心愿自
甘劄藤斷截日後永無找贖如有此色自愿甘受叠之故此出兩相情愿並無逼抑等
情恐口難信故立找斷契永遠為據

道光陸年五月初九日

立找斷契人鄧天發
鄧天有
原中人　闕翰通
周顯基
闕德瑛
代筆人　鄧天申

（前頁）>>>>>

立賣田契人鄧天發，今因錢粮無办，自情愿将兄弟分閹己下田業，坐落松邑廿都横水口庄，土名石寺源，小土名横坑上塅山脚，民田壹處，上至山脚，下至雙隔坑，左至大坑，右至小坑為界，又土名旱坑口爐塲基，民田壹處，上至闕翰通田，下至荒石墺，左至大坑，右至山為界，共田弍處，計額叁分正，其田四至界内并及蔴地荒坪角地，棕樹茶木等項『在』，俱概在内，今俱四至載明，立契托中，出賣與廿壹都茶排庄闕天培、天開、王成茂等闕王會内拾股會友人受承買為業，當日凴中言断，時值田價銅錢弍拾伍千文正，其錢隨契交訖，不少分文，其田自賣之後，任凴買主推收過户，完粮起耕，易佃收租，執契管業，賣人不敢異言阻执，所賣之田，乃係己分清業，與伯叔兄弟人等無涉，日前亦未重典文墨交加之情，並無致争，如有此色，不干買主之事，賣人自能一力承當，委係正行交易，不是準折債負之故，其田業凴契載断截，日後永無找贖，此出两相心愿，並無逼抑等情，今恐人言難信，故立賣田契付與買主永遠為據。

道光陆年弍月十九日　立賣田契人　鄧天發

凴中人　周顯基

鄧天有

闕德琰

闕翰通

代筆人　鄧天申

（前頁）>>>>>

立找断契人鄧天發，原與闕王會内等邊交易田業壹契，坐落廿都横水口庄，土名石寺源，小土名横坑上塅山脚，民田壹處，又土名旱坑口爐塲基，民田壹處，共田式處，四至畝額，前有正契載明，業經契價足明，今因粮食急迫，自托原中向至業主闕天培、王成茂、闕天開等邊找過契外銅錢叁千文正，其錢隨契交訖，不少分文，其田自找之後，任凴買主执契『遠』永遠管業，賣人以子及孫不敢異言生枝等弊，此出找人心愿，自甘割藤断截，日後永無找贖，如有此色，自愿甘受叠（騙）之故，此出两相情愿，並無逼抑等情，恐口难信，故立找断契永遠為據。

道光陆年五月初九日　立找断契人　鄧天發

原中人　鄧天有

闕翰通

周顯基

闕德琰

代筆人　鄧天申

（契尾，道光拾柒年捌月）

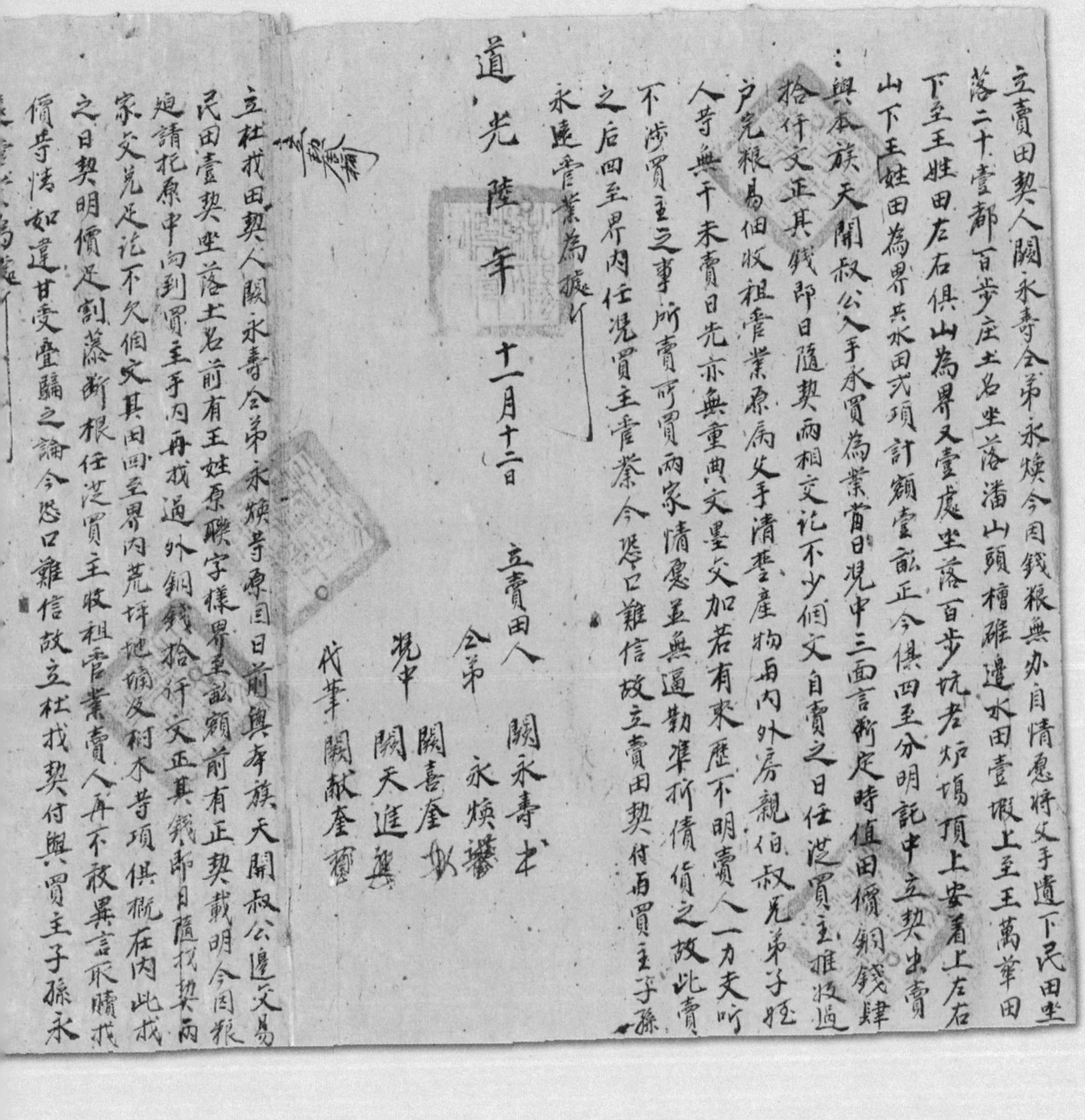

立賣田契人闕永壽仝弟永煥今因錢粮無办自情愿将父手遺下民田坐落二十壹都百步庄土名坐落潘山頭檀碓邊水田壹塅上至王萬華田下至王姓田左右俱山為界又壹處坐落百步坑者炉塢頂上安着上左右山下王姓田為界共水田弍項計額壹畝正今俱四至分明託中立契出賣與本族天開叔公入手承買為業當日憑中三面言斷定時值田價銅錢肆拾仟文正其錢即日隨契兩相交訖不少個文自賣之日任從買主推收過户完粮易佃收租管業原係父手清楚産物并內外房親伯叔兄弟子侄人等無干未賣日先亦無重典文墨交加若有來歷不明賣人一力支吖不涉買主之事所賣所買兩家情愿並無逼勒準折債貨之故此賣之后四至界內任憑買主管禁今恐口難信故立賣田契付與買主子孫永遠管業為據

道光陸年十一月十二日

立賣田人 闕永壽

仝弟 永煥

憑中 闕喜奎

闕天進

代筆 闕献奎

立杜找田契人闕永壽仝弟永煥等原因日前與本族天開叔公邊交易民田壹契坐落土名前有王姓原聯字様界至畝額前有正契載明今因粮廹請托原中向到買主手內再找過外銅錢拾仟文正其錢即日隨找契兩家交兑足訖不欠個文其田四至界內荒坪地墉及樹木等項俱概在內此找之日契明價足割藤斷根任從買主收租管業賣人再不敢異言取贖找價等情如違甘受疊騙之論今恐口難信故立杜找契付與買主子孫永

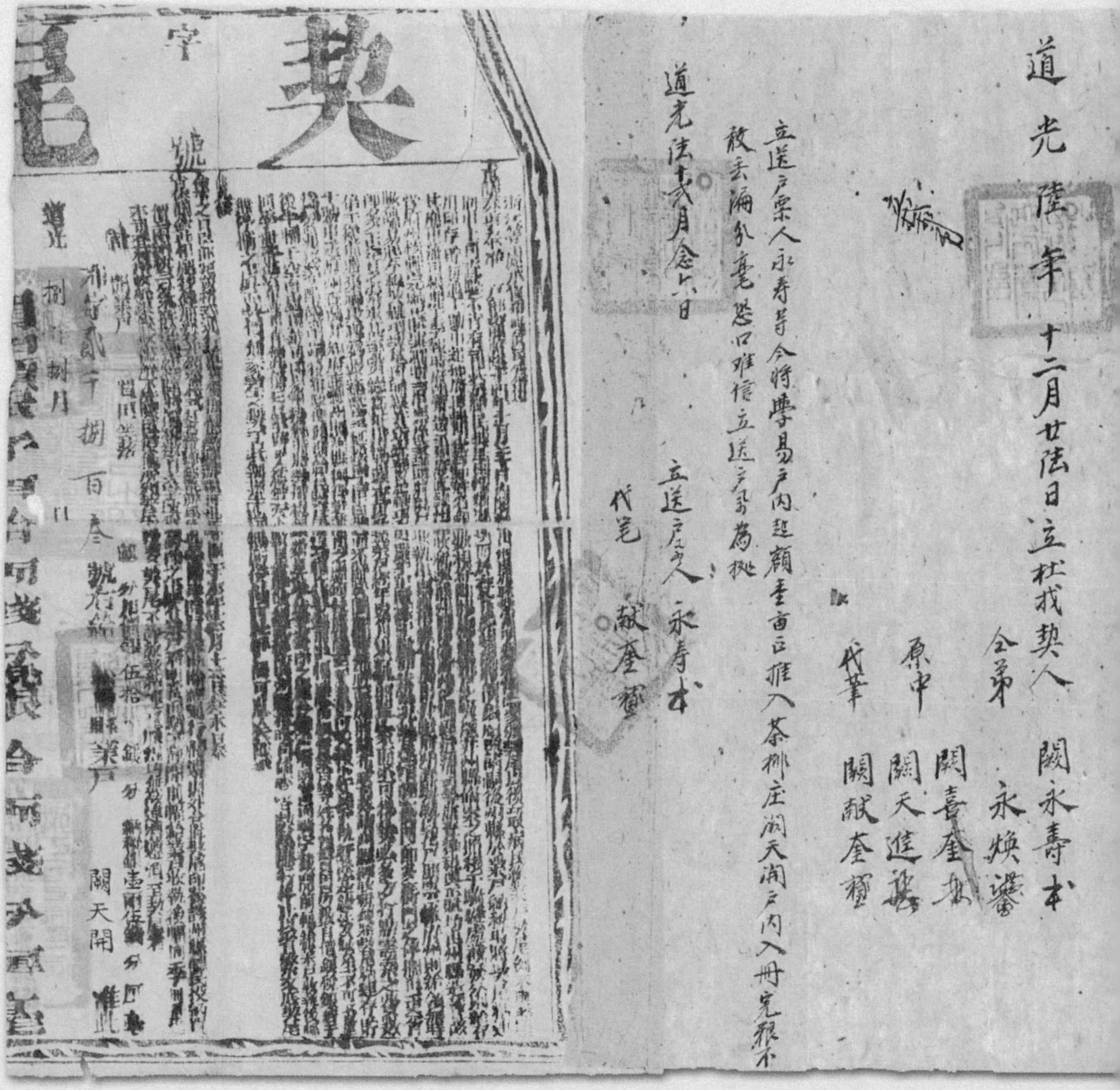
道光陸年十二月廿陸日立杜找契人　闕永壽　本
仝弟　永煥　鑾
原中　闕喜奎　押
　　　闕天進　押
代筆　闕猷奎　押

立送户票人永寿等今將學易户內趄頹壹畝正推入茶排庄闕天润户內入冊完粮不致丢漏分毫恐口难信立送户票為據
道光陸年十弍月念六日
立送户票人　永寿　本
代笔　猷奎　押

契
闕天開

（前頁）>>>>>

立賣田契人闕永壽仝弟永焕，今因錢粮無办，自情愿将父手遺下民田，坐落二十壹都百步庄，土名坐落潘山頭槽碓邊，水田壹坵，上至王萬華田，下至王姓田，左右俱山為界，又壹處，坐落百步坑老炉塲頂上安着，上左右山，下王姓田為界，共水田弍項，計額壹畝正，今俱四至分明，託中立契，出賣與本族天開叔公入手承買為業，當日凴中三面言断，定時值田價銅錢肆拾仟文正，其錢即日隨契两相交讫，不少個文，自賣之日，任從買主推收過户，完粮易佃，收租管業，原属父手清楚産物，与内外房親伯叔兄弟子姪人等無干，未賣日先，亦無重典文墨交加，若有來歷不明，賣人一力支听，不涉買主之事，所賣所買，两家情愿，並無逼勒準折債貨之故，此賣之后，四至界内，任凴買主管業，今恐口難信，故立賣田契付与買主子孫永遠管業為據。

道光陸年十一月十二日　立賣田人　闕永壽

仝弟　永焕

凴中　闕喜奎

闕天進

代筆　闕献奎

（前頁）>>>>>

立杜找田契人闕永壽仝弟永焕等，原因日前與本族天開叔公邊交易民田壹契，坐落土名，前有王姓原聯字樣，界至畝額，前有正契載明，今因粮迫，請托原中向到買主手內，再找過（契）外銅錢拾仟文正，其錢即日隨找契两家交兑足讫，不欠個文，其田四至界內，荒坪地角及樹木等項，俱概在內，此找之日，契明價足，割藤断根，任從買主收租管業，賣人再不敢異言取贖找價等情，如違，甘受叠騙之論，今恐口難信，故立杜找契付與買主子孫永遠管業為據。

道光陸年十二月廿陸日　立杜找契人　闕永壽

仝弟　永焕

原中　闕喜奎

闕天進

代筆　闕献奎

立送户票人永寿等，今将學易户内起額壹亩正，推入茶排庄闕天開户内入册完粮，不敢丢漏分毫，恐口难信，立送户票為據。

道光陆（年）十弍月念六日　立送户票人　永寿

代笔　献奎

（契尾，道光捌年捌月）

立當田契人賴新雲今因無錢使用自情愿將父手遺下闔內已分民田坐落松邑念一都百安庄趙圩埧居住門口水棟外田壹坵正東至大路南至潘姓田西至大河北至景雲田爲界今俱四至分明四至界內併及桐樹一应在內共計額四分正親立當契出當與賴永琳手內當出銅錢肆千文正其錢當中即日交足其田三面言斷每年充納滕租谷壹碩正其租谷約至八月秋收之日風净量交不敢欠少升合如有缺升合其田任凭錢主過户完粮稅契管業出當人不得異言抵賴當契以作賣契行用恐口無憑故立當田契付與錢主爲據

道光九年五月十二日立當田契人賴新雲〇

見當人　賴景雲〇

賴福雲

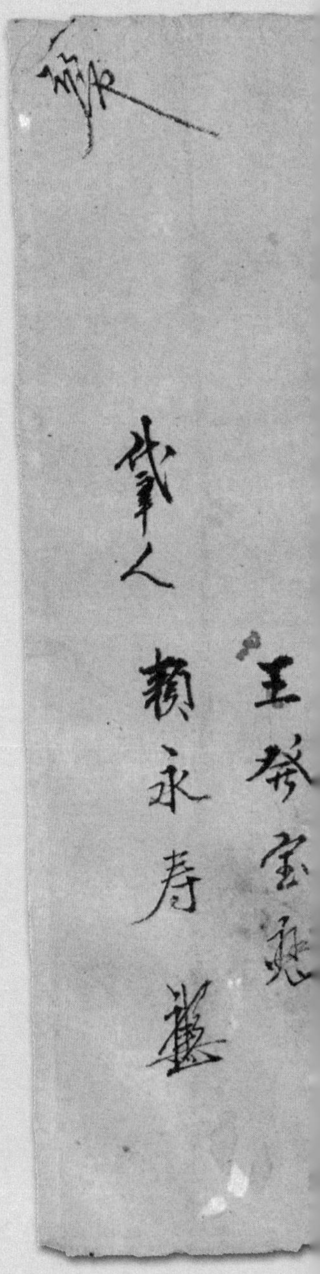

立當田契人賴新雲，今因無錢使用，自情愿将
父手遺下阄内己分民田，坐落松邑念一都百步庄趙
圩垻居住門口水栜外，田壹坵正，東至大路，南至潘姓田，
西至大河，北至景云田為界，今俱四至分明，四至界内并及
柏樹，一应在内，共计額式分正，親立當契，出當與賴永琳
手内，當出銅錢肆千文正，其錢當中即日交足，其田
三面言断，每年充纳燥租谷壹籮正，其租谷的至八月
秋收之日，風净量交，不敢欠少升合，如有缺升合，其田
任凴錢主過户完粮，税契管業，出當人不得異言
执留，當契以作賣契行用，恐口無凴，故立當田契付与
錢主為據。

道光九年五月十二日　立當田契人　賴新雲

見當人　賴景雲

賴福雲

王發宝

代筆人　賴永寿

立賣契丁光烈今因錢粮無办自情愿将祖父遺下民田土名坐落安字畈
烏樂山蹭步頭田弍坵額壹畝正親立文契出賣與阙天開姐丈迷爲業三面
斷定時值價洋鈿叁拾弍元正其洋鈿當日親收完足其田即與阙迷执契
管業收租完粮易佃耕種此係自己物業與内外伯叔兄弟人等無涉
日先並無典当交加如有此色丁迷自能支聽不干阙迷之事此出二家心
愿並無返悔逼抑等情恐口难信故立賣契爲據

道光玖年九月廿四日 立賣契 丁光烈（押）

見中 丁光岳（押）
丁阙禎（押）
丁桂松（押）
丁炳炎（押）
阙登寿（押）

親筆（押）

立杜找契丁光烈日先原典阙天開姐丈迷交易民田壹契田畝坵額前契
俱已載明本已契明價足今因錢粮無办自情愿托中向阙迷找過契
外洋鈿五元五角正其洋鈿當日收足其田即與阙迷永遠管業永
絶割斷並無再行言找言贖之理此出二家心愿並無返悔逼抑等
情恐口难信故立賣找契爲據

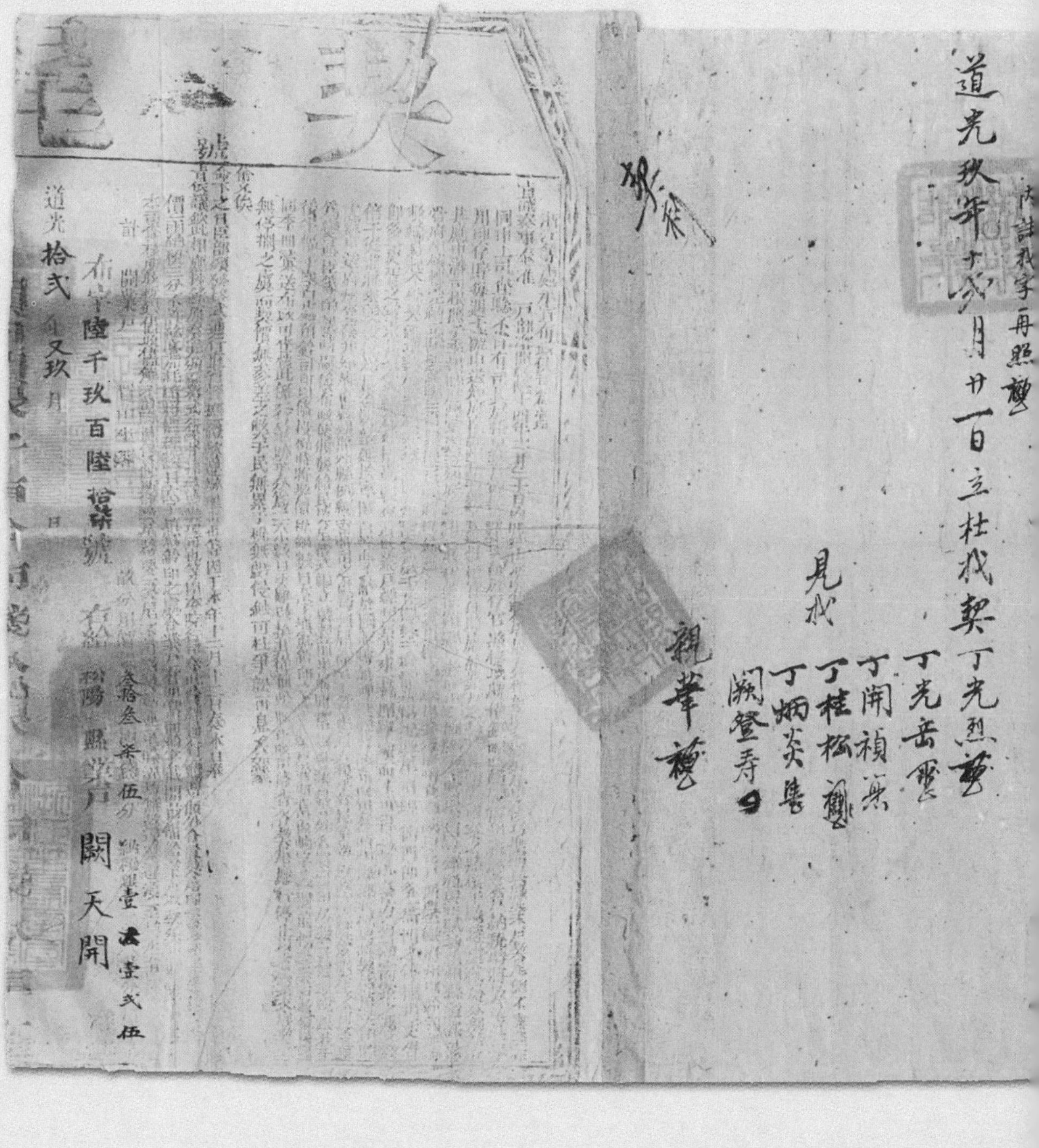
內註找字再照 押
道光玖年十贰月廿一日 立杜找契 丁光烈 押
丁光岳 押
丁開禎 押
丁桂松 押
丁炳炎 押
闕登寿 押
見找
親筆 押
契尾
道光拾贰年又玖月 日
布字陸千玖百陸拾號
叁拾叁両柒錢伍分
松陽縣業戶闕天開
壹两壹錢贰伍

（前頁）>>>>>

立賣契丁光烈，今因錢粮無办，自情愿将祖父遺下民田，土名坐落安寧畈烏樂山踏步頭，田弍坵，額壹畝正，親立文契，出賣與阙天闲姐丈边為業，三面断定，時值價洋鈿叁拾弍元正，其洋鈿當日親收完足，其田即與阙边执契管業，收租完粮，易佃耕種，此係自己物業，與内外伯叔兄弟人等無涉，日先並無典当交加，如有此色，丁边自能支聽，不干阙边之事，此出二家心愿，並無反悔逼抑等情，恐口难信，故立賣契為據。

道光玖年九月廿四日　立賣契　丁光烈

見中　丁光岳

丁闲禎

丁桂松

丁炳炎

阙登寿

親筆

（前頁）>>>>>

立杜找契丁光烈，日先原與闕天閈姐丈边交易民田壹契，田畝坵額，前契俱已載明，本已契明價足，今因錢粮無办，自情愿托中向闕边找過契外洋錙五元五角正，其洋錙当日收足，其田即與闕边永遠管業，永絶割断，並無再行言找言贖之理，此出二家心愿，並無反悔逼抑等情，恐口难信，故立找賣契為據。

內註找字，再照。

道光玖年十弍月廿一日　立杜找契　丁光烈

見找　丁光岳

丁閈禎

丁桂松

丁炳炎

闕登寿

（契尾，道光拾弍年又玖月）　親筆

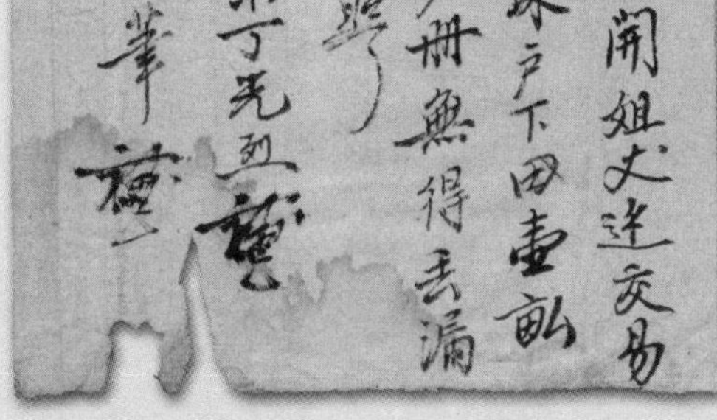

立起送票丁光烈，日先與闕天閈姐丈边交易民田壹畝，今將南济庄丁荣球户下田壹畝，起入與闕天閈户下完粮，过户入册，無得丢漏，恐口無凴，故立起送票存照。

道光玖年十弍月廿一日　立起送票　丁光烈

親筆

立賣田契人王發室今因錢粮無办自情愿將父手遺下民田壹坵坐落松
邑廿都百步庄土名趙圩塓面石岩口上手大路外安着東至王姓圩地為界
南至何姓圩地為界西至何葉兩姓圩地為界北至謝姓圩地為界又田壹處
本土名小土名碓舂弄半坑安着水田兩坵上至山脚下至賴姓田左至路右至坑
為界計額粮伍分正今俱四至分明請托凴中親立文契出賣向與本都葉
樹瀾德瑛兄迋入手承買為業當日凴中三面言斷時值田價銅錢肆拾千文正其錢
即日當中隨契交足不少分文其田自賣之後任凴瀾迋起耕改佃過戶完粮
投稅收租管業賣人不得異言如有內外伯叔兄弟子侄人等並無干碍日先交[illegible]
墨典當他人倘有上手來歷不明不干買主之事賣人一力承當其田契載田
頭地角樹木雜木四至界內尽處寸土不留愿賣愿買契明價足兩無逼勒永
無找贖割藤斷根此出兩相情愿各無悔憑口難信故立文契付與買主子
孫永遠為照

道光玖年拾月初九日立賣田契人王發室（押）

凴中羅有昌（押）

在場胞弟王發龍（押）
發元（押）

凴中王碧貴（押）
王貴財（押）

行

立杜找斷截契人王發室原因典與瀾德瑛兄迋交易民田兩處
壹契坐落松邑廿都百步庄土名趙圩塓面石岩上手大路外安着又
田壹處本土名小土名碓舂弄半坑安着該分界至前有正契載明今
因前價未足粮總請托原中相勸業主找出契外銅錢捌千文正其錢即
日隨契交足不少分文其田自找之後一找千休永遠不得識認無找無贖
等情此出兩相情愿各無反悔恐口難言故立杜找[illegible]

永遠爲照

道光玖年拾二月十九日立杜找斷截契人王發宝

憑中賴永壽

在場胞兄王發龍
發元

憑中王碧貴
貴財

羅有昌

代筆胡其松

翁

拾陸　拾　日

捌百拾肆　[illegible]　戶關德瑛

肆拾捌兩文

壹兩肆[illegible]肆文

（前頁）>>>>>

立賣田契人王發宝，今因錢粮無办，自情愿将父手遺下民田壹坵，坐落松邑廿一都百步庄，土名趙圩垻白石岩口上手大路外安着，東至王姓圩地為界，南至何姓圩地為界，西至何、葉两姓圩地為界，北至謝姓圩地為界，又田壹處，本土名小土名碓舂弄半坑，安着水田两坵，上至山脚，下至賴姓田，左至路，右至坑為界，計額粮伍分正，今俱四至分明，請托凂中親立文契，出賣向與本都茶排阙德瑛兄边入手承買為業，當日凂中三面言断，時值田價銅錢肆拾千文正，其錢即日當中隨契交足，不少分文，其田自賣之後，任凂阙边起耕改佃，過户完粮，投稅收租管業，賣人不得異言，如有内外伯叔兄弟子侄人等，並無干碍，日先亦無文墨典當他人，倘有上手来歷不明，不干買主之事，賣人一力承當，其田契載田頭地角，柏樹雜木，四至界内，尽處寸土不留，愿賣愿買，契明價足，两無逼勒，永無找贖，割藤断根，此出两相情愿，各無反悔，恐口难信，故立文契付與買主子孫永遠為照。

凂中　羅有昌

道光玖年拾月初九日　立賣田契人　王發宝

在場胞　王發龍

弟　發元

凂中　王碧貴

王貴財

代筆　胡其松

（前頁）>>>>>

立杜找断截契人王發宝，原因與闕德瑛兄边交易民田两處壹契，坐落松邑廿一都百步庄，土名趙圩垻白石岩上手大路外，安着文［民］田壹處，本土名小土名碓舂弄半坑安着，畝分界至，前有正契載明，今因前價未足粮迫，請托原中相勸業主，找出契外銅錢捌千文正，其錢即日隨契（交）足，不少分文，其田自找之後，一找千休，永遠不得識認，無找無贖等情，此出两相情愿，各無反悔，恐口难信，故立杜找断截契付與買主永遠為照。

原中　賴永寿

道光玖年拾二月十九日　立杜找断截契人　王發宝

在塲胞　王發龍

弟　發元

原中　王碧貴

貴財

羅有昌

代筆　胡其松

（契尾，道光拾陸年拾月）

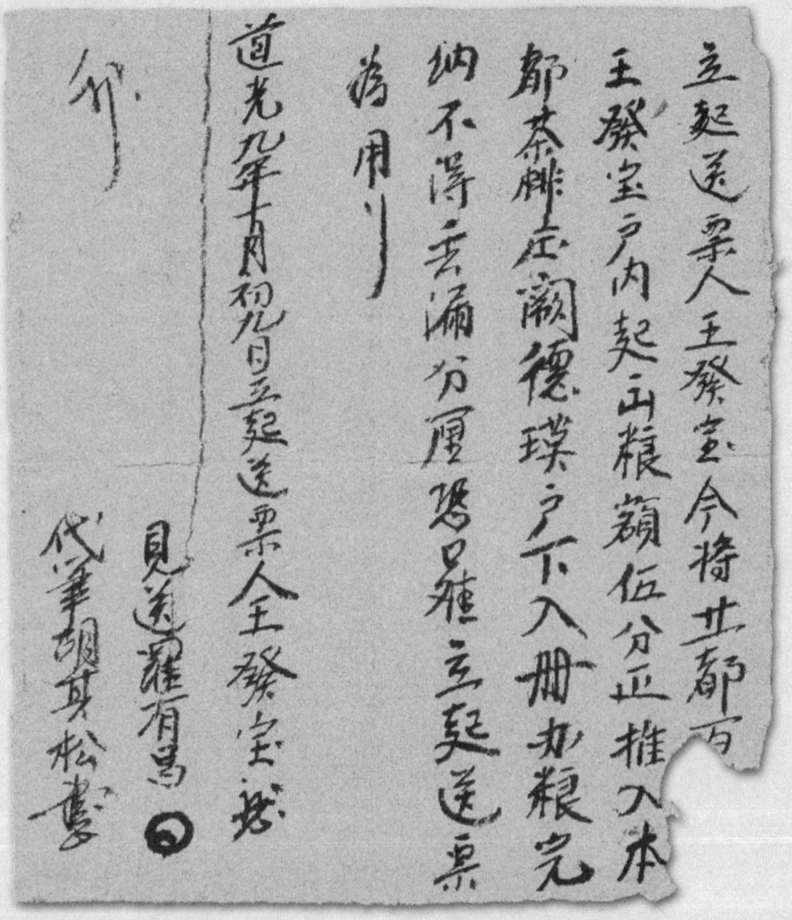

立起送票人王發宝，今将廿一都百步庄
王發宝户内起出粮額伍分正，推入本
都茶排庄阙德瑛户下入册办粮完
纳，不得丢漏分厘，恐口难（憑），立起送票
為用。
道光九年十月初九日　立起送票人　王發宝
見送　羅有昌
代筆　胡其松

立賣田契人賴景雲，今因錢粮無办，自情愿将父手遺下阄内己分水田，坐落松邑念一都百步庄趙圩垻水棟外大路内，民田壹坵，上至潘姓田，下至自己田，内至水棟，外至大路為界，今俱四至分明，计額錢粮叁分正，親立賣契，托中送與雷闸德兄边入手承買為業，當日凴中三面言断，時直田價銅錢拾肆千文正，其錢即日當中交足，不欠分文，其田自買之後，任凴錢主遇户完粮，起耕管業，賣人不得異言执留。日先並無重復典當他人財勿［物］文墨交加，倘有上首来歷不明，賣人一力承當，不涉錢主之事，一買一賣，两家心愿，當日面断，不限年月，原價取贖，買人無得执留，各無反悔逼抑等情，恐口难信，故立賣田契付與買主為據。

道光拾年捌月廿三日　立賣田契人　賴景雲

賴新雲

賴福雲

見賣人　賴龍元

朱文富

代筆人　賴永壽

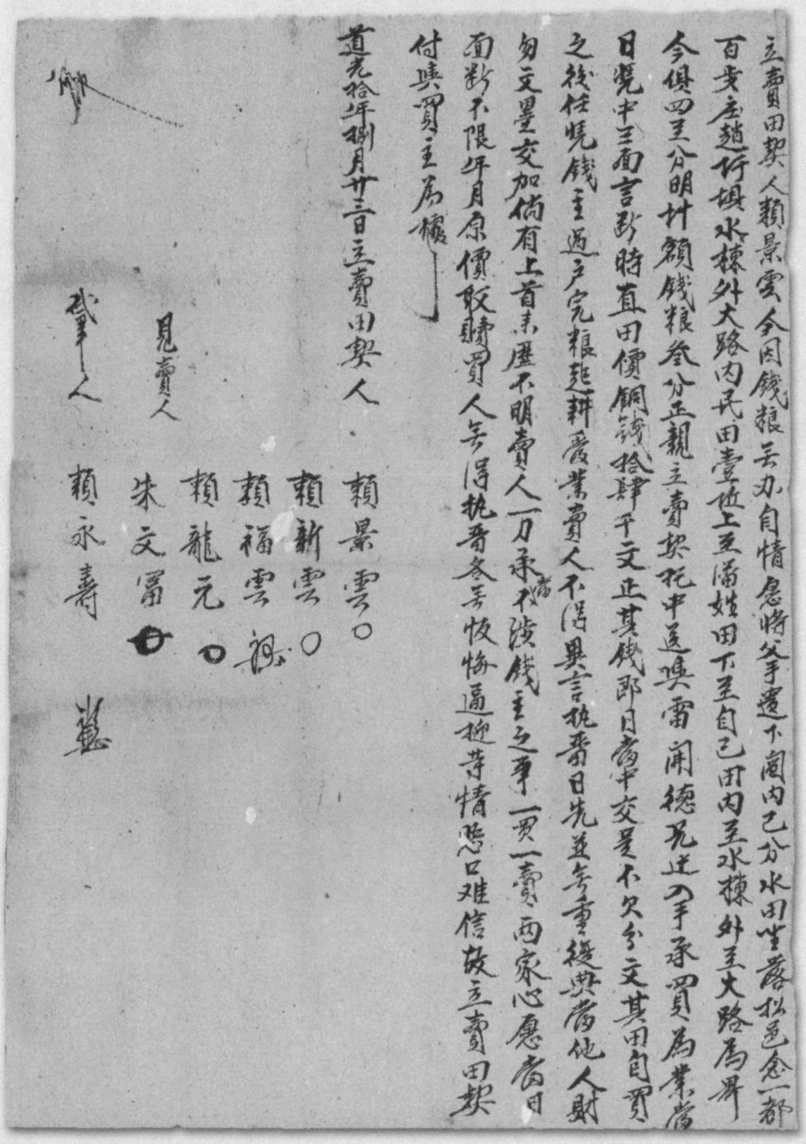
立賣田契人賴景雲今因錢粮無办自情愿将父手遺下阄内己分水田坐落松邑念一都百步庄趙圩垻水棟外大路内民田壹坵上至潘姓田下至自己田内至水棟外至大路為界今俱四至分明计額錢粮叁分正親立賣契托中送與雷闸德兄边入手承買為業當日凴中三面言断時直田價銅錢拾肆千文正其錢即日當中交足不欠分文其田自買之後任凴錢主遇户完粮起耕管業賣人不得異言执留日先並無重復典當他人財勿文墨交加倘有上首来歷不明賣人一力承當不涉錢主之事一買一賣两家心愿當日面断不限年月原價取贖買人無得执留各無反悔逼抑等情恐口难信故立賣田契付與買主為據
道光拾年捌月廿三日立賣田契人　賴景雲
賴新雲
賴福雲
見賣人　賴龍元
朱文富
代筆人　賴永壽

立賣田契人王來宝今因
情愿將父手遺下兄弟均分自己
閭內民田壹坵坐落松邑廿[illegible]都百步庄小土名趙圩塅白石岩下手
田壹坵計額伍分正其田東至水圳為界南至謝姓田為界西至水圳
為界北至謝姓田為界今俱四至分明併及田頭墈塥樹一應在內今來
托中送與闕德璞兄邊入手承買為業憑中三面言斷時值田價銅錢
陸拾捌千文正其錢即日隨契交足其田自賣之後為始任憑買主起耕
過戶完粮收租管業如有上手來歷不明皆係賣人一力承當不涉買
主之事一買一賣二家情愿並無反悔逼勒等情其田上手並無典當
文墨交價內外房親伯叔[illegible]子侄人等並無干碍其田自賣之後永
遠不敢再找言贖識認今[illegible]憑故立賣田契付與買主子孫永遠
業主為據

道光拾年九月拾二日立賣田契人王來宝（押）

弟人王來元（押）

侄人王貴才（押）

憑中人　羅有昌（押）

羅輝日（押）

代[illegible]　王有田（押）

推收

立找斷根絕契人王來宝今因口
不若日與前闕德璞兄邊交易民
田坐落松邑廿一都百步庄趙圩塅土
名白石岩下手田壹坵畝分界至前契

號

拾貳兩拾叁

柒千貳百貳拾叁

闕德瑛

賣契外銅錢陸仟文正其錢即日收

足不欠分文其田自賣之後任從買

主業主日後不得重賣千收永遠不

敢織認恐口難信故立賣契為據

道光拾年十一月初九日立賣契王癸

弟侄人王 癸元 貴才

憑中人 羅有昌 輝日

代筆人王有田

（前頁）>>>>>

立賣田契人王發宝，今因錢粮無辦，自情愿將父手遺下兄弟均分自己鬮內民田壹坵，坐落松邑廿一都百步庄，小土名趙圩垻白石岩下手，田壹坵，計額伍分正，其田東至水圳為界，南至謝姓田為界，西至水圳為界，北至謝姓田為界，今俱四至分明，併及田頭（地）角柏樹，一應在內，今來托中送與闕德瑛兄边入手承買為業，凴中三面言断，時值田價銅錢陸拾捌千文正，其錢即日随契交足。其田自賣之後為始，任凴買主起耕過户完粮，收租管業，如有上手來歷不明，皆係賣人一力承當，不涉買主之事，一買一賣，二家情愿，並無反悔逼勒等情。其田上手並無典當文墨交價［加］，內外房親伯叔兄弟子侄人等並無干碍，其田自賣之後，永遠不敢再找言贖識認，今欲有憑，故立賣田契付與買主子孫永遠業主為據。

道光拾年九月拾二日　立賣田契人　王發宝

弟『人』　王發元

侄『人』　王貴才

凴中人　羅有昌

羅輝日

代筆人　王有田

（前頁）>>>>>

立找断根绝契人王發宝，今因口（食）
不结［給］，日與前［前與］闕德瑛兄边交易民田，
坐落松邑廿一都百步庄趙圩垻，土
名白石岩下手，田壹坵，畝分界至，前契
載明，今来請托愿［原］中向前業主找
出契外銅錢陸仟文正，其錢即日收
足，不欠分文，其田自找之後，任湜買
主（管業），業主日後不得重找『千收』，永遠不
敢識認，恐口难信，故立找契為據。

道光拾年十一月初九日　立找契　王發宝

弟侄『人』　王發元

貴才

原中人　羅有昌

輝日

代筆人　王有田

（契尾，道光拾弍年拾壹月）

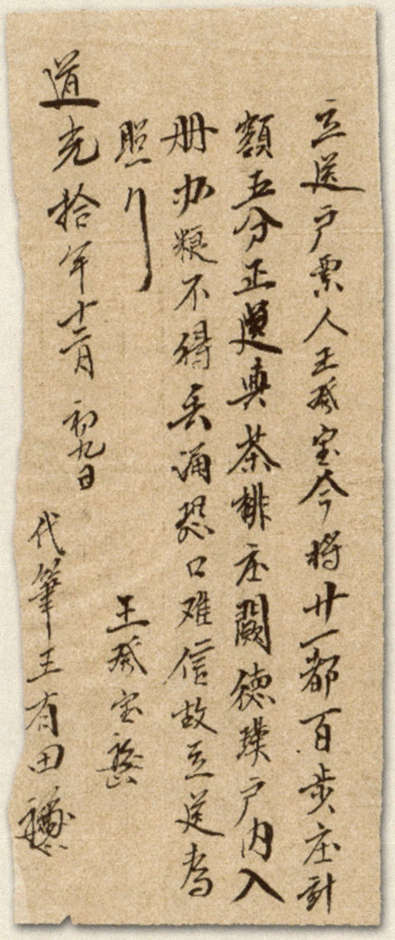

立送户票人王發宝，今将廿一都百步庄，計
額五分正，送與茶排庄闕德瑛户内入
册办粮，不得丢漏，恐口难信，故立送（票）為
照。

道光拾年十二月初九日　王發宝

代筆　王有田

立賣平屋契羅有餘昌順兄弟等今因故母除座缺用自情愿將故弟有財遺下平屋半堂坐落松邑廿一都百步土名趙圩垌内石岩上手坐東朝西平屋半堂坐下手其屋正間弍間廂房壹間其屋瓦桷下及地基四圍滴水聽樹壁正堂天井與雷姓各一半出入门路一应在内自情托中出賣與本排房瀏德瑛親邊承買為業當日凭中三面言斷時值屋價銅錢弍拾伍千文正其錢即日親收完足不少分文其屋剏賣之後任從買主執契管業安倉居住賣人兄弟今咗不得異言阻滯其屋委係自己清業與內外人等無涉日先並無典當文墨在外如有上手來歷不明不涉買主之事賣人一力承躭其屋自賣之後永截割藤永無找贖一賣千休愿賣愿買並無債負之故恐後無凭立賣平屋契付與瀏邊業主永遠為照

立賣平屋契人羅有餘 有昌 有順

仝咗秀水

凭中賴永寿

代筆羅輝日

道光拾年十一月初十日

立賣平屋契羅有昌、有餘、有順兄弟等，今因故母除座缺用，自情愿将故弟有財遺下平屋半堂，坐落松邑廿一都百步（庄），土名趙圩垻白石岩上手，坐東朝西平屋半堂，坐下手其屋正间弍间，廂房壹间，其屋瓦桷，下及地基，四圍滴水，门窗板壁，正堂天井與雷姓各一半，出入门路，一应在內，自情托中出賣與茶排庄闕德瑛親邊承買為業，當日憑中三面言断，時值屋價銅錢弍拾伍千文正，其錢即日親收完足，不少分文，其屋嗣賣之後，任從買主执契修理，安倉居住，賣人兄弟仝姪不得異言阻滯。其屋委係自己清業，與內外人等無涉，日先並無典當文墨在外，如有上手來歷不明，不涉買主之事，賣人一力承躭［擔］，其屋自賣之後，永截割藤，永無找贖，一賣千休，愿賣愿買，並無債負之故，恐後無憑，立賣平屋契付與闕邊業主永遠為照。

有餘
道光拾年十一月初十日　立賣平屋契人　羅有昌
有順
仝姪　秀水
憑中　賴永寿
代筆　羅輝日

（契尾，道光拾柒年捌月）

立賣山契人林川茂今因缺用自情愿將父手遺下民山壹處其山坐落松邑廿一都
夫人廟庄小土名高坑闕石寶屋對面山塲壹處其山上至山頂為界下至坑為界
內至石八石岷天培山直上分水為界外至下首塢對面炉基田踏步長岷直上分水為
界今俱四至分明計額壹畝正其山四至界內松杉竹木等項一概在內請托憑中立契出賣
與闕天培天開二位親边入手承買為業其山面斷時值山價銅錢柒拾伍千文正其錢當中
交訖不短分文其山自賣之后任從闕边推收過户完粮籙養扦插出拚扦插燒炭叅
運支𡎺管業乃係自己清楚物業與內外房親伯叔兄弟人等並無干碍如有上手來
歷不明皆係賣人一力承當不涉買主之事一賣千休永遠斷截愿賣愿買此出兩相情
愿各無反悔等情恐口難憑故立賣契付與闕边永遠為據||

道光拾年十一月廿七日　立賣山契人　林川茂（押）
在塲叔　克柑（押）
弟　樹茂（押）
憑中　林克仁（押）
李克應（押）
鄧玉琳（押）
羅輝日（押）
代筆　林永泰（押）

立找斷截契人林川茂日先原與闕天培天開二位親边交易民山壹處
坐落松邑廿一都夫人廟庄小土名高坑闕石寶屋对面安着其山畝分界至
前有正契載明原係契明價足今因口食不給請托原中向勸業主

找過契外錢貳千文正其錢隨契交足其山自找之後任從[illegible]

挑契賣業一找斷截亦不敢識認如有此色甘受疊之論恐口難凭故

立找斷截山契付與闕边永遠為據

道光拾年十二月十九日　立找斷截契人　林川茂

在場叔　克柑

林克仁

林樹茂

原中　李克康

鄭玉琳

代筆　林永泰

契尾

布字陸千玖百伍拾壹號　業戶　林福興

道光拾弍年又玖月　日

闕天培

（前頁）>>>>>

立賣山契人林川茂，今因缺用，自情愿将父手遺下民山壹處，其山坐落松邑廿一都夫人廟庄，小土名高坑闕石竇屋對面，山塲壹處，其山上至山頂為界，下至坑為界，内至石门石崀天培山直上分水為界，外至下首坞對面炉基田踏步長崀直上分水為界，今俱四至分明，計額壹亩正，其山四至界内松杉竹木等項，一概在内，請托凴中立契，出賣與闕天培、天開二位親边入手承買為業，其山面断，時直山價銅錢柒拾伍千文正，其錢當中交訖，不短分文，其山自賣之后，任從闕边推收過户完粮，籙養扦插出拚，扦窑燒炭發運，烹煽管業，乃係自己清楚物業，與内外房親伯叔兄弟人等並無干碍，如有上手来歷不明，皆係賣人一力承當，不涉買主之事，一賣千休，永遠断截，愿賣愿買，此出两相情愿，各無反悔等情，恐口难凴，故立賣契付與闕边永遠為據。

道光拾年十一月廿七日　立賣山契人　林川茂

在塲叔　克柑

弟　樹茂

凴中　林克仁

李克應

鄧玉琳

羅輝日

代筆　林永泰

（前頁）>>>>>

立找断截契人林川茂，日先原與闕天培、天開二位親边交易民山壹處，坐落松邑廿一都夫人廟庄，小土名高坑阙石竇对面安着，其山亩分界至，前有正契載明，原係契明價足，今因口食不给，請托原中向勸業主找過契外銅錢貳千文正，其錢隨契交足，其山自找之后，任從阙邊执契管業，一找断截，亦不敢識認，如有此色，甘受叠（騙）之論，恐口难凴，故立找断截山契付與阙边永遠為據。

道光拾年十二月十九日　立找断截契人　林川茂

在場叔　克柑

原中　林克仁

林樹茂

李克應

鄧玉琳

代筆　林永泰

（契尾，道光拾弍年又玖月）

立賣田契人劉永琳，今因錢粮無办，自情愿將自己民田，坐落松邑二十都大陰庄小土名烏林坑箭竹下田伍坵，又石壁塢口对门田壹坵，弍處共田大小陸坵，正計額錢粮叁分正，親立賣契託中送與鳳天、有天、貴天、培天、開兄弟入首承買為業。當日憑中三面言斷，時值田價銅錢拾叁仟文正，其錢即日當中交足，不欠分文。其田自買之後，任憑買主過户完粮，执契管業收租耕作，起拼其田，内外房親伯叔兄弟侄等并無寸土干涉，日先并無重復典當他人財物，委係正行交易，不是準折債負之故。倘有上首來歷不明，皆係賣人一力承當，不涉買主之事。一賣斷截，永無找贖。一買一賣，兩相情愿，各無悔恤，并無逼勒等情。恐口無憑，故立賣田契為據。

道光拾年拾弍月初四日　立賣田契人　刘永琳（押）

在見人　刘春琳 ○

刘元壽 ○

憑中人　潘文旺（押）

王春光 ○

代筆人　賴永壽（押）

推收

立找田契人刘永琳，今因口食不结，原因與鳳天、有兄弟等首日前交易田業壹契，坐落松邑二十都大陰庄小土名烏林坑箭竹下、石壁塢口田弍处，坵畝額正契載明，今憑請原中向前業主相劝，找過契外銅錢壹千柒百文，其錢即日當中交足。其田自找之後，契明價足，日後不得向找言贖。一找千休，割斷截根等情。恐口無憑，故立找斷根契為據。

道光拾年拾弍月念伍日　立找田契人　刘永琳（押）

見找　刘春琳 ○

刘元壽 ○

原中　潘文旺（押）

王春光 ○

原筆　賴永壽（押）

推收

（前頁）>>>>>

立賣田契人劉永琳，今因錢粮無办，自情愿将自己民田，坐落松邑二十都大陰庄，小土名烏林坑箭竹下，田伍坵，又石壁塢口对门田壹坵，弍處共田大小陸坵正，計額錢粮叁分正，親立賣契，託中送與闕天有、天貴、天培、天閅兄弟入首承買為業，當日凴中三面言断，時值田價銅錢拾叁仟文正，其錢即日當中交足，不欠分文，其田自買［賣］之後，任凴買主過户完粮，执契管業，收租耕作起耕，其田（與）内外房親伯叔兄弟（子）侄等，並無寸土干涉，日先並無重復典當他人財物，委係正行交易，不是準折負債之故，倘有上首來歷不明，皆係賣人一力承當，不涉買主之事，一賣断截，永無找贖，一買一賣，两相情愿，各無反悔，並無逼勒等情，恐口無凴，故立賣田契為據。

道光拾年拾弍月初五日　立賣田契人　刘永琳

在見人　刘春琳

刘元壽

凴中人　潘文旺

王春光

代筆人　賴永壽

立找田契人刘永琳，今因口食不结［給］，原因與闕天有兄弟等首内日前交易田業壹契，坐落松邑二十都大陰庄，小土名烏林坑箭竹下、石壁塢口，田弍处，坵塅畝額，正契載明，今来請託原中向前業主，相劝找過契外銅錢壹千柒百文，其錢即日當中交足，其田自找之後，契明價足，日後不得向找言贖，一賣千休，割断截根等情，恐口無凴，故立找断根契為據。

道光拾年拾弍月念伍日　立找田契人　刘永琳

見找　刘春琳

刘元壽

原中　潘文旺

王春光

原筆　賴永壽

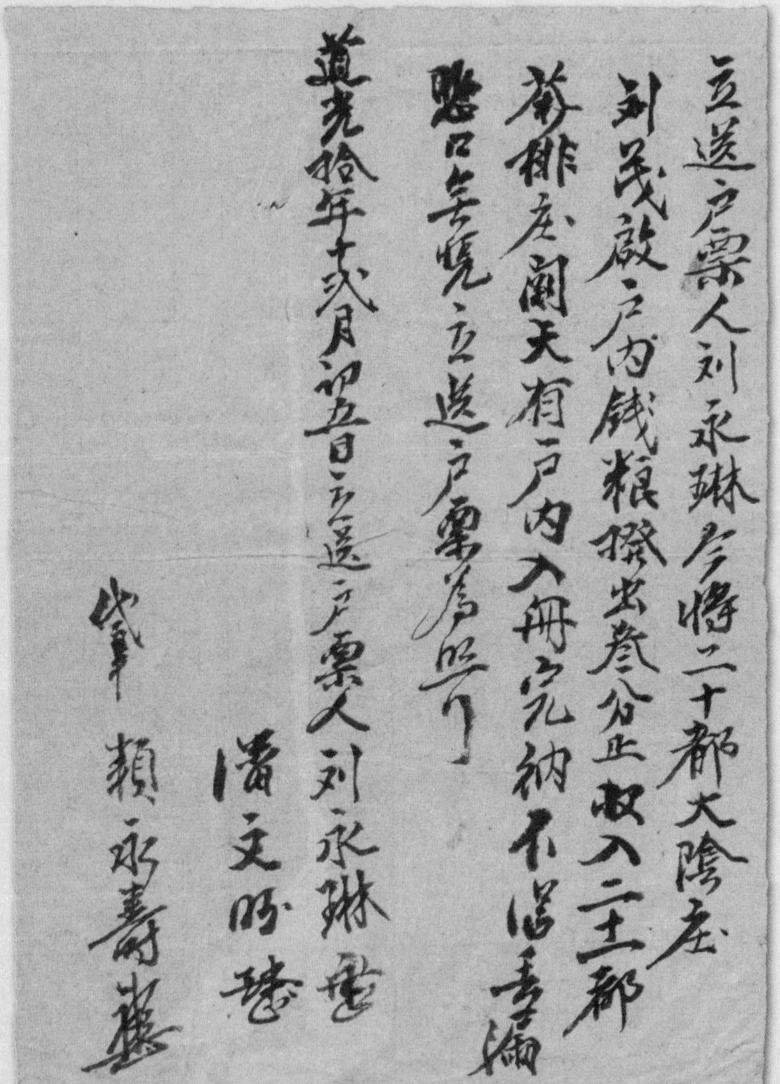

立送户票人刘永琳，今将二十都大陰庄
刘茂啟户内錢粮撥出叁分正，收入二十一都
茶排庄𨵗天有户内入册完纳，不得丢漏，
恐口無凴，立送户票為照。
道光拾年十弍月初五日　立送户票人　刘永琳
潘文旺
代筆　賴永壽

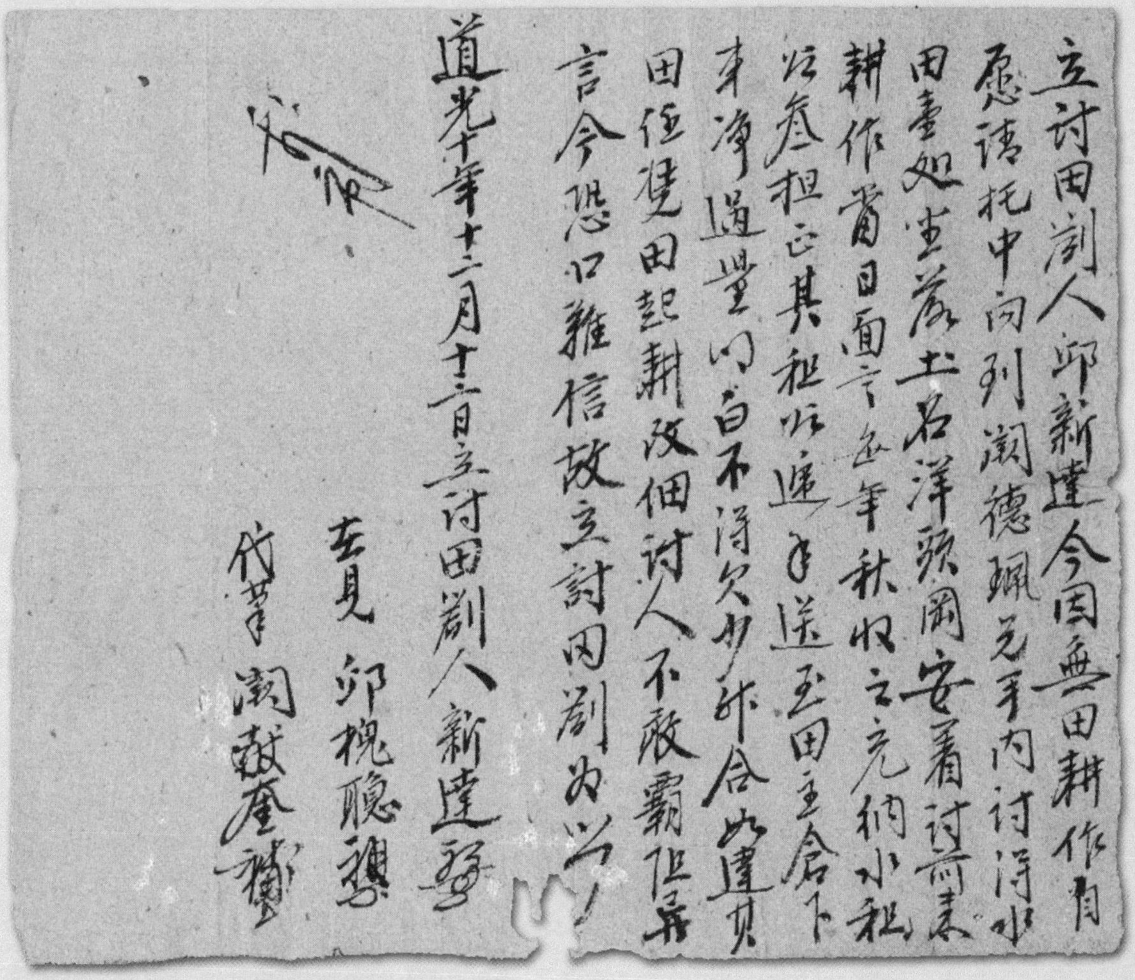

立讨田劄人邱新達，今因無田耕作，自
愿请托中向到闕德珮兄手内讨得水
田壹处，坐落土名洋頭岡安着，讨前来
耕作，當日面言每年秋收之（日），充纳水租
谷叁担正，其租谷遞年送至田主倉下
車净過量明白，不得欠少升合，如違，其
田任澴田（主）起耕改佃，讨人不敢霸租异
言，今恐口難信，故立討田劄为照。
道光十年十二月十三日　立讨田劄人　新達
在見　邱槐聰
代筆　闕献奎

立賣民田契人闕錀維仝弟等今因年冬逼迫自情愿將父手遺下民田坐落松邑廿壹都茶排庄土名桐坑小土名下坑子安着民田兩横計田大小叁坵上至山下至德璉田左至坑右至德璉為界今俱四至分明計額弍分正田至之内荒坪地塴松杉雜木一應在内托中出賣與天開田叔公承買為業當日憑中言斷時值田價銅錢壹拾壹仟文正其錢即日隨契兩相交足不少個文其田自賣之後任從買主起耕過户完粮易佃管業賣人兄弟叔侄不得異言阻滞其田委係自己清業與内外房親人等並無寸土干碍日先亦無典當文墨交加如有上手來歷不明皆係賣人一力承躭不涉買主之事愿賣愿買不是債貨準折之故此出二家心愿並無逼抑抜悔等情恐後無憑立賣田契付與業主永遠為照

道光拾年拾弍月十三日

立賣民田契人闕錀維〇

憑中闕天進（押）

獻奎（押）

代筆闕羅穉日（押）

立杜斷截找契人闕錀維日先原與天開田叔公交易田契壹項坐落松邑廿壹都茶排庄土名桐坑小土名下坑子安着其田額畝四至前契載明今因口食不給請托原中向與業主邊找過契外銅錢壹仟陸百文正其錢當親收完足不少分文其田自找之後永截割藤永

契尾

布字陸千玖百伍拾玖號

計開業戶　闕天開　買田坐落

給松陽縣業戶闕天開

收用價銀拾貳兩陸錢又分　納稅銀又兩叁錢柒分捌又

道光拾弍年又玖月　日

找契

無憑，當立杜找斷截田契付與業主子孫永遠爲據。

道光拾年十二月廿三日

立杜找斷截契人闕翰維○

原中闕天進○

闕獻奎○

代筆闕維耕○

(前頁)>>>>>

立賣民田契人闞翰维仝弟等，今因年冬逼迫，自情愿将父手遺下民田，坐落松邑廿壹都茶排庄，土名桐坑，小土名下坑子，安着民田两横，計田大小叁坵，上至山，下至德璉田，左至坑，右至德璉（田）為界，今俱四至分明，計額弍分正，四至之内，荒坪地角，松杉雜木，一应在内，托中出賣與天開四叔公承買為業，當日凴中言断，时值田價銅錢壹拾壹仟文正，其錢即日隨契两相交足，不少個文，其田自賣之後，任從買主起耕過户，完粮易佃管業，賣人兄弟叔姪不得異言阻滞。其田委係自己清業，與内外房親人等並無寸土干碍，日先亦無典當文墨交加，如有上手來歷不明，皆係賣人一力承躭［擔］，不涉買主之事，愿賣愿買，不是債負準折之故，此出二家心愿，並無逼抑反悔等情。恐後無凴，立賣田契付與業主永遠為照。

道光拾年拾弍月十三日　立賣民田契人　闞翰维

凴中　闞天進

獻奎

代筆　羅輝日

(前頁)>>>>>

立杜断截找契人闕翰维，日先原與天閞四叔公交易田契壹項，坐落松邑廿壹都茶排庄，土名桐坑，小土名下坑子，安着其田，額畝四至，前契載明，今口食不給，請托原中向與業主邊找過契外銅錢壹仟陸百文正，其錢當親收完足，不少分文，其田嗣找之後，永截割藤，永無再找，一找千休，如有再行，甘受叠騙之論，此出甘心情愿，並無逼抑悔心等情，恐後無憑，當立杜找断截田契付與業主子孫永遠為據。

道光拾年十二月廿三日　立杜找断截契人　闕翰维

原中　闕天進

獻奎

代筆　羅輝日

(契尾，道光拾式年又玖月)

立賣田契人闕喜奎今因錢粮無辦自情愿將父手遺下分闖內民田壹
坵坐落二十壹都亥人廟庄土名周岙腳橋頭安着東至南至西至俱係
買主田北界址至坑壠為界今俱四至分明計額五分正托中立契出賣
與本族德瑛叔公入手承買為業當日面言定時值田價銅錢貳拾千文
正其錢即日隨契兩家交足訖不少個文自賣之日任憑買主推
收過戶完粮易佃收租管業原係父手清楚物業與內外房親伯叔
兄弟子侄人等無干未賣日先並無重典復當文墨交加若有來
歷不明賣人一力承當不涉買主之事所賣所買兩相心愿並無逼
勒準折債負之故一賣千休割藤斷根永不敢異言取贖找價
等情任憑四至界內荒坪地塝等及田沿桐樹一概在內任從買主收
租管業賣人不得節端今恐口難信故立賣田契付與買主子孫
永遠管業為據

道光拾壹年三月初四日立賣田契人 闕喜奎（押）

在塲房兄 闕則琳（押）

闕幼奎（押）

憑中 闕天進（押）

代筆 闕猷奎（押）

立杜找田契人闕喜奎原因日先與本族德瑛叔公手內交易民田壹坵
坐落念壹都亥人廟庄土名周岙腳橋頭安着其田界址載分前有
正契載明今因粮食不敷自情愿請原中向到買主勸息再找出
……同找[illegible]千[illegible]正其錢即日隨契兩相交兑足訖不少分文自

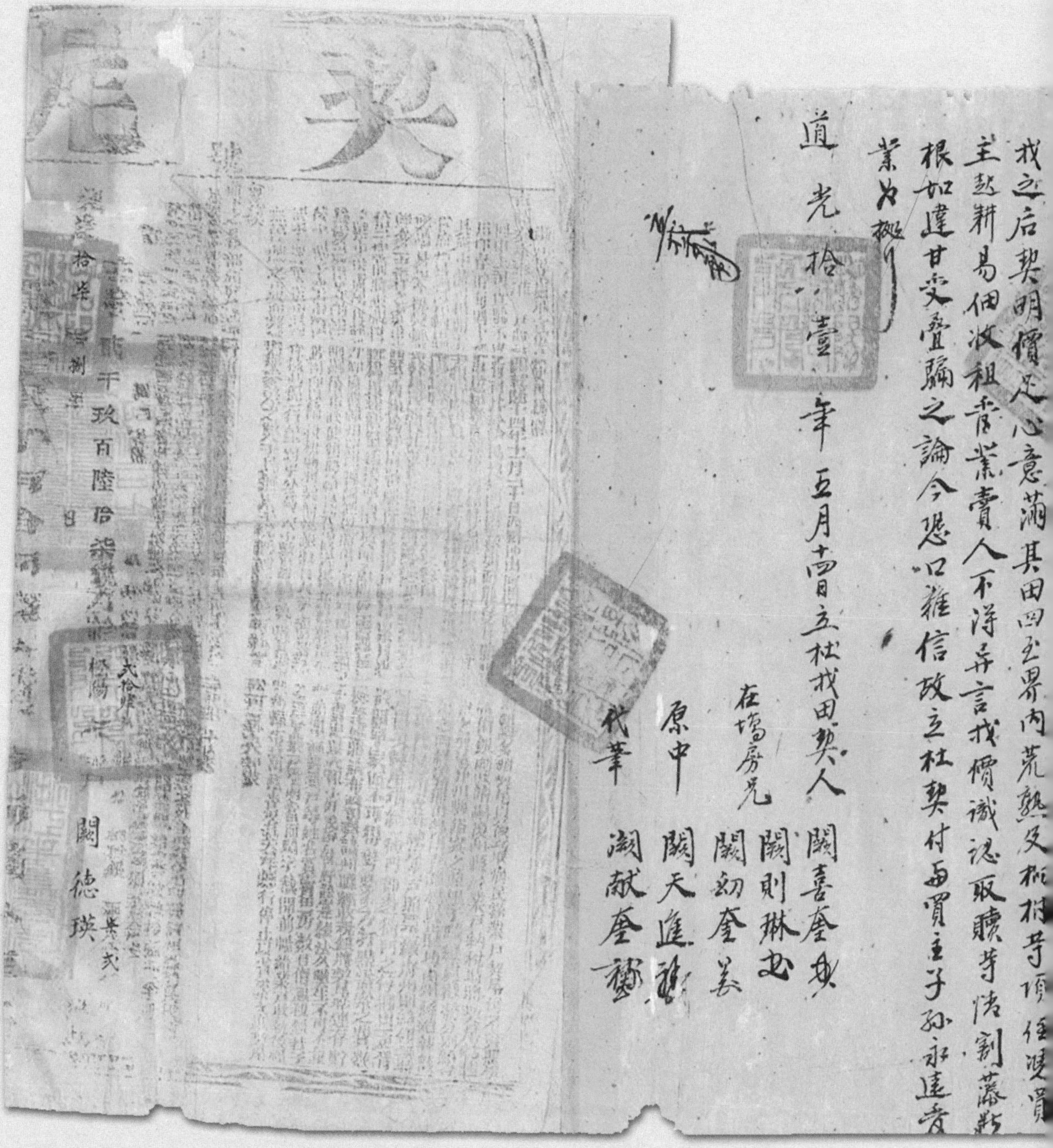

契

闕德瑛

找之后契明價足心意滿其田四至界内荒熟及杉木等項任從買
主起耕易佃收租管業賣人不得异言找價識認取贖等情割藤斷
根如違甘受疊騙之論今恐口難信故立杜契付與買主子孫永遠受
業為據

道光拾壹年五月十四日立杜找田契人　闕喜奎（押）

在場房兄　闕則琳（押）

闕紉奎（押）

原中　闕天進（押）

代筆　闕献奎（押）

(前頁)>>>>>

立賣田契人闕喜奎，今因錢粮無辦，自情愿将父手遺下分阄内民田壹坵，坐落二十壹都夫人廟庄，土名周岭脚橋頭安着，東至、南至、西至俱係買主田为界，北至坑壟为界，今俱四至分明，计額五分正，托中立契，出賣与本族德瑛叔公入手承買為業，當日面言，定時值田價銅錢貳拾千文正，其錢即日隨契两家兑交足訖，不少個文，自賣之日，任湜買主推收過户，完粮易佃，收租管業，原属父手清楚物業，与内外房親伯叔兄弟子姪人等無干。未賣日先，並無重典復當文墨交加，若有来歷不明，賣人一力承當，不涉買主之事。所賣所買，兩相心愿，並無逼勒準折債負之故，一賣千休，割藤斷根，永不敢異言取贖找價等情，任湜四至界內，荒坪地角等，及田沿柏樹，一概在内，任從買主收租管業，賣人不得兹〔滋〕端，今恐口難信，故立賣田契付與買主子孫永遠管業为據。

道光拾壹年三月初四日　立賣田契人　闕喜奎

在埸房兄　闕則琳

闞幼奎

湜中　闕天進

代筆　闞献奎

(前頁)>>>>>

立杜找田契人闕喜奎，原因日先與本族德瑛叔公手內交易民田壹坵，坐落念壹都夫人庙庄，土名周岭脚橋頭，安着其田，界址畝分，前有正契載明，今因粮食不敷，自情愿请原中向到買主勸息，再找出契外銅錢肆仟文正，其錢即日隨契两相交兑足讫，不少分文，自找之后，契明價足，心意滿，其田四至界内荒熟及柏樹等項，任凴買主起耕易佃，收租管業，賣人不得异言找價識認取贖等情，割藤断根，如違，甘受叠騙之論，今恐口難信，故立杜契付与買主子孙永遠管業为據。

道光拾壹年五月十四日　立杜找田契人　闕喜奎

在場房兄　闕則琳

闕幼奎

原中　闕天進

代筆　闕献奎

（契尾，道光拾柒年捌月）

立賣山契人林克桂今因錢粮無办自情愿將父手遺下民山壹處土名坐落
松邑廿一都夫人廟庄小土名高坑白葉垻𢔇邊屋後安着其山上至山頂為界下
至山脚大坑為界內至買主自己山為界外至闕天福屋外首双坑隨㟁分水直
上水流內界內之山水流外葉山為界今俱四至分明計額伍分正托請愿中立出賣
與闕天培天開二位親邊入手承買為業其山當中面斷時直價銅錢叁拾千文正
其錢隨契當中交訖不短分文其山自賣之後任從𢔇邊推收過户完粮養簶砍
伐發運扦插燒炭真蓄業林边不敢異言阻滯其山乃係自己清楚物與內外
房親伯叔兄弟子侄人等並無干碍如有上手來歷不明皆係賣人一力承當不涉
買主之事一賣千休永遠割藤斷根並無找無贖此出兩相心愿各無反悔逼勒
等情恐口难凭故立賣山契付與闕邊子孫永遠為據
一批四至界內松杉雜木等項俱概在內再照

道光拾壹年九月十一日　立賣山契人　林克桂

在場弟　克相

闕天進

凭中　游德興

代筆　林永泰

契約

立找斷截山契人林克桂日先原與闕天培天開二位親邊交易民山壹處土名坐
落松邑廿一都夫人廟庄小土名高坑白葉垻𢔇邊屋後安着其山畝分界至前有正契
載明四至界內任從買主養簶砍伐發運扦插燒炭真蓄業原係契明價足今
因口食不結請托原中向與業主找過契外銅錢貳千文正其錢當日收足不短

截亦不敢認諳，如有此色，甘受叠騙之論。恐口难凭，故立截山契付與為據。

道光拾壹年十二月十七日　立截断截山契人　林克桂（押）

在場弟　克柑（押）

原中　闕天進（押）

游德興（押）

代筆　林永泰（押）

契

號

道光拾弍年玖月

布字陸千玖百伍拾伍號

給松陽縣業戶闕天培等

叁拾弍両メ錢メ分

納稅銀メ両玖錢陸分

（前頁）>>>>>

立賣山契人林克桂，今因錢粮無办，自情愿将父手遺下民山壹處，土名坐落松邑廿一都夫人廟庄，小土名高坑白葉垻闕邊屋後，安着其山，上至山頂為界，下至山脚大坑為界，内至買主自己山為界，外至闕天福屋外首双坑隨崀分水直上水流内界内之山、水流外葉山為界，今俱四至分明，計額伍分正，托請愿［原］中立（契），出賣與闕天培、天開二位親邊入手承買為業，其山當中面断，時直價銅錢叁拾千文正，其錢隨契當中交訖，不短分文，其山自賣之後，任從闕邊推收過户完粮，養籙砍伐發運，扦窑燒炭，烹煸管業，林边不敢異言阻滞。其山乃係自己清楚物（業），與内外房親伯叔兄弟子侄人等並無干碍，如有上手来歷不明，皆係賣人一力承當，不涉買主之事，一賣千休，永遠割藤断根，並無找無贖，此出两相心愿，各無反悔逼勒等情，恐口难凭，故立賣山契付與闕邊子孫永遠為據。

一批四至界内松杉雜木等項，俱概在内，再照。

道光拾壹年九月十一日　立賣山契人　林克桂

在場弟　克柑

凴中　闕天進

游德興

代筆　林永泰

（前頁）>>>>>

立找断截山契人林克桂，日先原與闕天培、天開二位親邊交易民山壹處，土名坐落松邑廿一都夫人廟庄，小土名高坑白葉垻闕邊屋後，安着其山，畝分界至，前有正契載明，四至界内，任從買主養籙砍伐發運，扦窑燒炭，烹煽管業，原係契明價足，今因口食不结［給］，請托原中向與業主找過契外銅錢貳千文正，其錢當日交足，不短分文，其山自找之後，任從闕边执契管業，林边不敢異言阻滯，一找千休，永遠断截，亦不敢認識，如有此色，甘受叠騙之論，恐口难凴，故立找截山契付與為據。

道光拾壹年十二月十七日　立找断截山契人　林克桂

在場弟　克柑

原中　闕天進

游德興

代筆　林永泰

（契尾，道光拾弍年又玖月）

立賣地契人王孫元今因錢粮無办自情愿將父手遺下兄弟均分自己閣内民地坐落松陽念一都百步庄趙村根凸石岩下手安着埧地東至水圳南至孫宗田為界西至路為界北至王姓田為界又路相連外壹塊東至路為界南至賴姓地為界西至王姓地為界北至葉姓地為界今俱弍塊四至分明計額五分正親立文契託中送與蔡排庄闕德瑛兄邊入手承買為業當日憑中三面言斷時值地價錢叁拾千文正其錢即日隨契兩相交訖不少分文其地此賣之後任從買主起耕易佃過户入册完粮管業賣人不得異言阻滯其地乃係自己清楚業產與内外房親伯叔兄弟子侄人等並無干碍如有來歷不明賣人一力承當不涉買主之事此係正行交易並非逼抑債負等情所賣所買兩家情愿一賣千休割籐断根永遠不敢識認找價取贖等情今恐無憑立賣田契付與買主永遠子孫管業為據

道光拾弍年二月初二日立賣埧地契人 王孫元（押）

在場伯 王孫寳（押）

羅有昌（押）

憑中人 賴新福（押）

代筆男 王有田（押）

立找断根截契人王孫元原與闕德瑛兄邊交易民地坐落念一都百步庄具地弍塊計八分界至前契載明今因吉用自情愿請託原中筆向前業

主手内找出契外銅錢壹千文正，其錢即日憑中隨契交訖不少個文。此

找之後永遠不得識認再找取贖等情，如有此色，甘受疊騙之論。恐口難

憑，立找田契爲據。

道光拾弍年四月初九日立找契人王承元（押）

在場伯　王承寶（押）

原中人　羅有昌（押）　賴新福（押）

王貝財（押）

代筆男　王有田（押）

拾陸　拾壹

伍百貳拾叁　叁拾壹

闕德璜

(前頁)>>>>>

立賣地契人王發元，今因錢粮無办，自情愿将父手遺下兄弟均
分自己閹内民地，坐落松陽念一都百步庄趙圩垻白石岩下手，安着
垻地，東至水圳，南至發宝田為界，西至路為界，北至王姓田為界，又路相連
外壹塊，東至路為界，南至賴姓地為界，西至王姓地為界，北至葉姓地
為界，今俱弍塊四至分明，計額五分正，親立文契，託中送與茶排庄
闕德瑛兄边入手承買為業，當日憑中三面言断，時值地價錢叁拾千文
正，其錢即日隨契两相交訖，不少分文，其地此賣之後，任從買主起耕
易佃，過户入册，完粮管業，賣人不得異言阻滞。其地乃係自己清楚業
產，與内外房親伯叔兄弟子侄人等並無干碍，如有來歷不明，賣人一力
承當，不涉買主之事，此係正行交易，並非逼抑債負等情，所賣所買，两
家情愿，一賣千休，割藤断根，永遠不敢識認找價取贖等情，今恐無憑，
立賣田契付與買主永遠子孫管業為據。

道光拾弍年二月初二日　立賣垻地契人　王發元

在塲伯　王發寶

憑中人　羅有昌

賴新福

代筆男　王有田

（前頁）>>>>>

立找断根截契人王發元，原與闕德瑛兄边交易民地，坐落念一都百步庄，垻地弍塊，畝分界至，前契載明，今因吉［急］用，自情愿請託原中筆向前業主手內，找出契外銅錢壹千文正，其錢即日憑中隨契交訖，不少個文，此找之後，永遠不得識認再找取贖等情，如有此色，甘受叠騙之論，恐口难憑，立找田契為據。

道光拾弍年四月初九日　立找契人　王發元

在場伯　王發寶

原中人　羅有昌

賴新福

王兴財

代筆男　王有田

（契尾，道光拾陸年拾壹月）

立賣田契人王發宝今因錢粮無力自情愿將土名坐落松邑廿一都百步
庄小土名趙圩白石岩下首安著民田貳坵其田東至老水圳爲界南至謝
姓田爲界西至小路闕姓地爲界北至闕姓田爲界今俱四至分明計額貳
分正自愿請託凭中親立文契出賣與闕德瑛兄邊入受承買爲業
當日凭中面断時值田價銅錢貳拾千文正其錢隨契即日交清並無短少
分文其田自賣之後任凭闕邊推收過戶完粮收契管業王邊與內外房
親伯叔兄弟子侄人等並無寸土不涉日先亦無重複典當文墨在外又非
準折貨債之故如有此色王邊自能一力承當不涉闕邊之事其田自賣之
後一賣千休並無找贖之理此出兩家心愿並無逼抑等情恐口無凭故立
賣絶契付與買主永遠為據行

道光拾貳年九月廿　日立賣田契王發宝

在場弟王發元

侄貴財

凭中羅有昌

代筆謝萬富

立杜找割截契人王發宝原因日先與闕德瑛兄邊交易民田壹契土名
坐落松邑廿一都百步庄趙圩白石岩下首民田貳坵其田四至界額前有
正契載明業經歲逼無措本不應找又兼口食不給無奈自愿請託原場
……目中業立找出契外銅錢貳千伍伯文正其錢即日親收足訖並無短少

契尾

號

浙江等處承宣布政使司為遵……

計開業戶闕……買田坐落……

布字捌百陸拾柒號右給松陽縣業戶闕德瑛　准此

道光貳拾叁年拾月　日

今交易田自收足之後，契明價足，……

與子侄孫，永不敢異言找贖之理，若有異言生枝作弊之端，出自愿坍(?)受

叠騎之罪，此出兩家心愿，各無逼抑等情，恐口無憑，故立杜找絕契付與闕

邊永遠為據行

道光拾貳年十二月十九日立杜找割截契人王蔭重（押）

在場胞弟　王蔭元（押）

侄　貴才（押）

見中人　羅有昌（押）

代筆人　謝……

（前頁）>>>>>

立賣田契人王發宝，今因錢粮無办，自情愿将土名坐落松邑廿一都百步庄，小土名趙圩（垻）白石岩下首，安着民田貳坵，其田東至老水圳為界，南至謝姓田為界，西至小路闕姓地為界，北至闕姓田為界，今俱四至分明，計額貳分正，自愿請託凂中親立文契，出賣與闕德瑛兄邊入受承買為業，當日凂中面断，時值田價銅錢貳拾千文正，其錢隨契即日交清，並無短少分文，其田自賣之後，任凂闕边推收過户完粮，执契管業，王边與内外房親伯叔兄弟子侄人等並無寸土干涉，日先亦無重復典當文墨在外，又非準折負債之故，如有此色，王边自能一力承當，不涉闕边之事。其田自賣之後，一賣千休，並無找贖之理，此出两家心愿，並無逼抑等情，恐口無凂，故立賣絶契付與買主永遠為據。

道光拾貳年九月廿七日　立賣田契　王發宝

在塲弟　王發元

侄　貴財

凂中　羅有昌

代筆　謝萬富

（前頁）>>>>>

立杜找割截契人王發宝，原因日先與闕德瑛兄边交易民田壹契，土名坐落松邑廿一都百步庄趙圩（垻）白石岩下首，民田貳坵，其田四至界額，前有正契載明，業經歲逼無措，本不□應找，又兼口食不给，無奈自愿請託原場中筆，相劝業主找出契外銅錢貳千伍伯文正，其錢即日親收足讫，並無短少分文，其田自找之後，契明價足，一找千休，與同截木，永截割藤断绝，王边與子侄孫永不敢異言找贖之理，若有異言生枝作弊之端，王边自愿甘受叠騙之罪，此出两家心愿，各無逼抑等情，恐口無凴，故立杜绝契付與闕边永遠為據。

道光拾貳年十二月十九日　立杜找割截契人　王發宝

在場胞弟　王發元

侄　貴才［財］

凴中人　羅有昌

代筆人　謝萬富

（契尾，道光式拾叁年拾月）

立賣田契人林森富今因缺少錢文完粮自愿將父手遺下置有民田壹處
坐落松邑廿一都蔡宅庄土名和尚藔安着水田壹處大小拾橫上至林姓
下至蔡姓左至崗蓬右至山脚为界相子并雜木以及田地荒角壹應在内
共計額壹畝今具出四至分明自愿托中立契出賣與瀾德瑛兄邊為
業三面言断目值时價銅錢陆拾叁千文正其錢即日随契親收完足並
無短少分文其田自賣之后任聽瀾邊改耕起佃推收過户完粮管業林
姓寸土不留割藤斬绝永與瀾子孫血業林邊日后子孫永不敢称言找贖
此田未賣之先並無文墨重叠交加既賣之后亦無叔伯兄弟子姪人等阻执
愿賣愿受两家心愿並無逼抑反悔等情今恐口難凭立賣田契付与瀾
姓永遠為據

道光拾二年十月初五日立賣田契人林森富○

見 胞兄 森玉

中 瀾德璦

丁發養○

單榮廣

代筆 吳元成

立找断截田契人林森富原日先與瀾德瑛交易民田壹處土名畀至畝
分俱已正契載明今因缺少口食無亦再托原中向瀾德瑛兄邊找出契外
銅錢伍千文正其錢即日随契親收完足並無短少分明其田自找之后任
聽瀾邊改耕起佃推收過户完粮管業日后林邊叔伯兄弟子姪永不敢
[illegible]買主之事愿找愿受两

契尾

相情愿並無逼迫抑勒等情永與闕姓子孫血業今恐口難憑立找截者日

契付与闕邊永遠爲據

道光拾三年四月十六日立找斷截田契人林森富 ○

見 堂兄 森玉 押

中 闕德瓔 押

丁發養 ○

單榮廣 押

代筆 吳元成 押

（前頁）>>>>>

立賣田契人林森富，今因缺少錢文完粮，自愿将父手遺下置有民田壹處，坐落松邑廿一都蔡宅庄，土名和尚寮，安着水田壹處，大小拾横，上至林姓（田），下至蔡姓（田），左至崩蓬，右至山脚为界，柏子并雜木以及田地荒角，壹應在内，共計額壹畝，今具出四至分明，自愿托中立契，出賣與闕德瑛兄邊为業，三面言断，目值时價銅錢陆拾叁千文正，其錢即日随契親收完足，並無短少分文，其田自賣之後，任聽闕邊改耕起佃，推收過户，完粮管業，林姓寸土不留，割藤斬绝，永與［為］闕（邊）子孫血業，林邊日後子孫永不敢称言找贖，此田未賣之先，並無文墨重叠交加，既賣之後，亦無叔伯兄弟子姪人等阻执，愿賣愿受，两家心愿，並無逼抑反悔等情，今恐口難凴，立賣田契付与闕姓永遠为據。

道光拾二年十月初五日　立賣田契人　林森富

見堂胞兄　森玉

中　闕德瓊

丁發養

單荣廣

代筆　吴元成

（前頁）>>>>>

立找断截田契人林森富，原日先與闕德瑛交易民田壹處，土名界至畝分，俱已正契載明，今因缺少，口食無办，再托原中向闕德瑛兄邊找出契外銅錢伍千文正，其錢即日随契親收完足，並無短少分明［文］，其田自找之後，任聽闕邊改耕起佃，推收過户，完粮管業，日後林邊叔伯兄弟子姪永不敢異言再找之理，如有此情，賣主自能一力承當，不累買主之事，愿找愿受，兩相情愿，並無逼抑等情，永與闕姓子孫血業，今恐口難凴，立找断截田契付与闕邊永遠为據。

道光拾三年四月十八日　立找断截田契人　林森富

見堂兄　森玉

中　闕德瓊

丁發養

單荣廣

（契尾，道光拾陸年拾壹月）

代筆　吴元成

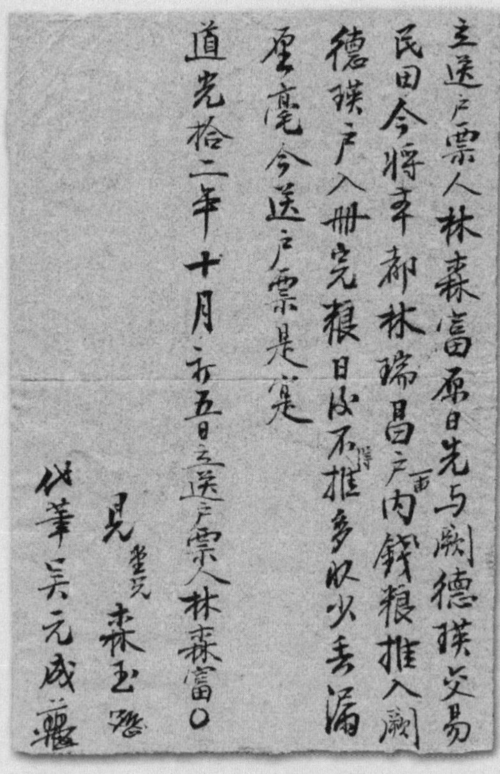

立送户票人林森富，原日先与闕德瑛交易民田，今將本都林瑞昌户一亩内錢粮推入闕德瑛户下入册完粮，日後不得推多收少，丢漏厘毫，今送户票是寔。

道光拾二年十月初五日　立送户票人　林森富

見堂兄　森玉

代筆　吴元成

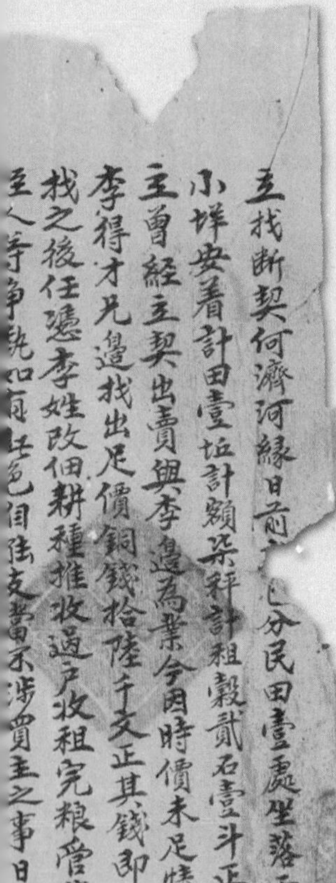
立找斷契何濟河緣日前□□邑分民田壹處坐落雲邑九都泉溪庄土名
小坪安着計田壹坵計額柒秤計租穀貳石壹斗正四至依照前契茲不重
立曾經立契出賣與李邊為業今因時價未足情願凭中再向李允起
李得才兄邊找出足價銅錢拾陸千文正其錢即日全中收訖無欠其田自
找之後任憑李姓改佃耕種推收過户收租完粮管業日後永無伯叔兄弟子
至人等爭執如有此色自行支當不涉買主之事日後無找□
□縣

立賣田契何梨香今因缺錢應用自愿將□□邊下水
田坐落□邑九都泉溪庄小土名小洋中段安着水田壹
大坵其田□□一至李姓田下至吳姓田左至陳姓田右至大路為
界俱出□□分明自愿托中立契出賣與李宅克紫兄邊
為業当日□□凭中三面斷定目值時田價銅錢弍拾伍仟文
正其錢□□契凭中親收足訖未短分文其田自賣
以后任□□收租執契管業何姓無執日先
並無上手□□重叠□文加□□内外叔姪兄弟人等爭執
如有此色何姓一力承当不涉李姓之事愿賣愿買兩相情
愿日后何姓办得契内原價不拘年限取續李姓不得
执留今欲有憑立賣田契為照
道光拾貳年十壹月十二日立賣田契何梨香（押）
劉□
王□□
代筆王金生（押）

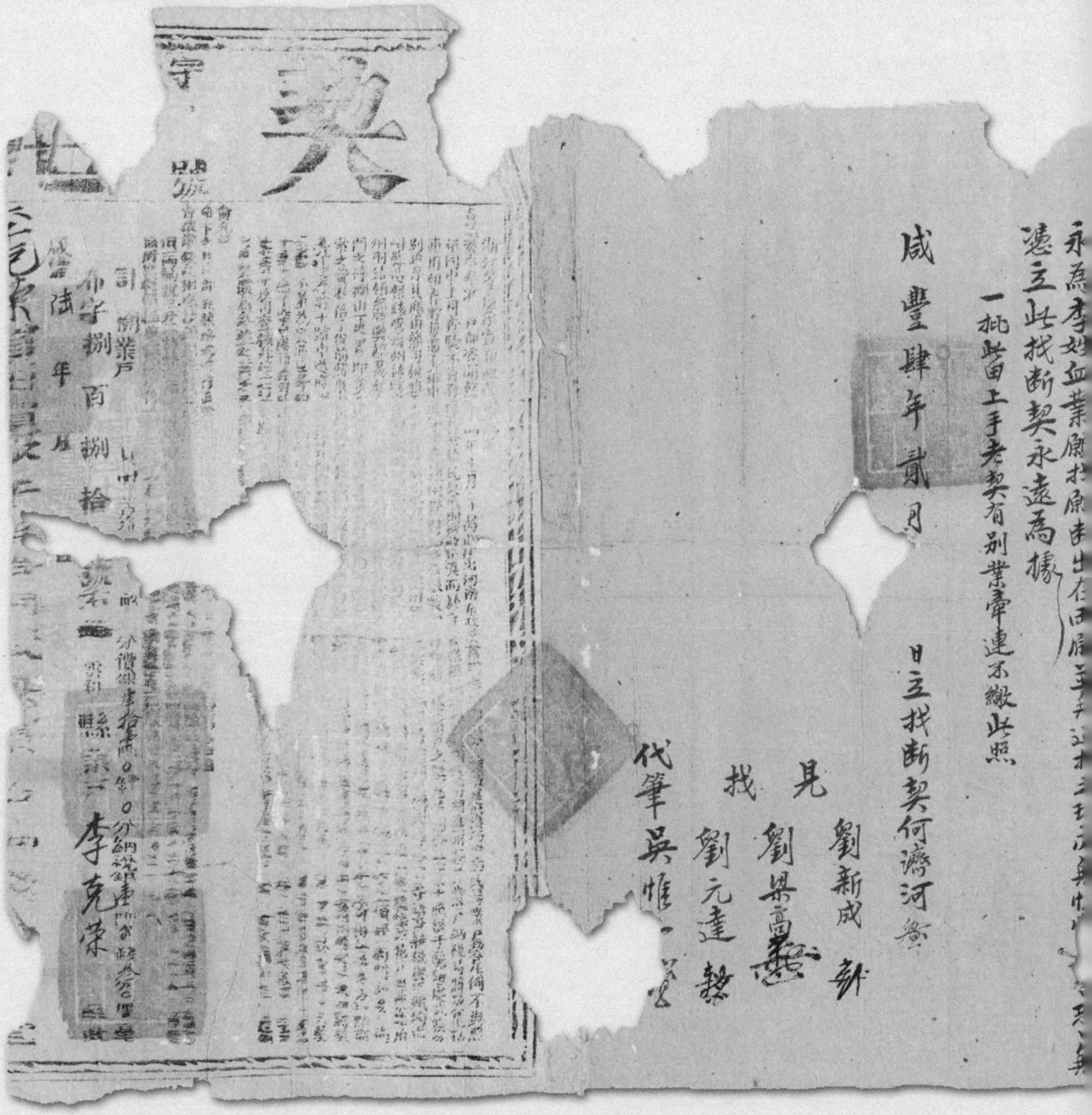
永為李姓血業……
憑立此找斷契永遠爲據
一批此田上手老契有別業牽連不繳此照
咸豐肆年貳月　日立找斷契何濟河（押）
見　劉新成（押）
劉吳高（押）
找　劉元達（押）
代筆吳惟一（押）

契
布字捌百捌拾　號
咸豐　年　月
李克荣

（前頁）>>>>>

立賣田契何梨香，今因缺錢應用，自情愿将□手遺下水田，坐落雲邑九都泉溪庄，小土名小洋中塅，安着水田壹大坵，其田上至李姓田，下至吳姓田，左至陳姓田，右至大路為界，俱出四至分明，自愿托中立契，出賣与李宅克榮兄边為業，当日凴中三面断定，目值時田價銅錢弍拾伍仟文正，其錢□□□□契凴中親收足訖，未短分文，其田自賣以后，□□□□□□□□收租执契管業，何姓無执，日先並無上手□□□重叠交加，亦無內外叔姪兄弟人等争执，如有此色，何姓一力承当，不涉李姓之事，愿賣愿買，两相情愿，日后何姓办得契內原價，不拘年限取贖，李姓不得执留，今欲有凴，立賣田契為照。

道光拾貳年十壹月十二日　立賣田契　何梨香

劉□□

王德高

代筆　王金生

（前頁）>>>>>

立找断契何濟河，緣日前□己分民田壹處，坐落雲邑九都泉溪庄，土名小垟安着，計田壹坵，計額柒秤，計租穀貳石壹斗正，四至依照前契，兹不重立，曾經立契出賣與李邊為業，今因時價未足，情願央中再向李允起、李得才兄邊找出足價銅錢拾陸千文正，其錢即日仝中收訖無欠，其田自找之後，任憑李姓改佃耕種，推收過户，收租完粮管業，日後永無伯叔兄弟子侄人等争執，如有此色，自能支當，不涉買主之事，日後無找無贖，□□葛藤，永為李姓血業，願找願断，出在兩願，並無逼抑之理，亦無反悔□□恐口無憑，立此找断契永遠為據。

一批此田上手老契有別業牽連，不繳，此照。

咸豐肆年貳月　日　立找断契　何濟河

見　劉新成

劉梁高

找　劉元達

代筆　吴惟一

（契尾，咸豐陆年）

立賣田契人闕翰明仝弟翰魁等今因無銅錢使用自情愿將祖父遺下分己闔内民田壹處坐落二十壹都茶排庄土名龍井窩口安着上至雷壽生田下至坑左至坑右至路爲界計額壹分正今俱四至分明托中三契出賣與本家天開祖手承買爲業當日憑中三面言斷定時值田價銅錢柒千文正其錢即日隨契兩家交兑足訖不欠分文自賣之日任憑買主推收過户完粮起耕改佃收租管業原係祖父分己物業与内外房親伯叔兄弟子孫等無干未賣日先並無重典復當文墨交加若有来歷不明賣人一力支听不干買主之事所賣所取甘心愿並無逼抑準折債負之故一賣千休割藤斷根其田四至界内荒坪地角等項任憑買主闲扗耕種管業尽処不番賣人等不得滋端異言等情今恐口唯信故立賣田契文與買主子孫永遠收祖管業爲據

道光拾叁年貳月初四日 立賣斷田契人 闕翰明（押）
仝弟 翰魁（押）
闕天進（押）
憑中 闕喜奎（押）
闕連慶（押）
代筆 闕獻奎（押）

立杜找田契人闕翰明仝弟翰魁等原因日先与本家天開祖手交易民田壹契坐落廿壹都茶排庄土名龍井窩口安着水田壹墈計坵不載界址畝額前有正契載明今因年歲荒歉無錢應用自請原中向至買主勸説再找出契外銅錢貳仟文正其錢即日隨契兩家交兑足訖不少分文自找之日契明價足無異割藤斷截田至界内荒熟等項尽賣不留任從買主起耕改田闲扗管業完粮

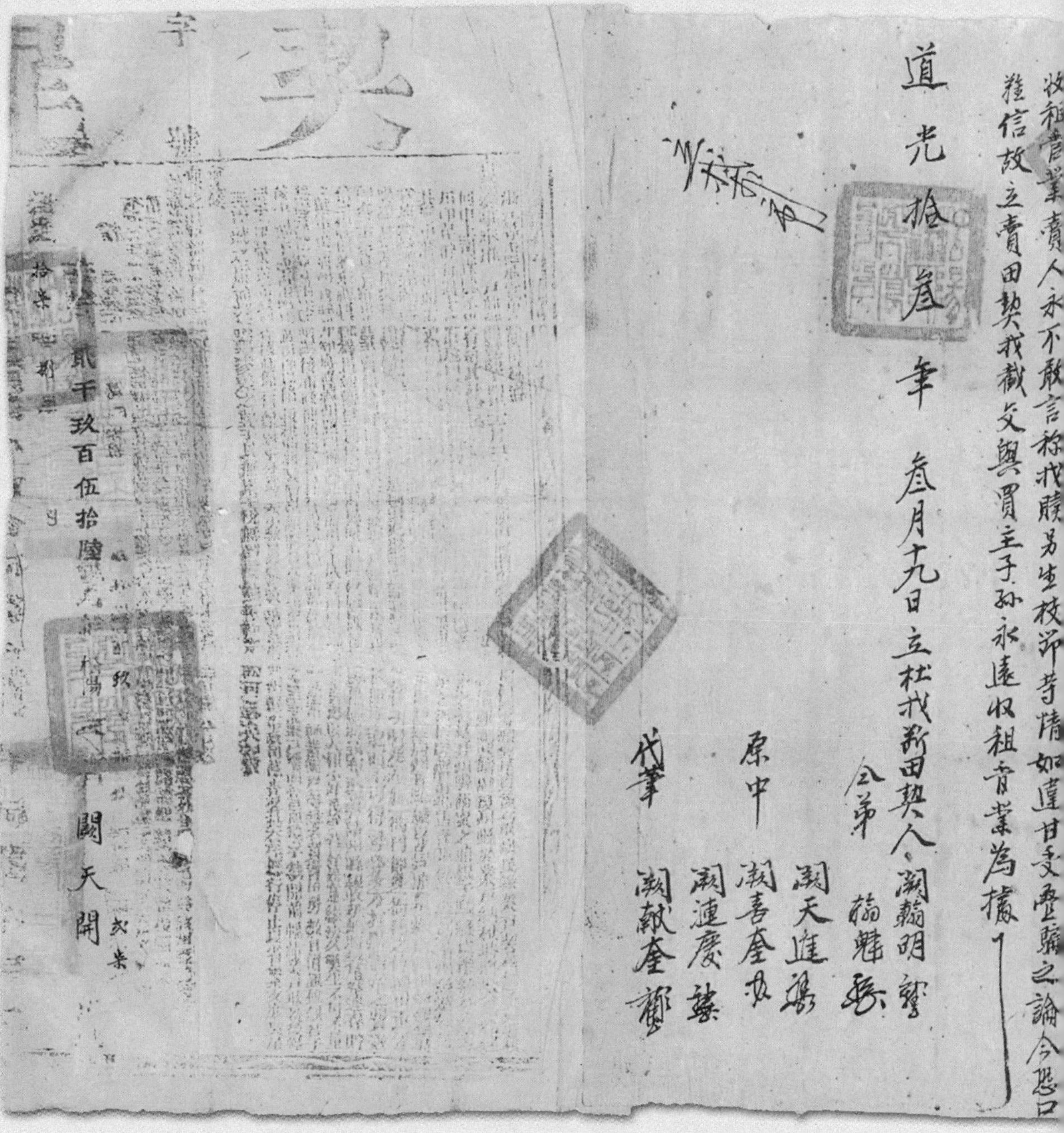

收租管業，責人永不敢言稱找贖、易生枝節等情，如違甘受盜騙之論。今恐口難信，故立賣田契找截文與買主子孫永遠收租管業為據。

道光拾叁年叁月十九日　立杜找斷田契人　闕翰明（押）

仝弟　翰魁（押）

闕天進（押）

原中　闕喜奎（押）

闕連慶（押）

代筆　闕獻奎（押）

貳千玖百伍拾陸

闕天開

(前頁)>>>>>

立賣田契人闞翰明仝弟翰魁等，今因無銅錢使用，自情愿将祖父遺下分己鬮内民田壹處，坐落二十壹都茶排庄，土名龍井窩口安着，上至雷寿生田，下至坑，左至坑，右至路為界，計額壹分正，今俱四至分明，托中立契，出賣與本家天開祖手承買为業，當日凴中三面言断，定時値田價銅錢柒千文正，其錢即日隨契兩家交兑足讫，不欠分文，自賣之日，任凴買主推收過户完粮，起耕改佃，收租管業，原係祖父分己物業，与内外房親伯叔兄弟子孫等無干，未賣日先，並無重典復當文墨交加，若有来歷不明，賣人一力支听，不干買主之事，所賣所（買），兩甘心愿，並無逼抑準折債負之故，一賣千休，割藤断根，其田四至界内，荒坪地角等項，任凴買主闸北［辟］耕種管業，尽处不留，賣人等不得滋端異言等情，今恐口难信，故立賣田契交與買主子孫永遠收租管業為據。

道光拾叁年弍月初四日　立賣断田契人　闞翰明

仝弟　翰魁

凴中　闞天進

闞喜奎

闞漣慶

代筆　闞献奎

（前頁）>>>>>

立杜找田契人闕翰明仝弟翰魁等，原因日先与本家天閞祖手交易民田壹契，坐落廿壹都茶排庄，土名龍井窩口，安着水田壹坵，计坵不載，界址畝額，前有正契載明，今因年歲荒歉，無錢應用，自请原中向至買主勸说，再找出契外銅錢弍仟文正，其錢即日隨契两家交兑足讫，不少分文，自找之日，契明價足無異，割藤断截，四至界内荒熟等項，尽處不留，任從祖边起耕改佃，閞北［辟］修整，耕種完粮，收租管業，賣人永不敢言称找贖，另生枝節等情，如違，甘受叠騙之論，今恐口難信，故立賣田契找截交與買主子孙永遠收租管業為據。

道光拾叁年叁月十九日　立杜找断田契人　闕翰明

仝弟　翰魁

原中　闕天進

闕喜奎

闕漣慶

代筆　闕獻奎

（契尾，道光拾柒年捌月）

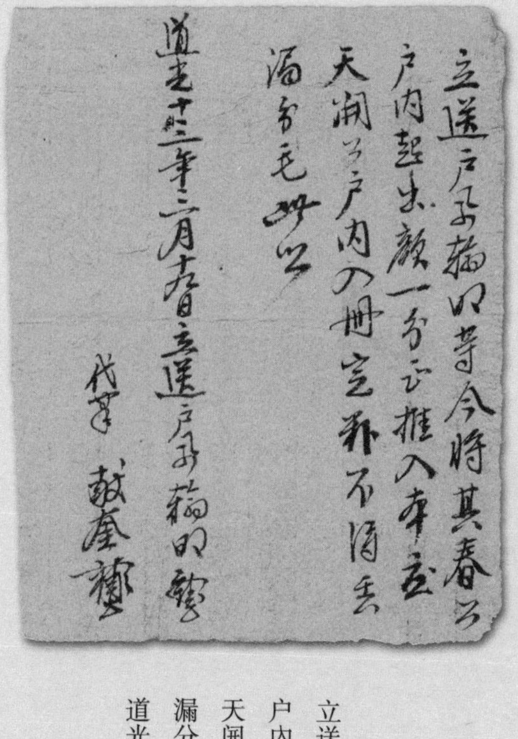

立送户票翰明等，今将其春公户内起出额一分正，推入本庄天閞公户内入册完粮，不得丟漏分毛，此照。

道光十三年三月十九日　立送户票　翰明

代筆　献奎

立賣田契人闕新魁今因錢粮無办自情愿将父手遺下民田坐落廿壹都夫人廟庄總土名畈下小土名楓樹窩口對面安着田壹處又毗連內庄田壹處上至買主田下至天培田左至山脚右至坑路又坐落水口路下田壹處上至路下至坑左右兩至俱係山为界又嶺子窩脚田壹坵又坐落門口田壹坵今俱四至分明共水田伍處計額三畝分正托中立契出賣與本族茶排庄天開兄邊入手承買為業當日憑中三面言斷定時值田價銅錢貳拾肆仟文正其錢即日隨契兩相交兑足訖不少個文自賣之日任從買主推收過户完粮易佃收租管業原係父手清楚物業與內外房親伯叔兄弟子姪人等無干未賣之先並無重典復當文墨交加若有來歷不明賣人一力支听不干買主之事此出兩家心愿並無逼抑準折債之故今恐口難信故立賣田契交與買主子孫永遠管業為據

道光拾叁年拾月初叁日立賣田契人　闕新魁（押）

憑中　單榮華（押）　闕天進（押）　邱章榮○

代筆　闕獻奎（押）

立杜找田契人闕新魁原因日前與本族天開兄邊父易民田壹契坐落念壹都夫人廟庄總土名畈下小土名楓樹窩口對面安着田壹處又毗連內庄田壹處又坐落水口路下田壹處又嶺子窩脚田壹坵又坐落門口田壹坵共水田伍處其田界至畝額前有正契載明今因無錢吉用自愿請托原中向到買主家中勸說找出契外銅錢陸仟文正其錢即日隨找契兩相交兑足訖不少分文自找之日契明價足割藤斷截其田四至界內任憑買主退併收田收租管業賣人永不敢言想截息取贖再找等情加嘆甘

受叠蘇之謀今恐口無信故立杜找田契永遠管

為據」

道光拾叁年十弍月初六日立杜找田契人闕新魁（押）

原中　單榮華（押）

闕天進（押）

邱章榮（押）

代筆　闕献奎（押）

立退戶人闕新魁今將傳于戶內起出粮額弟分正推入茶排庄本家天澗光退戶內入冊完納不得丟漏分厘恐口無憑立退戶票為據」

道光拾叁年十弍月初六日立退戶人新魁（押）

代筆　献奎（押）

拾柒

貳千玖百伍拾

闕天開

（前頁）>>>>>

立賣田契人闕新魁，今因錢粮無办，自情愿将父手遺下民田，坐落廿壹都夫人廟庄，總土名坳下，小土名楓樹窝口對面，安着田壹處，又毗連內片田壹處，上至買主田，下至天培田，左至山脚，右至坑路，又坐落水口路下田壹處，上至路，下至坑，左右两至俱係山为界，又嶺子窝脚田壹坵，又坐落門口田壹坵，今俱四至分明，共水田伍處，計額柒分正，托中立契，出賣與本族茶排庄天開兄邊入手承買為業，當日凴中三面言断，定時值田價銅錢貳拾肆仟文正，其錢即日隨契兩相交兑足訖，不少個文，自賣之日，任從買主推收過户，完粮易佃，收租管業，原属父手清楚物業，与內外房親伯叔兄弟子姪人等無干，未賣之先，並無重典復當文墨交加，若有來歷不明，賣人一力支听，不干買主之事，此出两家心愿，並無逼抑準折債（負）之故，今恐口難信，故立賣田契交與買主子孫永遠管業為據。

道光拾叁年拾月初叁日　立賣田契人　闕新魁

凴中　單榮華

闕天進

邱章榮

代筆　闕献奎

（前頁）>>>>>

立杜找田契人闕新魁，原因日前與本族天開兄邊交易民田壹契，坐落念壹都夫人廟庄，總土名坳下，小土名楓樹窩口對面，安着田壹處，又毗連内片田壹處，又坐落水口路下田壹處，又嶺子窩脚田壹坵，又坐落門口田壹坵，共水田伍處，其田界至畝額，前有正契載明，今因無錢吉〔急〕用，自愿请讬原中向到買主家中勸説，找出契外銅錢陸仟文正，其錢即日隨找契两相交兑足訖，不欠分文，自找之日，契明價足，割藤断截，其田四至界内，任凴買主起耕改佃，收租管業，賣人永不敢言称識認取贖再找等情，如違，甘受叠騙之論，今恐口難信，故立杜找田契付與買主子孫永遠管業為據。

道光拾叁年十弍月初六日　立杜找田契人　闕新魁

原中　單榮華

闕天進

邱章榮

代筆　闕献奎

立送户票人闕新魁，今将傳于户内起出粮額柒分正，推入茶排庄本家天開兄边户内入册完粮，不得丢漏分厘，恐口無憑，立送粮票为據。

道光拾叁年十弍月初六日　立送户票人　新魁

代筆　献奎

（契尾，道光拾柒年捌月）

立賣田契人闕永煥仝姪孫闕康奎篤慶等今因錢粮無辦自情愿将父手
遺下民田坐落二十壹都夫人廟庄㮁土名烏嶺脚安着左右水田弍處
左田壹處上至山爲界下至闕德理田爲界左右俱係坑爲界又𥡴頭山
坳田壹處左片田壹窩右片田壹横其田上至左至俱孫山爲界右至坑爲界
下至德理田爲界右片田壹處上至德理田下至賣人山爲界左右俱係坑爲界
又陳姓屋門下水田貳坵東至買主田南至山西至買主田爲界北至德理田爲
界又陳姓屋后田壹坵併及四至界内荒坪地角樹株雜木等在内共田伍處
計額捌畝正今俱四至分明托中立出賣與本族德瑛叔邊入手承買
爲業當日憑中三面言斷定時值田價銅錢肆伯貳拾仟文正其錢即日
隨契兩家交乞足訖不欠分文自賣之日任從買主推收過户完粮起耕
改佃收租管業原係父手清楚物業與内外房親伯叔兄弟子姪人等
無碍未賣日先並無典當文墨交加若有來歷不明賣人一力承當不干
買主之事此出兩相心愿並無逼勒準折債負之日一賣千休割藤斷根
賣人永不得異言等情恐口難信故立賣田契文與買主子孫永遠管業
爲據」

道光拾叁年　拾壹月初六日立賣田契人　闕永煥（押）
仝孫　篤慶（押）
仝姪　康奎（押）
憑中　闕天進（押）
闕元奎（押）
代筆　闕献奎（押）

立杜找田契人闕永煥仝姪孫康奎篤慶等原因日先與本族德瑛叔
邊交易民田壹契坐落廿壹都夫人廟庄㮁土名烏嶺脚安着左右
水田弍處又𥡴頭山坳下田壹横又坐落烏嶺脚陳姓屋门下田弍坵又陳
屋后田壹坵共水田肆處其田界至畝額前有正契載明今因粮廹自

[illegible]

言称識認号情其田四至界內田沿榔樹雜木号項任從買主易佃

耕種收租管業如違甘受疊騙之論今恐口難信故立杜找田契交

與買主子孫永遠收租管業為據」

道光拾叁年拾弍月念四日立杜截田契　闕永煥（押）

全侄　康奎（押）

全孫　篤慶（押）

原中　李天昭（押）

闕元奎（押）

闕天進（押）

代筆　闕献奎（押）

……拾陸……拾壹年……日

……銀伍百貳拾捌……松陽……闕德瑛……伍伍

（前頁）>>>>>

立賣田契人闕永煥仝姪、孫闕康奎、篤慶等，今因錢粮無辦，自情愿将父手遺下民田，坐落二十壹都夫人廟庄，總土名烏嶺脚，安着左右水田弍處，左田壹處，上至山為界，下至闕德理田為界，左右俱係坑為界，又饅頭山坳田壹處，左片田壹窝，右片田壹横，其田上至、左至俱係山为界，右至坑为界，下至德理田为界，右片田壹處，上至德理田，下至賣人山為界，左右俱係坑為界，又陳姓屋門下水田貳坵，東至買主田，南至山，西至買主田为界，北至德理田為界，又陳姓屋后田壹坵，併及四至界內，荒坪地角，柏樹雜木等在內，共田伍處，計額捌畝正，今俱四至分明，托中立（契），出賣與本族德瑛叔邊入手承買为業，當日凴中三面言断，定時值田價銅錢肆伯貳拾仟文正，其錢即日随契两家交兑足讫，不欠分文，自賣之日，任從買主推收過户完粮，起耕改佃，收租管業。原属父手清楚物業，與内外房親伯叔兄弟子姪人等無碍。未賣日先，並無典當文墨交加，若有來歷不明，賣人一力承當，不干買主之事，此出两相心愿，並無逼勒凖折債負之日，一賣千休，割藤断根，賣人永不得異言等情，恐口難信，故立賣田契交与買主子孫永遠管業為據。

道光拾叁年拾壹月初六日　立賣田契人　闕永煥

仝孫　篤慶

仝姪　康奎

凴中　闕天進

闕元奎

代筆　闞献奎

（前頁）>>>>>

立杜找田契人闕永煥仝姪、孫康奎、篤慶等，原因日先與本族德瑛叔邊交易民田壹契，坐落廿壹都夫人廟庄，總土名烏嶺脚，安着左右水田弍處，又饅頭山坳下田壹横，又坐落烏嶺脚陳姓屋门下田弍坵，又陳屋后田壹坵，共水田肆處，其田界至畝額，前有正契載明，今因粮迫，自愿托中筆向至買主勸説，找出契外銅錢陸拾伍仟文正，其錢即日隨找契两家交兑足訖，不少分文，自找之日，契明價足，割藤断截，永不敢言称識認等情，其田四至界内，田沿柏樹雜木等項，任從買主易佃耕種，收租管業，如違，甘受叠騙之論，今恐口難信，故立杜找田契交與買主子孫永遠收租管業為據。

道光拾叁年拾弍月念四日　立杜截田契　闕永煥

仝侄　康奎

仝孫　篤慶

李天昭

原中　闕元奎

闕天進

代筆　闕献奎

（契尾，道光拾陸年拾壹月）

立討田劄人王日冬今因無田耕作
自愿向到維刘堂天潤鳳奎等討
得水田壹大坵坐落土名周嶺腳當
门才富住屋下手安着内玉潮姓田
外玉才富荒基上玉屋滴水下玉潮
姓田为界托中討前来耕種当日面
言定每年秋收之日充納水租谷壹
担正其租谷递年送至維刘堂首事
家交量不致欠少如違其田任從
田主等起耕另佃討人不得阻當异
言恐口難信故立討田劄为据
道光十四年二月廿四日立討田劄人王日冬（押）
劉葉氏

立讨田劄人王日冬，今因無田耕作，自愿向到维则堂天閅、风奎等讨得水田壹大坵，坐落土名周嶺脚對门才富住屋下手安着，内至阙姓田，外至才富荒基，上至屋滴水，下至阙姓田为界，托中讨前来耕種，当日面言，定每年秋收之日，充纳水租谷壹担正，其租谷遞年送至维则堂首事家交量，不敢欠少，如違，其田任從田主等起耕另佃，讨人不得阻留异言，恐口難信，故立讨田劄为據。

道光十四年弍月廿四日　立讨田劄人　王日冬

見中　阙葉氏

林炳琳

代筆　阙献奎

立賣田契人梁石洪仝弟元海等今同錢粮無办自情愿將祖父遺下民田坐落
本邑二十都樹稍庄土名隔溪洋上坑壠口安着水田壹處計大小田叁坵上至張
姓田为界下至周依兩姓田為界內至廖姓蘇地堪脚为界外至張姓周一姓田為界又
本庄水田壹處坐落土名水圳路下安着壹横透出墈外內計大小田共肆坵其田上
至周姓田下至依姓山內至張姓山脚外至周姓田为界共田弍處計額壹畝叁分正今俱
四至分明併及四至界內荒頭地角桐樹雜木等俱在內憑托中立契出賣與二十壹
都石倉源闕其雄闕天開蔡其德親公等邊承買為業以作廿壹都麥嶺脚橋
項之資費用當日憑中三面言斷定時值田價銅錢伍拾仟文正其錢即日隨契收
相交完足訖不少分文自賣之日任從買主事等推收過户完粮起耕改佃耕種收
租管業原係祖手清楚物業与內外房親伯叔兄弟子姪人等無干未賣日前
並无典當文墨交加若有來歷不明賣人等一力承當不干買主事等之事所買所
賣兩家心愿並無逼勒準折債貨之故其兩處之田不當寸土任憑買主作探橋
收租管業賣人等永不敢識認取贖等情賣人不得異言今恐口難信故立賣
田契付与買主等永遠作管麥嶺脚橋收租管業為據

道光拾肆年　叁月念陸日立賣田契人　梁石洪

仝二房弟元海

憑中房弟　元興

闕天進

闕耀奎

立杜找田契人梁石洪仝弟等原因日前與二十壹都石倉源闕其雄天開蔡其德
等交易民田壹契坐落二十都樹稍庄隔溪洋安着水田壹處又坐落本樹稍庄水
圳路下安着水田壹處計大小田肆坵其田四至界額前有正契載明共田弍處今
因祖遺故無錢喪事之資應用自愿請原中向到買主等勸說再找出契外
銅錢捌仟文正其錢即日隨契兩家交完足訖不少分文自找之日契明價足其田四

言称識俴再找等情如違甘受疊騙之論今恐口難信故立杜找田契付與買主
子孫永遠耕種收租壹業為據

道光拾肆年伍月初十日　立杜找田契人　梁石洪　元海
仝弟　石亮　石榮　石應
原中　闕天進　梁元興　闕權奎
代筆　闕献奎

立退户票人梁石洪仝弟元海今將寿春公户内起出粮壹畝三分正推入廿重都茶排庄住現買主推收過户完粮不得丟漏分毛欠出
道光十四年五月廿一日立退户票人梁石洪　元海
代筆闕献奎

道光拾陸年拾月　日
計開
字肆百捌拾肆號
闕天開

（前頁）>>>>>

立賣田契人梁石洪仝弟元海等，今因錢粮無办，自情愿將祖父遺下民田，坐落本邑二十都樹稍庄，土名隔溪洋上坑壠口，安着水田壹處，計大小田叁坵，上至張姓田为界，下至周、张两姓田為界，內至廖姓蔴地塝脚为界，外至張姓、周姓田為界，又本庄水田壹處，坐落土名水圳路下安着壹横透出塝外，內計大小田共肆坵，其田上至周姓田，下至张姓山，內至張姓山脚，外至周姓田为界，共田弍處，計額壹畝叁分正，今俱四至分明，併及四至界內，荒頭地角，柏樹雜木等俱在內，愿托中立契，出賣與二十壹都石倉源闕其雄、闕天開、蔡其德親公等邊承買為業，以作廿壹都夢嶺脚橋項之資費用，當日凴中三面言断，定時值田價銅錢伍拾仟文正，其錢即日隨契兩相交兑足讫，不少分文，自賣之日，任從買主事等推收過户完粮，起耕改佃，耕種收租管業，原係祖手清楚物業，与內外房親伯叔兄弟子姪人等無干，未賣日前，並无典當文墨交加，若有來歷不明，賣人等一力承當，不干買主事等之事，所買所賣，两家心愿，並無逼勒準折債貨之故，其兩處之田，不留寸土，任凴買主作探桥收租管業，賣人等永不敢識認取贖等情，賣人不得異言，今恐口難信，故立賣田契付与買主等永遠作管夢嶺脚橋收租管業為據。

闕耀奎
凴中　闕天進
房弟　元興
仝二房弟　元海

道光拾肆年叁月念陆日　立賣田契人　梁石洪

(前頁)>>>>>

立杜找田契人梁石洪仝弟等，原因日前與二十壹都石倉源闕其雄、天開、蔡其德等交易民田壹契，坐落二十都樹稍庄隔溪洋，安着水田壹處，又坐落本樹稍庄水圳路下，安着水田壹處，计大小田肆坵，其田四至界額，前有正契載明，共田弍處，今因祖婆故，無錢喪事之資應用，自愿请原中向到買主等勸説，再找出契外銅錢捌仟文正，其錢即日随契两家交兑足讫，不少分文，自找之日，契明價足，其田四至界内，荒熟等項併及雜木，盡處不留，任凴買主等起耕，割藤断根，賣人永不敢言称識認再找等情，如違，甘受叠騙之論，今恐口難信，故立杜找田契付與買主子孫永遠耕種收租管業為據。

道光拾肆年伍月初十日　立杜找田契人　梁石洪

元海

仝弟　石亮

石榮

石應

原中　闕天進

梁元興

闕耀奎

代筆　闕献奎

立送户票人梁石洪仝弟元海，今将寿春公户内起出額壹畝三分正，推入廿壹都茶排庄，任凴買主推收過户完粮，不得丢漏分毛，为照。

元海

道光十四年五月廿六日　立送户票人　梁石洪

代筆　闕献奎

(契尾，道光拾陸年拾月)

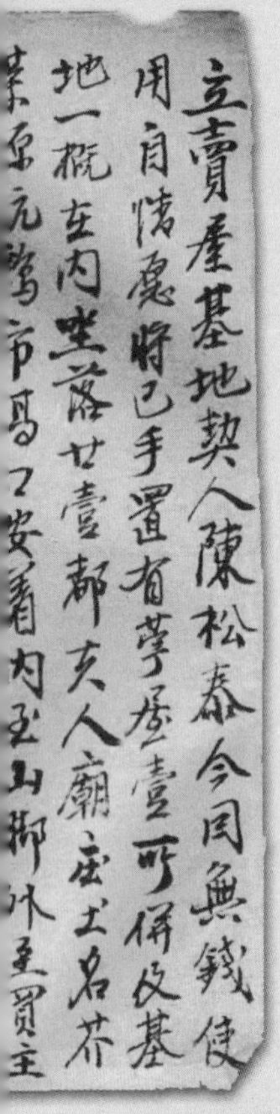
立賣屋基地契人陳松泰今因無錢使
用自情愿将己手置有

立讨田劄字人李天永，今因無田耕種，自情
愿问到阙其興公嘗田，坐落松邑十九都岩
下庄，小土名崗山背水田壹處，并及水塘一口，共田
大小壹拾叁坵，上至塘，下至田，左右山為界，计額叁畝
五分正，计租叁担壹箩正，又田一處，坐落岩下庄，小土名
西公壇，水田壹坵，计額壹畝正，计租弍担正，共田弍處，
共计租谷伍担四桶正，其租谷的至八月送至城南倉
下任從扇净燥谷，交量明白，當日三面言断，先付佃
底銅錢伍千伍伯文正，其錢無利，如有欠少租谷，任
凂田主照依鄉規，谷價折除，起耕易佃，耕人不得異
言阻执，又订每年雄鷄壹隻，此出两相情愿，各無反悔，
恐口难凂，立讨田劄為照。

道光十四年九月廿二日　立讨田劄字人　李天永

在見　谢廷荣

代筆　張雲谷

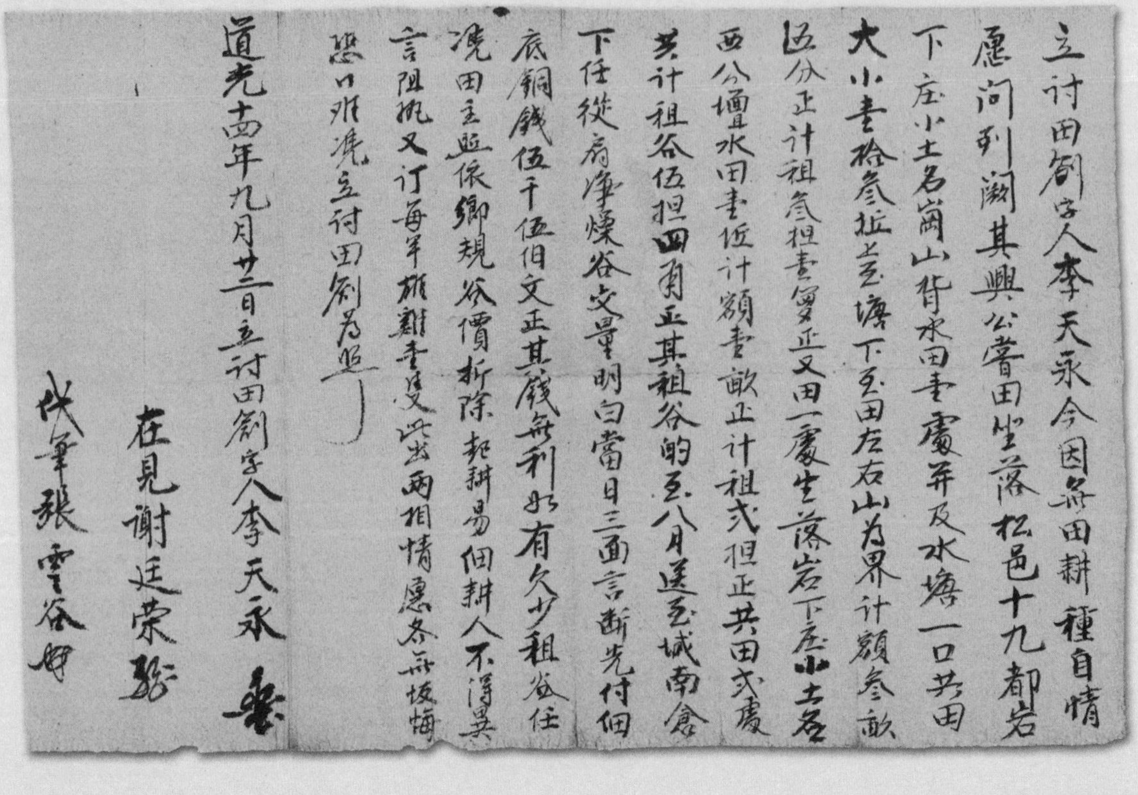

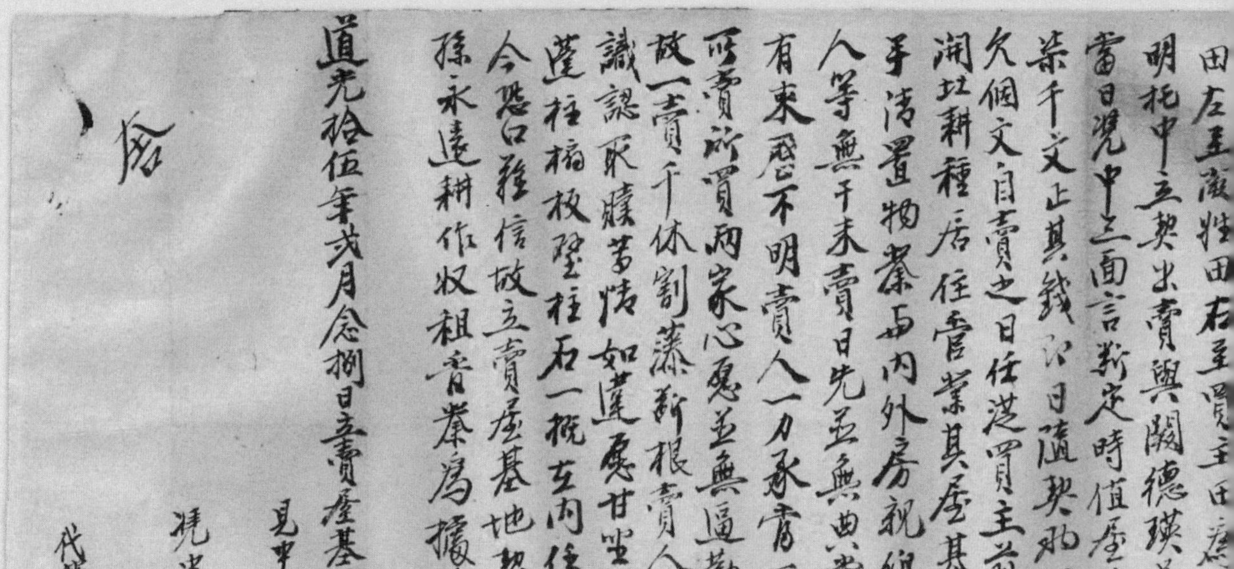

立賣屋基地契人陳松泰，今因無錢使用，自情愿将己手置有茅屋壹所，併及基地一概在内，坐落廿壹都夫人廟庄，土名芥菜源坑雞市隔口安着，内至山脚，外至買主田，左至闕姓田，右至買主田為界，今俱四分明，托中立契，出賣與闕德瑛兄邊承買为業，當日凴中三面言断，定時值屋基地價銅錢柒千文正，其錢即日隨契兩相交兑訖，不欠個文，自賣之日，任從買主前去修整召租，闲北［辟］耕種，居住管業，其屋基地原属自己手清置物業，与内外房親伯叔兄弟子姪人等無干，未賣日先，並無典當文墨交加，若有來歷不明，賣人一力承當，不涉買主之事，所賣所買，兩家心愿，並無逼勒準折債負之故，一賣千休，割藤断根，賣人永不敢言称識認取贖等情，如違，愿甘坐罪，其屋上茅蓬柱扇，板壁柱石，一概在内，任凴買主管業，今恐口難信，故立賣屋基地契交与買主子孫永遠耕作收租管業為據。

道光拾伍年弍月念捌日　立賣屋基地契人　陳松泰

見中胞弟　陳松富

凴中　闕翰通

闕天進

代筆　闕献奎

立賣田契人劉石養今因錢粮無办自情愿将祖父遺下兄弟均分阄内股
下民田壹處坐落松邑廿一都五合坪庄小土名内坑陳店大塆理安着民田
壹處其田上至本家賣主海雲田為界下至林姓田為界左至山脚為界右至坑
為界今俱四至分明計額壹畝弍分正其田四至界内不留寸土浸田水路柏樹
雜木壹應在内自愿托中立吾文契出賣與闕翰學入手承買為業憑中三面訖定
時值田價銅錢肆拾玖仟正其錢即日隨契交乞不少分文其田自賣之後
任憑買主起耕過户完粮挑契管業自係清楚物業與内外房親伯叔兄弟子
侄人等並無干碍若有来歷不明賣人一力承當不涉買主之事吾所賣所買此出兩
家心愿並無逼抑等情其田為賣之日並無重典文墨之事既賣之後亦無準折債
貸之故一賣千休永遠割藤斷根賣人不得認識言找言贖之理恐口難憑故立賣
田契付與買主永遠子孫為據行

道光拾伍年　十二月　拾陸日立賣田契人劉石養(押)

在場人弟　海雲(押)　德雲(押)

周惠豐书

憑中人　羅有昌 ○

代筆人　弟盛雲 押

立杜找斷契人劉石養，原因日前与闕翰學交易民田壹契，坐落松邑廿都五合圩庄小土名內坑大墈裏安着，其田界至畝額前有正契載明，本是契明價足，今因口食不給，自愿托中向與業主手內找出契外銅錢叁仟文正，其即日隨契兩相交兑足訖，不少分文。其田自找之後，永不敢言找言贖之事。如有此色，找人愿甘受罪。恐口無憑，故立杜找斷田契付与業主子孫永遠為據行。

道光拾陸年　二月拾玖日　立杜找斷契人劉石養 押

在塲人弟　玉雲 押　有雲 押　裕雲 押

原中人　闕德瓊 押　羅有昌 ○　林廣茂 押

代筆人　弟盛雲 押

（前頁）>>>>>

立賣田契人劉石養，今因錢粮無办，自情愿将祖父遺下兄弟均分阄内股下民田壹處，坐落松邑廿一都五合圩庄，小土名内坑陳店大塆理［裏］，安着民田壹處，其田上至本家賣主［賣主本家］海雲田為界，下至林姓田為界，左至山脚為界，右至坑為界，今俱四至分明，計額壹畝弍分正，其田四至界内，不留寸土，浸田水路，柏［柏］樹雜木，壹應在内，自愿托中立文契，出賣與闕翰學入手承買為業，凴中三面断定，時值田價銅錢肆拾玖仟（文）正，其錢即日隨契交兑，不少分文，其田自賣之後，任凴買主起耕過户完粮，执契管業，自係清楚物業，與内外房親伯叔兄弟子侄人等並無干碍，若有来歷不明，賣人一力承當，不涉買主之事，所賣所買，此出两家心愿，並無逼抑等情，其田為［未］賣之日，並無重典文墨之事，既賣之後，亦無準折債貨之故，一賣千休，永遠割藤断根，賣人不得認識言找言贖之理，恐口难凴，故立賣田契付與買主永遠子孫為據。

道光拾伍年十二月拾陸日　立賣田契人　劉石養

在場人弟　海雲

德雲

凴中人　闕德瓊

羅有昌

代筆人弟　盛雲

（前頁）>>>>>

立杜找断契人劉石養，原因日前与阙翰學交易民田壹契，坐落松邑廿一都五合圩庄，小土名内坑大塆裹，安着其田，界至畝額，前有正契載明，本是契明價足，今因口食不給，自愿托中向與業主手內，找出契外銅錢叁仟文正，其（錢）即日隨契两相交兑足讫，不少分文，其田自找之後，永不敢言找言贖之事，如有此色，找人愿甘受罪，恐口無凴，故立杜找断田契付与業主子孫永遠為據。

道光拾陸年二月拾玖日　立杜找断契人　劉石養

玉雲

在場人弟　有雲

裕雲

阙德瓊

原中人　羅有昌

林廣茂

代筆人弟　盛雲

立賣田契人闞嵩養今因錢粮無办自情愿將先手内置有民田坐落二十壹都夫人廟庄土名山邊王姓住屋門口安着民田壹處其田東南北三至俱係琉璃会内田為界西至大路为界併及界内荒坪地角等處及柏樹茶頭雜木等項一概在内計額壹畝正今俱四至分明托中立契出賣與本族茶排庄翰禮弟邊承買為業當日憑中三面言義定時值田價銅錢肆拾仟文正其錢隨中筆兩家交兌足訖不欠分文自賣之日任從買主推収過户完粮耕佃耕種収租管業原係先手清置物業與内外親房伯叔兄弟子姪人等無碍未賣日先並無典當文墨交加若有來歷不明賣人一力承當不干買主之事此出兩家心愿亦無逼勒準折債貨之故其田此賣之日任憑買主開坵修整耕作賣人永不敢異言識認取贖等情恐口難信故立賣田契交與買主子孫永遠管業為據

道光拾陸年　十一月十三日　立賣田契人闞嵩養（押）

在塲男　書華（押）
書榮（押）
書元（押）
書麟（押）
書才（押）

憑中　陳金壽（押）
闞天進（押）

代筆　闞獻奎（押）

立杜找田契人闞嵩養原因日前與本族翰禮弟邊交易民田壹契坐落廿都庄土名山边王姓门口安着民田壹處其田界至畝分前有正契載明今因錢急迫

契尾

號

浙江等處承宣布政使司為遵旨議奏事，奉准戶部咨開：乾隆十四年十月二十日內閣抄出河南布政使富明奏稱[illegible]

計開業戶 買田坐落 布字捌千伍百肆拾肆號[illegible]畝[illegible]分，價銀[illegible]兩[illegible]錢[illegible]分，納稅銀[illegible]

右給松陽縣業戶闕翰礼　准此

道光弍拾叁年玖月　日

隨契兩家交兑足訖，不欠分文。自找之日，田至界内荒熟杉木等[illegible]割藤斷根，任從買主易佃完粮耕種收租管業。賣人永不敢异言識認取贖等情。如違，原甘坐罪。今恐口難信，故立杜找田契付與買主子孫永遠耕作收租管業為據。

道光拾陸年十弍月念四日　立杜找截契人　闕嵩養（押）

在塲男　書華（押）　書榮（押）

原中　陳金壽（押）　闕天進（押）

代筆　闕献奎（押）

（前頁）>>>>>

立賣田契人闕嵩養，今因錢粮無办，自情愿将兄手内置有民田，坐落二十壹都夫人廟庄，土名山邊王姓住屋門口，安着民田壹處，其田東、南、北三至俱係琉璃会内田為界，西至大路为界，併及界内荒坪地角等處，及柏樹茶頭雜木等項，一概在内，計額壹畝正，今俱四至分明，托中立契，出賣與本族茶排庄翰禮弟边承買為業，當日凴中三面言断，定時值田價銅錢肆拾仟文正，其錢隨中筆两家交兑足讫，不欠分文，自賣之日，任從買主推收過户完粮，易佃耕種，收租管業，原属兄手清置物業，與内外親房伯叔兄弟子姪人等無碍，未賣日先，並無典當文墨交加，若有來歷不明，賣人一力承當，不干買主之事，此出两家心愿，亦無逼勒準折債貨之故，其田此［自］賣之日，任凴買主闲北［辟］修整耕作，賣人永不敢異言識認取贖等情，恐口難信，故立卖田契交與買主子孫永遠管業為據。

道光拾陸年十一月十三日　立賣田契人　闕嵩養

在場男　書華

書棨

書元

書麟

書才

凴中　陳金寿

闞天進

代筆　闕獻奎

（前頁）>>>>>

立杜找田契人闕嵩養，原因日前與本族翰禮弟邊交易民田壹契，坐落本都庄土名山边王姓门口，安着民田壹處，其田界至亩分，前有正契載明，今因錢急迫，自就原中向買主翰禮邊家勸説理明，再找出契外銅錢肆仟文正，其錢即日隨契兩家交兑足訖，不欠分文，自找之日，四至界内荒熟樹木等處，契明價足，割藤断根，任從買主易佃完粮，耕種收租管業，賣人永不敢异言識認取贖等情，如違，愿甘坐罪，今恐口難信，故立杜找田契付与買主子孫永遠耕作收租管業為據。

道光拾陸年十弍月念四日　立杜找截契人　闕嵩養

在場男　書華

書榮

原中　陳金壽

闕天進

代筆　闕献奎

（契尾，道光弍拾叁年玖月）

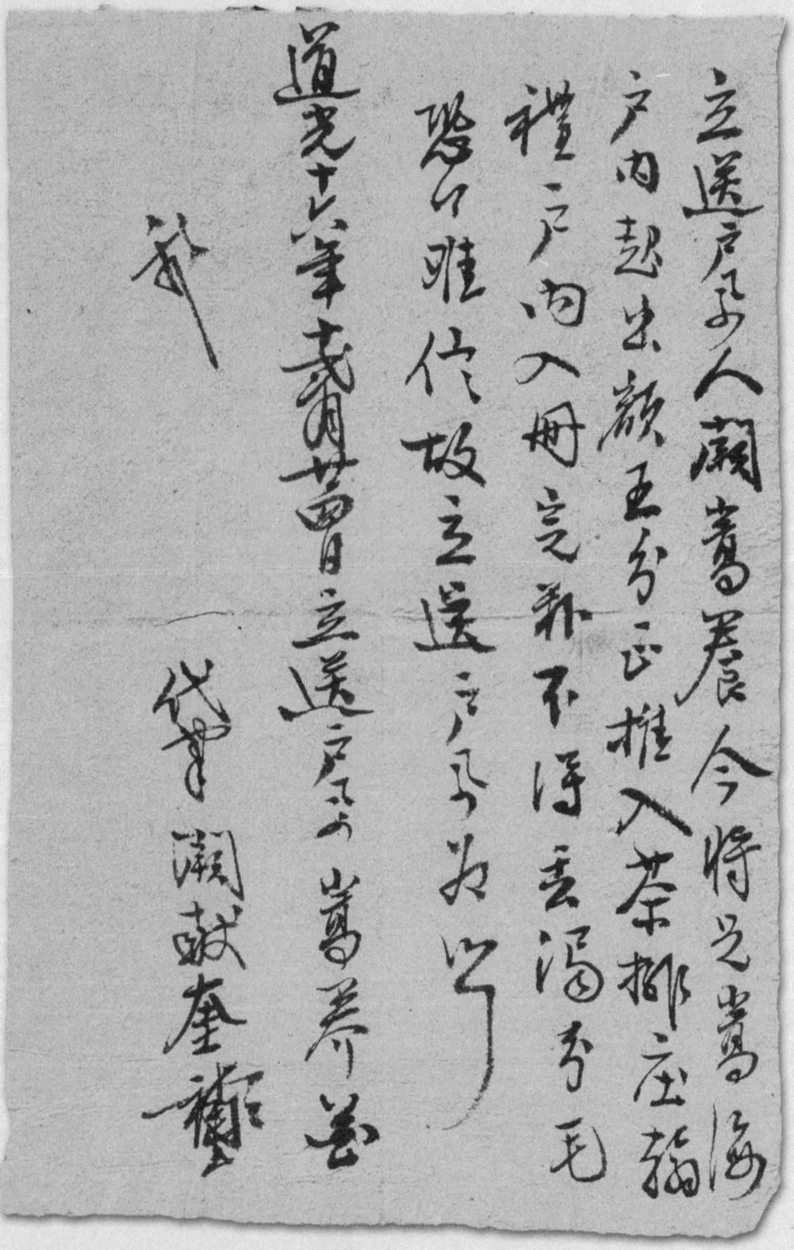

立送户票人阙嵩養，今将兄嵩海户内起出额五分正，推入茶排庄翰禮户内入册完粮，不得丢漏分毛，恐口难信，故立送户票为照。

道光十六年十弍月廿四日　立送户票　嵩养

代筆　阙献奎

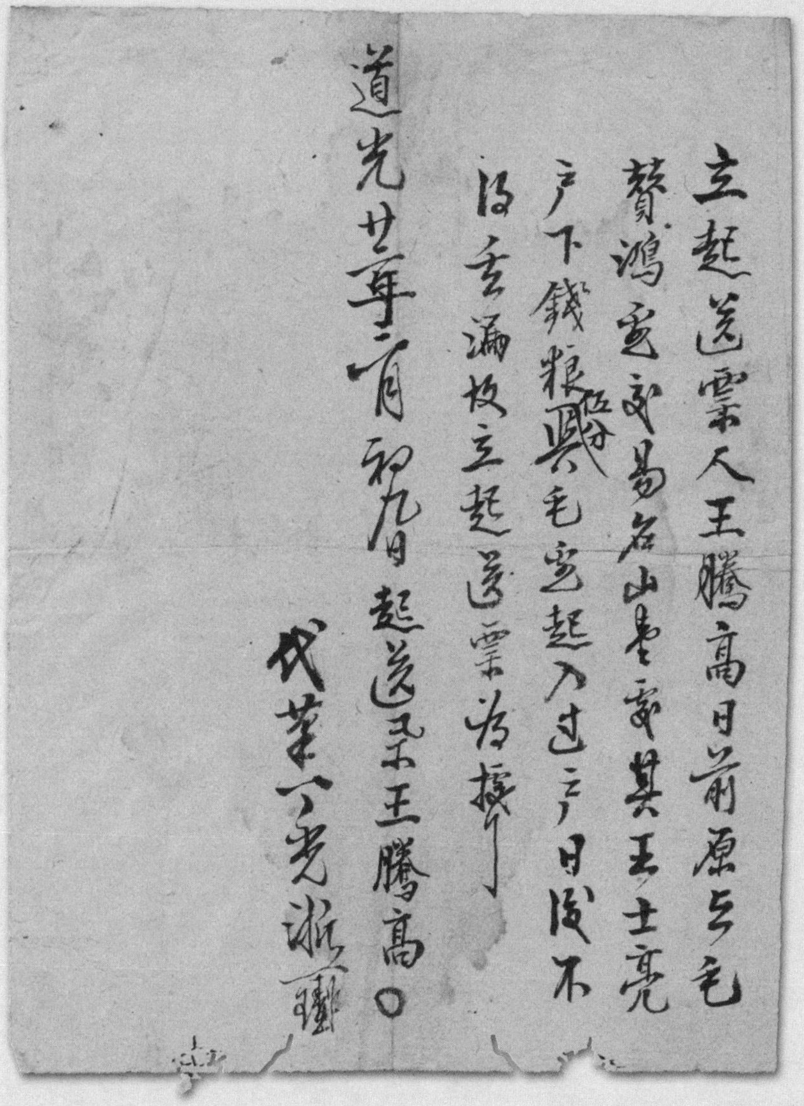

立起送票人王騰高，日前原与毛
贊鴻邊交易名〔民〕山壹處，其王士亮
户下錢粮伍分與毛邊起入过户，日後不
得丢漏，故立起送票為據。
道光廿二年三月初九日　起送票　王騰高
代筆　丁光浙

立割找契人王騰高日前原與毛贊
鴻兄邊武昌名山壹處俱已契明價
足本無可找之理適遇年歲逼迫托
原中向找过契外銅錢叁佰文正其錢
當日收足其山自找之後任憑毛邊永
遠管業執契完粮过户此出二家情
愿並無逼等情恐口無信故立割找
契為據

道光廿二年五月初一日立割找王騰高○
仝侄火雲○
見找王立誠○
代筆丁光淤○

割

（前頁）>>>>>

立割找契人王騰高，日前原與毛贊鴻兄邊交易名［民］山壹處，俱已契明價足，本無可找之理，適遇年歲逼迫，托原中向找过契外銅錢叁佰文正，其錢當日收足，其山自找之後，任憑毛邊永遠管業，执契完粮过户，此出二家情愿，並無逼（勒）等情，恐口難信，故立割找契為據。

道光廿二年五月初一日　立割找　王騰高

仝侄　火雲

見找　王立誠

代筆　丁光浙

立賣田契人王元德今因錢粮無办情愿將祖父遺下兄弟均分自己阄内坐落松邑弍十壹都夫人廟庄土名南山下安着水田壹處上下左右俱係買主田為界計額五分正田坪地塝相樹雜木一应在内托中立賣田契出賣與茶排庄闕翰美兄弟等為業當日面議時值契價銅錢貳拾玖千文正其錢即日隨契交足訖其田自賣之後任憑闕邊永遠執契管業過户完粮易佃耕種扦掘改造王邊再不敢識認此係自己阄内物業與内外伯叔兄弟子侄人等無涉日前亦無典當文墨在外如有此色王邊自能一力承當不干闕邊之事如違甘受疊騙之咎此出兩家心愿並無逼抑反悔準折債付等情恐後無憑故立賣田契交與闕邊永遠為據

道光弍十弍年九月廿五日立賣田契人王元德（押）

見中

姪 光盛（押）

光義 ○

王元永（押）

王元彩（押）

闕天進（押）

闕鎮奎（押）

胡其松（押）

大利市

代筆丁猶麟（押）

立杜找絶田契人王元德今因日前與闕翰美兄弟等交易民田壹契坐落松邑弍十壹都夫人庙庄土名南山下安着水田壹處四至畝額俱載正契原已契明價足無可言找但因年歲逼迫又兼粮食不給情愿邀托原中向與闕邊勸找出契外銅錢叁千文正其錢當日隨契交兑足訖其田自找之後任凭闕邊照正契內畝額坵段并及田坪地塝相樹雜木壹應在內執契管業扦掘改造王邊子孫永遠不敢識認亦不敢再行言找言贖永絶割斷如同截木永違甘受叠騙之咎此出兩家心愿並無逼抑反悔准折債付等項恐後無凭故立杜找絶田契交與闕邊為據

道光弍十弍年拾貳月十一日立杜找絶田契人王元德（押）

見找　侄　光盛（押）

光義（押）

王元永（押）

王元彩（押）

闕鎮奎（押）

胡其松（押）

代筆丁猶麟（押）

茶排分

(前頁)>>>>>

立賣田契人王元德，今因錢粮無办，情愿将祖父遺下兄弟均分自己阄内，坐落松邑弍十壹都夫人廟庄，土名南山下，安着水田壹處，上下左右俱係買主田為界，計額五分正，田坪地角，柏樹雜木，一应在内，托中立賣田契，出賣與茶排庄闕翰美兄弟等為業，當日面断，時值契價銅錢貳拾玖千文正，其錢即日隨契交兑足訖，其田自賣之後，任凴闕邊永遠執契管業，過户完粮，易佃耕種，扦掘改造，王邊再不敢識認，此係自己阄内物業，與内外伯叔兄弟子侄人等無涉，日前亦無典當文墨在外，如有此色，王邊自能一力承當，不干闕邊之事，如違，甘受叠騙之咎，此出兩家心愿，並無逼抑反悔準折債付［負］等情，恐後無凴，故立賣田契交與闕边永遠為據。

道光弍十弍年九月廿五日　立賣田契人　王元德

侄　光盛

光義

見中　王元永

王元彩

闕天進

闕鎮奎

胡其松

代筆　丁猶麟

（前頁）>>>>>

立杜找絶田契人王元德，今因日前與闕翰美兄弟等交易民田壹契，坐落松邑弍十壹都夫人庙庄，土名南山下，安着水田壹處，四至畝額，俱載正契，原已契明價足，無可言找，但因年歲逼迫，又兼粮食不給，情愿邀托原中向與阙邊勸找出契外銅錢叁千文正，其錢當日隨契交兑足訖，其田自找之後，任凴阙邊照正契内畝額坵段，并及田坪地角，柏樹雜木，壹应在内，執契管業，扦掘改造，王邊子孫永遠不敢識認，亦不敢再行言找言贖，永絶割断，如同截木，如違，甘受叠騙之咎，此出兩家心愿，並無逼抑反悔準折債付［負］等項，恐後無凴，故立杜找絶田契交與阙边為據。

道光弍十弍年拾貳月十一日　立杜找絶田契人　王元德

侄　光盛

光義

見找　王元永

王元彩

闕鎮奎

胡其松

代筆　丁猶麟

立賣田契人蔡瑞琳今因錢粮無楚情愿将自置坐落廿壹都茶排庄土名天塘坑屋對面田壹處東至西至北至俱山為界南至坑為界計額貳畝正并四至界内荒坪麻地樅樹雜木壹應在内親立文契出賣與闕翰鶴親邊為業當日三面斷定時值田價銅錢捌拾千文正其錢即日隨契交乞足訖親手收乞其田自賣之後任憑闕邊執契管業過户完粮易佃耕種扦掘開搬日後蔡邊子孫人等再不敢識認亦不敢言找言贖此係自己物業與内外伯叔兄弟子侄人等無涉日先亦無典當文墨在外如有此色蔡邊自能一力承當不干闕邊之事如違甘受疊騙之咎此出兩家心愿並無逼抑反悔等情恐後無憑故立賣田契交與闕邊永遠為據

道光貳拾肆年拾月初二日立賣田契人蔡瑞琳

憑中 蔡漢琳

闕天進

代筆 丁猶麟

立杜找割絶契人蔡瑞琳日前與闕翰鶴親邊交易民田壹契坐落廿壹都茶排庄土名天塘坑屋對面田壹處四至畝額俱載正契原已契明價足無可言找今因年歲逼迫無錢應用情愿邀請原中向與闕邊勸找出契外銅錢壹拾貳千文正其錢當日隨契交乞親收足訖其田自找之後蔡邊子孫人等再不得言找言贖永絶割斷如同截木如藤割斷如違甘受疊騙之咎其田亦任憑闕邊照正契界内畝額坵段執契管業

契尾

布字叁千捌百貳拾壹號右給松陽縣業户闕翰鶴　准此

計開業户

四田

畝　價銀玖拾弍兩　納稅銀弍兩柒錢陆分

道光弍拾伍年柒月　日

割絕契交與闕邊永遠為據

道光貳拾肆年拾弍月初五日立杜找割絕契人蔡瑞琳

蔡漢琳

見找　闕天進

代筆　丁循麟

（前頁）>>>>>

立賣田契人蔡瑞琳，今因錢粮無楚［措］，情愿将自置坐落廿壹都茶排庄，土名天塘坑屋對面，田壹處，東至、西至、北至俱山為界，南至坑為界，計額貳畝正，并四至界內，荒坪蔴地，槿樹雜木，壹應在內，親立文契，出賣與闕翰鶴親邊為業，當日三面断定，時值田價銅錢捌拾千文正，其錢即日隨契交兑足訖，親手收乞［訖］，其田自賣之後，任憑闕邊執契管業，過户完粮，易佃耕種，扦掘開撥，日後蔡邊子孫人等再不敢識認，亦不敢言找言贖，此係自己物業，與內外伯叔兄弟子侄人等無涉，日先亦無典當文墨在外，如有此色，蔡邊自能一力承當，不干闕邊之事，如違，甘受叠騙之咎，此出两家心愿，並無逼抑反悔等情，恐後無憑，故立賣田契交與闕邊永遠為據。

道光貳拾肆年拾月初二日　立賣田契人　蔡瑞琳

凴中　蔡漢琳

闕天進

代筆　丁猶麟

（前頁）>>>>>

立杜找割絶契人蔡瑞琳，日前與闞翰鶴親邊交易民田壹契，坐落廿壹都茶排庄，土名天塘坑屋對面，田壹處，四至畝額，俱載正契，原已契明價足，無可言找，今因年歲逼迫，無錢應用，情愿邀請原中向與闞邊勸找出契外銅錢壹拾貳千文正，其錢當日隨契交兑，親收足訖，其田自找之後，蔡邊子孫人等再不得言找言贖，永絶割斷，如同截木，如藤割斷，如違，甘受叠騙之咎，其田亦任凴闞邊照正契界内畝額坵段，執契管業，推收過户，扦掘改造，此出兩家（心愿），愿找愿買，並無逼抑反悔等情，恐後無憑，故立杜找割絶契交與闞邊永遠為據。

道光貳拾肆年拾弌月初五日　立杜找割絶契人　蔡瑞琳

見找　蔡漢琳

闞天進

代筆　丁猶麟

（契尾，道光弌拾伍年柒月）

立賣田契人闕柏奎仝弟保奎今因母故缺乏喪事銅錢應用自心愿將育
母膳田坐落二十壹都蔡宅庄土名三椄桥對面水碓背安着水田壹處其田
上至買主田為界下至曹姓田為界内至山脚外至大河为界計額壹畝正以及
四至界内荒坪地角相樹雜木苦[illegible]一概在内今俱四至分明託中立文契出賣与
本族德珨叔公承買為業當[illegible]三面言断定目值田價銅錢五仟文正其錢
即日隨中筆兩相交兑足訖不[illegible]其田自賣之后任憑買主推收過户完粮當
佃耕種收租管業其田祖父撥[illegible]房田之業与房親伯叔兄弟子侄人等亦無干碍
未賣日先并無典當文墨交加若有來歷不明賣人一力支听不干買主之事所
賣可買兩家心愿并無逼勒準折債負之故其田自賣之日賣人永不得識認
取贖之理并言等語今恐口難信故立賣田契交與買主子孫永遠耕作收租
管業為據

道光貳拾伍年捌月初陸日立賣田契人 闕柏奎（押）

仝弟 保奎 ○

見中房弟 闕陞奎 ○

闕彩奎（押）

石有基（押）

憑中 張壽元（押）

闕春慶（押）

王元昌（押）

代筆 闕試奎（押）

立杜找田契人闕柏奎仝弟□□係因日先与本族德瑶公支邑氏田壹契坐
落廿壹都蔡宅庄土名三梯□□水碓背安着水田壹處其田界業亩分前有
正契載明難鑿以及界内荒塹□处相村一概在内今因無銅錢應用自請就原
中向到買主家勸說再找出正契外銅錢陸千文正其錢即日隨原中兩相交
訖不少個文其田此找之後契明價足割藤斷根賣人等永不敢異言識認
滋端等語其田任規昌佃耕種收租管業如違甘坐罪今恐口難信故立
杜找田契交與買主子孫永遠收租管業為據

道光貳拾伍年□月初叁日　立杜找田契人　闕柏奎（押）

仝弟　保奎〇

見中房弟　闕陞奎〇　闕利奎（押）　石有基（押）　闕香奎（押）　張壽元（押）

原中　闕信學（押）　王元昌（押）　闕春慶（押）

代筆　闕献奎（押）

（前頁）>>>>>

立賣田契人闕栢奎仝弟保奎，今因母故，缺乏喪事銅錢應用，自心愿将育母膳田，坐落二十壹都蔡宅庄，土名三接桥對面水碓背，安着水田壹處，其田上至買主田為界，下至曹姓田為界，内至山脚，外至大河为界，計額壹畝正，以及四至界内，荒坪地角，柏樹雜木等項，一概在内，今俱四至分明，託中立文契出賣与本族德玿叔公承買為業，當日憑中三面言斷，定目值田價銅錢伍拾千文正，其錢即日隨中筆两相交兑足訖，不少個文，其田自賣之后，任凭買主推收過户，完粮易佃，耕種收租管業，其田（乃）祖父撥母膳田之業，与房親伯叔兄弟子侄人等亦無干碍，未賣日先，並無典當文墨交加，若有來歷不明，賣人一力支听，不干買主之事，所賣所買，两家心愿，並無逼勒準折債負之故，其田自賣之日，賣人永不得識認取贖之理，异言等語，今恐口難信，故立賣田契交與買主子孫永遠耕作收租管業為據。

道光貳拾伍年捌月初陸日　立賣田契人　闕栢奎
仝弟　保奎
見中房弟　闕陞奎
闕彩奎
凭中　石有基
張壽元
闕春慶
王元昌
代筆　闕献奎

（前頁）>>>>>

立杜找田契人闕栢奎仝弟保奎，原因日先与本族德招公交易民田壹契，坐落廿壹都蔡宅庄，土名三接桥對面水碓背，安着水田壹處，其田界至亩分，前有正契載明確鑿，以及界内荒熟□处柏樹一概在内，今因無銅錢应用，自請就原中向到買主家勸説，再找出正契外銅錢陸千文正，其錢即日隨原中两相交訖，不少個文，其田此找之後，契明價足，割藤断根，賣人等永不敢異言識認兹〔滋〕端等语，其田任凴易佃耕種，收租管業，如違，愿甘坐罪，今恐口難信，故立杜断田契交與買主子孫永遠收租管業為據。

道光貳拾伍年拾貳月初叁日　立杜找田契人　闕栢奎

仝弟　保奎

見中房弟　闕陞奎

闕彩奎

石有基

闕香奎

原中　張壽元

闕信學

王元昌

闕春慶

代筆　闕献奎

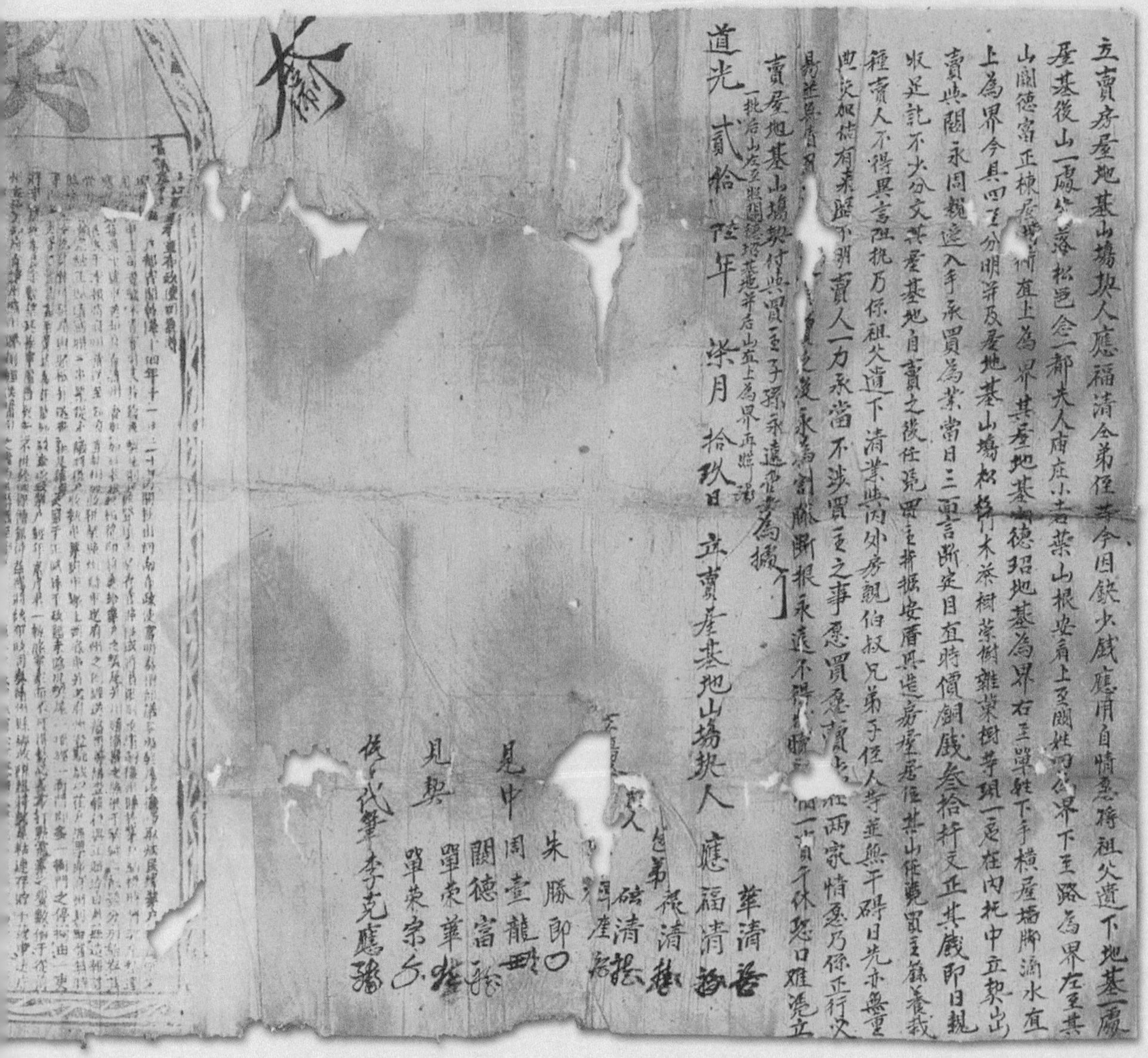
立賣房屋地基山塲契人應福清仝弟侄等今因缺少錢應用自情愿将祖父遺下地基一處
屋基後山一處坐落松邑念一都夫人廟庄小吉葉山根安着上至闕姓田為界下至路為界左至其
山闕德富正棟屋[illegible]直上為界其屋地基[illegible]德珸地基為界右至單姓下手橫屋墻脚滴水直
上為界今具四至分明并及屋地基山塲松杉竹木茶樹棕樹雜柴樹等項一应在內托中立契出
賣與闕永同親邊入手承買為業當日三面言斷定目直時價銅錢叁拾貳千文正其錢即日親
收足訖不少分文其屋基地自賣之後任憑買主耕種安層興造房屋居住其山任憑買主蓄養栽
種賣人不得異言阻执乃係祖父遺下清業與內外房親伯叔兄弟子侄人等並無干碍日先亦無重
典交加倘有來歷不明賣人一力承當不涉買主之事愿買愿賣[illegible]两家情愿乃係正行交
易並無[illegible]之後永為割藤斷根永遠不得[illegible]一[illegible]休恐口難凭立
賣屋地基山塲契付與買主子孫永遠管業為據
一批后山左至[illegible]闕德珸地茶[illegible]后山直上為界再照
道光貳拾陸年柒月拾玖日 立賣屋基地山塲契人 應福清（押） 華清（押）
仝弟 祿清（押） 磁清（押） [illegible]産（押）
[illegible] 朱勝郎（押）
見中 周壹龍（押） 闕德富（押） 單榮華（押）
見契 單榮宗（押）
依口代筆 李克應（押）

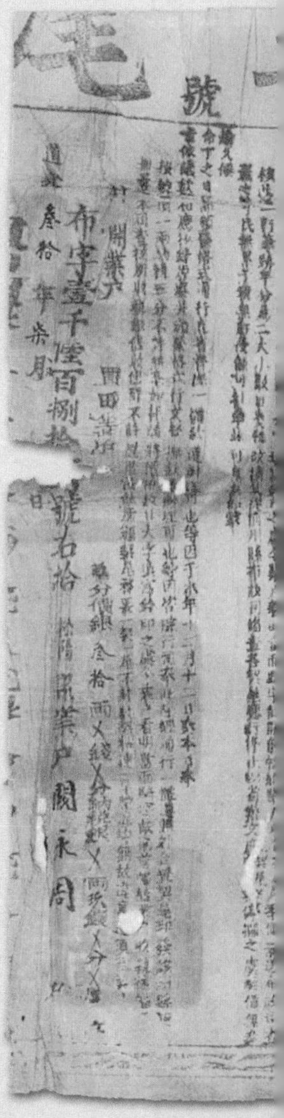

（契尾，道光叁拾年柒月）

立賣房屋地基山塲契人應福清仝弟侄等，今因缺少錢應用，自情愿将祖父遺下地基一處，屋基後山一處，坐落松邑念一都夫人庙庄，小土名葉山根安着，上至闕姓田為界，下至路為界，左至其山闕德富正棟屋背衕直上為界，其屋地基以德玿地基為界，右至單姓下手横屋墻脚滴水直上為界，今具四至分明，并及屋地基山塲，松杉竹木，茶樹棕樹，雜菓樹等項，一应在内，托中立契，出賣與闕永周親邊入手承買為業，當日三面言断，定目直時價銅錢叁拾扦［仟］文正，其錢即日親收足訖，不少分文，其屋基地自賣之後，任凴買主扦掘安厝，兴造房屋居住，其山任凴買主簶養栽種，賣人不得異言阻执，乃係祖父遺下清業，與内外房親伯叔兄弟子侄人等並無干碍，日先亦無重典交加，倘有来歷不明，賣人一力承當，不涉買主之事，愿買愿賣，出在两家情愿，乃係正行交易，並無債負□□□□□□之後永為割藤断根，永遠不得找贖□□，一賣千休，恐口难凴，立賣屋地基山塲契付與買主子孫永遠管業為據。

一批后山左至照闕德玿基地并后山直上為界，再照。

華清

道光貳拾陸年柒月拾玖日　立賣屋基地山塲契人　應福清

包［胞］弟　禄清

砿清

在塲中人侄　樟奎

朱勝郎

見中　周壹龍

闕德富

見契　單荣華

單荣宗

依口代筆　李克應

立賣田契人蔡瑞琳今因錢粮無楚情愿將自置民田坐落廿壹都茶排庄土名天塘坑居屋門口田壹處大小共叁坵上至蔡姓田為界下至闕姓田為界左至闕姓田為界右至小坑為界又田壹坵上至路為界下至蔡姓田為界左至賣主田為界右至小坑為界共計額貳畝正托中親立文契出賣與闕翰鶴親邊為業當日三面斷定時值田價銅錢柒拾陸千文正其錢當日隨契交兑親收足訖其田自賣之後併及田頭地埔㯕樹雜木一應在内任憑闕邊執契管業推收過户易佃耕種收租完粮扦掘改造蔡邊子孫再不敢識認亦不敢言找言贖永絶割斷如同截木如藤割斷此係自己物業與内外伯叔兄弟子侄人等無涉日先並無典當文墨在外如有此色賣人自能一力承當不干闕邊之事如違甘受疊騙之咎此出兩家心愿並無逼抑反悔等情恐後無憑故立賣田契交與闕邊為据

道光貳拾陸年八月十三日

立賣田契人蔡瑞琳（押）

見中 蔡漢琳（押）

蔡長養（押）

代筆 丁汝駣（押）

契尾

立杜找割絶契人蔡瑞琳日前與闕翰鶴親邊交易民田壹契坐落廿壹都茶排庄土名天塘坑居屋門口田貳處畝額坵段四界俱載正契原已契明價足無可言找今因年歲逼迫又兼食用不給自情愿繳請原中筆向與闕邊勸找出契……洞錢……千文正

其錢當日隨契交足親收足訖其田自杜之後任憑闕邊照正契土名界内併及細樹雜木
一應在内永遠管業再不得言找言贖永絕割斷如同截木如藤割斷如違甘受疊騙
之咎此出兩家愿找愿買並無逼抑反悔準折債付等情恐後無憑故立杜找割絕
契交與闕邊永遠為據

道光貳拾陸年十一月廿八日立杜找割絕契人蔡瑞琳（押）
見找　蔡漢琳（押）
蔡長養（押）
代筆　丁汝騏（押）

字　號

計開　買田業……
布字捌千捌百伍拾貳號右給　松陽縣業户闕翰鵠　准此
畝　價銀捌拾伍兩……銀弍兩伍錢伍分……

道光貳拾捌年貳月　日

(前頁)>>>>>

立賣田契人蔡瑞琳，今因錢粮無楚［措］，情愿将自置民田，坐落弍十壹都茶排庄，土名天塘坑居屋門口，田壹處，大小共叁坵，上至蔡姓田為界，下至闕姓田為界，左至闕姓田為界，右至小坑為界，又田壹坵，上至路為界，下至蔡姓田為界，左至賣主田為界，右至小坑為界，共計額貳畝正，托中親立文契，出賣與闕翰鶴親邊為業，當日三面断定，時值田價銅錢柒拾陸千文正，其錢當日隨契交兑，親收足訖，其田自賣之後，併及田頭地角，槿樹雜木，一應在內，任凴闕邊執契管業，推收過户，易佃耕種，收租完粮，扦掘改造，蔡邊子孫再不敢識認，亦不敢言找言贖，永絶割斷，如同截木，如藤割斷，此係自己物業，與內外伯叔兄弟子侄人等無涉，日先並無典當文墨在外，如有此色，賣人自能一力承當，不干闕邊之事，如違，甘受叠騙之咎，此出兩家心愿，並無逼抑反悔等情，恐後無凴，故立賣田契交與闕邊為據。

道光貳拾陸年八月十三日　立賣田契人　蔡瑞琳

見中　蔡漢琳

蔡長養

代筆　丁汝騏

（前頁）>>>>>

立杜找割絶契人蔡瑞琳，日前與闕翰鶴親邊交易民田壹契，坐落弍十壹都茶排庄，土名天塘坑居屋門口，田貳處，畝額坵段四界，俱載正契，原已契明價足，無可言找，今因年歲逼迫，又兼食用不給，自情愿繳〔邀〕請原中筆向與闕邊勸找出契外銅錢玖千文正，其錢當日隨契交兑親收足訖，其田自找之後，任凴闕邊照正契土名界內，併及柏樹雜木，一應在內，永遠管業，再不得言找言贖，永絶割斷，如同截木，如藤割斷，如違，甘受叠騙之咎，此出兩家（心愿），愿找愿買，並無逼抑反悔準折債付〔負〕等情，恐後無憑，故立杜找割絶契交與闕邊永遠為據。

道光貳拾陸年十一月廿八日　立杜找割絶契人　蔡瑞琳

見找　蔡漢琳

蔡長養

代筆　丁汝騏

（契尾，道光貳拾捌年弍月）

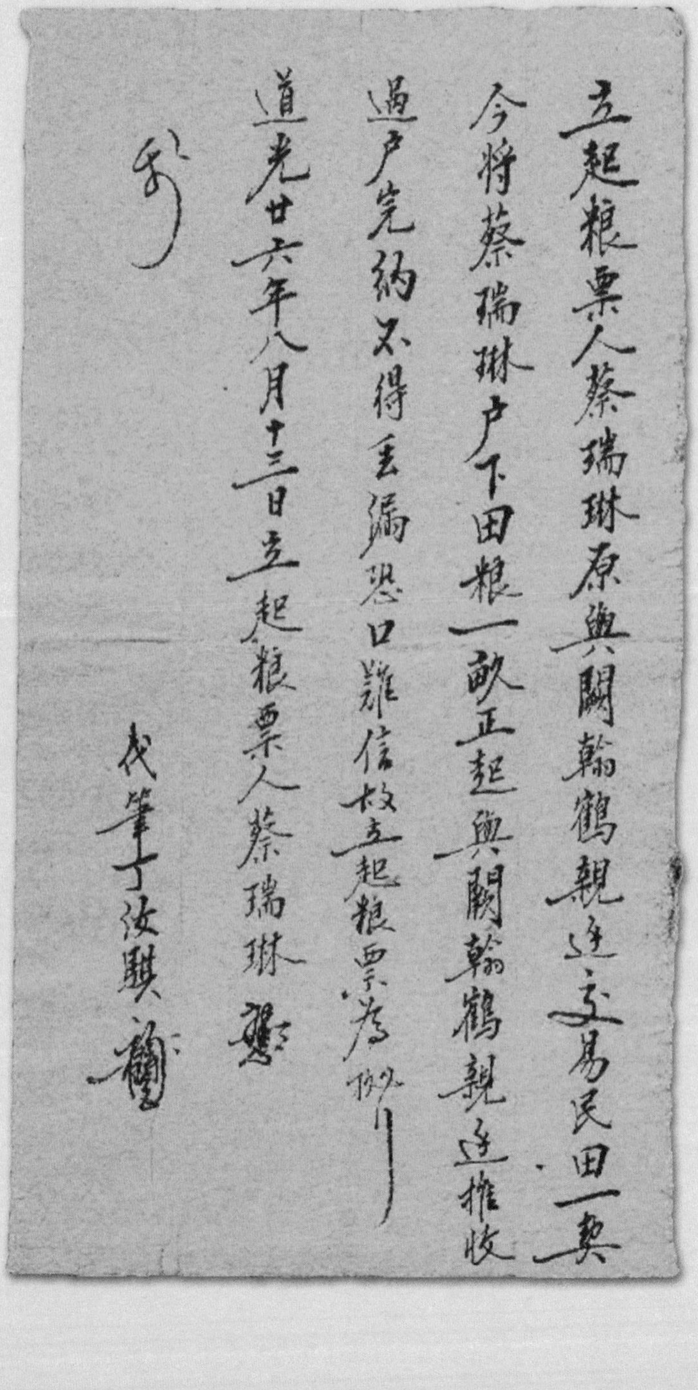

立起粮票人蔡瑞琳，原與闞翰鶴親边交易民田一契，
今将蔡瑞琳户下田粮一畝正，起與闞翰鶴親边推收
過户完纳，不得丢漏，恐口難信，故立起粮票為據。
道光廿六年八月十三日　立起粮票人　蔡瑞琳
代筆　丁汝騏

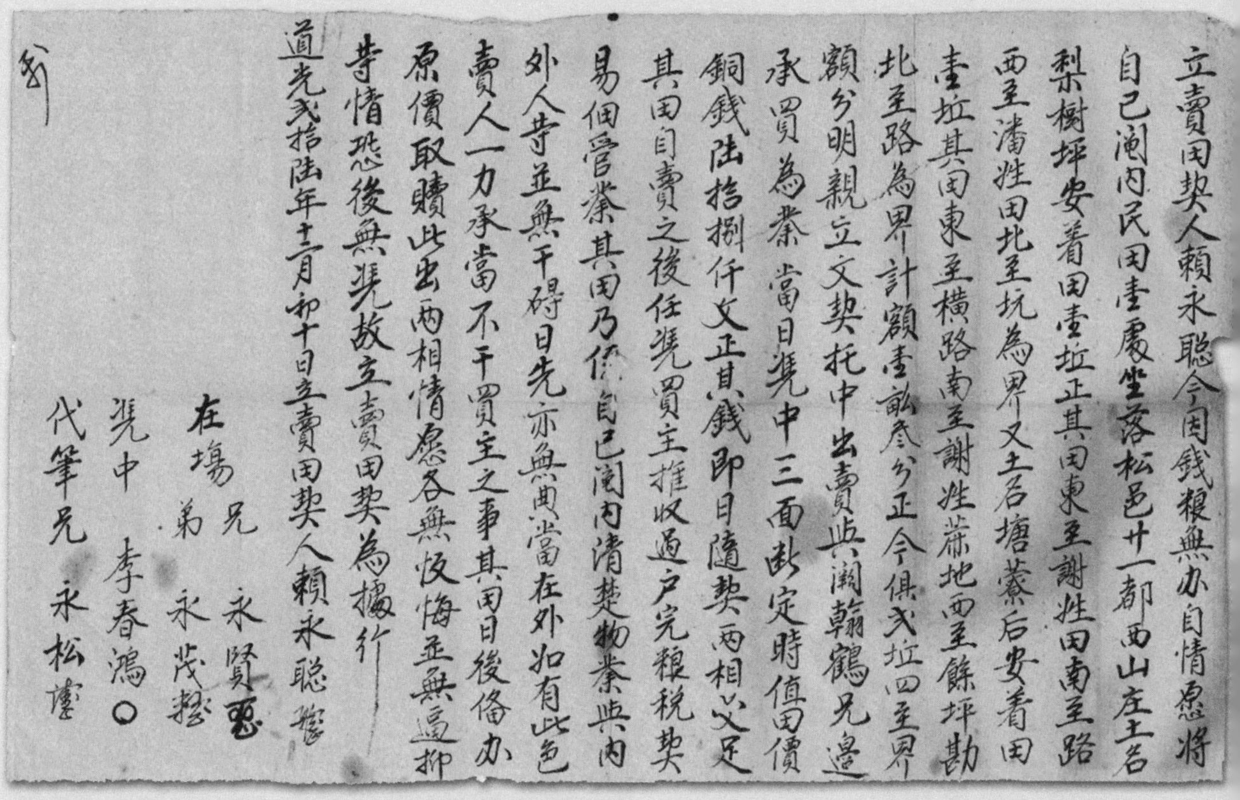

立賣田契人賴永聰，今因錢粮無办，自情愿將
自己阄内民田壹處，坐落松邑廿一都西山庄，土名
梨樹坪，安着田壹坵正，其田東至謝姓田，南至路，
西至潘姓田，北至坑為界，又土名塘寮后，安着田
壹坵，其田東至横路，南至謝姓蕪地，西至餘坪墈，
北至路為界，計額壹畝叁分正，今俱式坵四至界
額分明，親立文契，托中出賣與闕翰鶴兄邊
承買為業，當日凴中三面断定，時值田價
銅錢陆拾捌仟文正，其錢即日隨契兩相交足，
其田自賣之後，任凴買主推收過户，完粮稅契，
易佃管業，其田乃係自己阄内清楚物業，與内
外人等並無干碍，日先亦無典當在外，如有此色，
賣人一力承當，不干買主之事，其田日後備办
原價取贖，此出兩相情愿，各無反悔，並無逼抑
等情，恐後無凴，故立賣田契為據行。

道光式拾陆年十二月初十日　立賣田契人　賴永聰

在場兄　永賢

弟　永茂

凴中　李春鴻

代筆兄　永松

立賣田契人賴新富今因錢糧無办自情愿将父手遺下自己閫内民田坐
落松邑廿一都百步庄土名趙圩垻小土名大垗墉内手安着民田壹垗内至
賴開昌田為界外至賴新福田為界上至水圳為界下至王姓田為界又
土名大垗墉上手安着民蕪地壹塊其地内至葉姓地為界外至賴開昌
田為界上至開昌地為界下至新福地為界計額叁分正今載四至分明托
中親立文契出典茶排闕翰禮親邊承買為業當日凭中三面言断
時値田價銅錢壹拾玖千文正其錢即日隨契兩相交訖不少分文其田自
賣之後任凭闕邊推收過户完粮起耕收租管業賣人不得異言本係
賣人自己閫内親業與内外房親伯叔子侄人等並無干如有上手來歷
不明賣人一力承當不涉買主之事日先亦無重典文墨在外一賣千休
愿買愿賣並無逼抑準折債貨之故兩家情愿各無反悔恐口無凭
故立賣田契付與闕邊永遠為據

道光廿六年拾月拾三日立賣田契人　賴新富
胞弟　賴新福
　　　賴新有
侄　賴開昌
凭中　羅秀忠
代筆　賴開宗

立杜找絶断契人賴新富愿因日前與闕翰禮交易民田壹契坐落松邑
廿一都百步庄土名趙圩垻大垗墉安着界至畝額前有正契載明本是
契明價足今因口食不給情愿請托愿中相勸葉王找出契外銅錢貳
千文正其錢即日收清足訖不少分文其田自找之後四至界相樹雜木

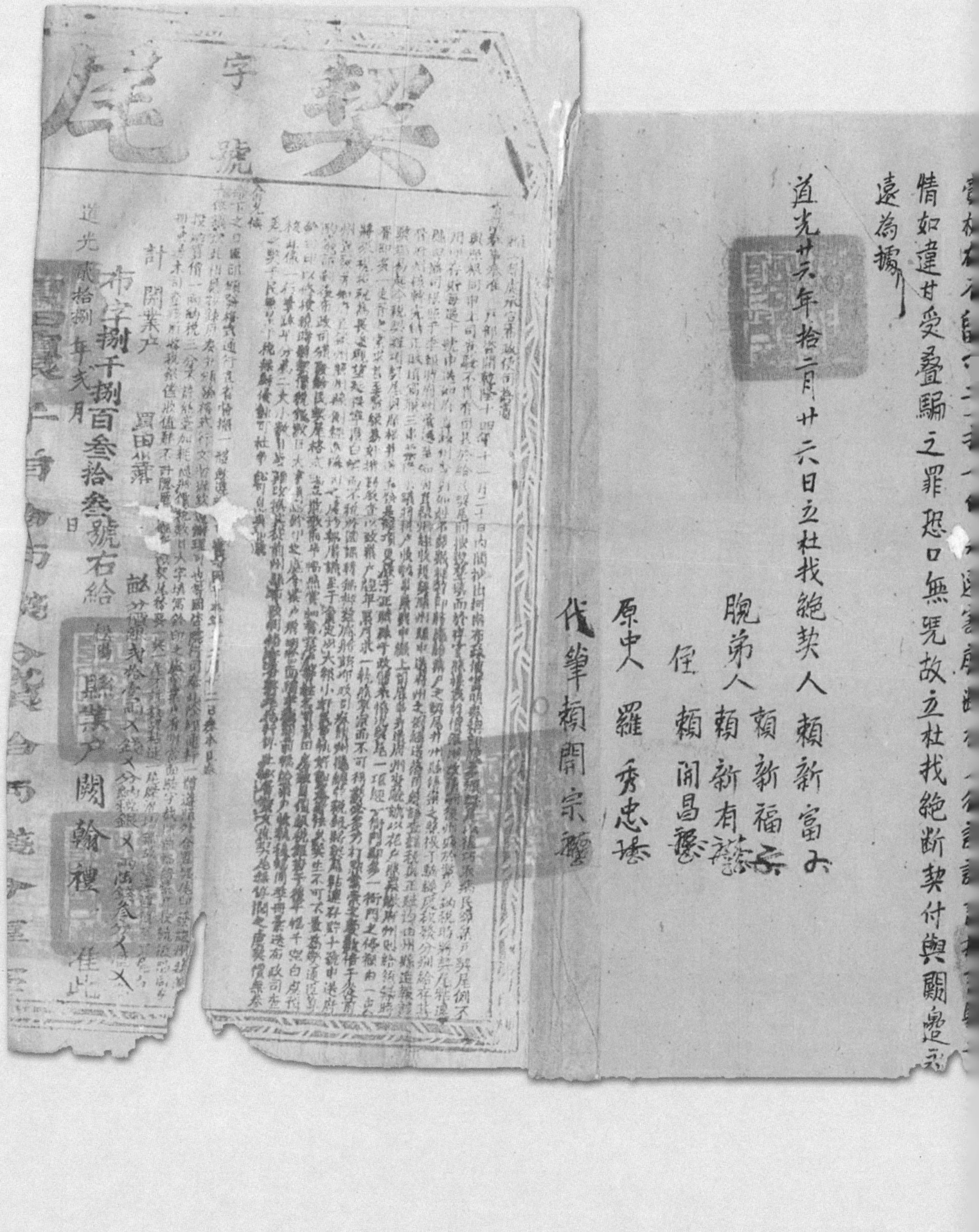
契尾　字　號

計開業户　買田坐落

布字捌千捌百叁拾叁號右給

縣業户闕翰禮　准此

道光貳拾捌年弍月　日

情如違甘受叠騙之罪恐口無凴故立杜找絶断契付與闕□□永
遠爲據

道光廿六年拾一月廿六日立杜找絶契人　賴新富
胞弟人　賴新福
賴新有
侄　賴開昌
原中人　羅秀忠
代筆　賴開宗

（前頁）>>>>>

立賣田契人賴新富，今因錢粮無办，自情愿将父手遺下自己閹内民田，坐落松邑廿一都百步庄，土名趙圩垻，小土名大坵角内手，安着民田壹坵，内至賴閅昌田為界，外至賴新福田為界，上至水圳為界，下至王姓田為界，又土名大坵角上手，安着民蔴地壹塊，其地内至葉姓地為界，外至賴開昌田為界，上至開昌地為界，下至新福地為界，計額叁分正，今載四至分明，托中親立文契，出（賣）與茶排闕翰禮親邊承買為業，當日凴中三面言断，時值田價銅錢壹拾玖千文正，其錢即日隨契两相交訖，不少分文，其田自賣之後，任凴闕邊推收過户，完粮起耕，收租管業，賣人不得異言，本係賣人自己閹内親業，與内外房親伯叔子侄人等並無干（礙），如有上手来歷不明，賣人一力承當，不涉買主之事，日先亦無重典文墨在外，一賣千休，愿買愿賣，並無逼抑準折債貨之故，两家情愿，各無反悔，恐口無凴，故立賣田契付與闕邊永遠為據。

道光廿六年拾二月拾三日　立賣田契人　賴新富

胞弟　賴新福

賴新有

侄　賴閅昌

凴中　羅秀忠

代筆　賴閅宗

（前頁）>>>>>

立杜找絶断契人賴新富，愿［原］因日前與闕翰禮交易民田壹契，坐落松邑廿一都百步庄，土名趙圩垻大坵角安着，界至畝額，前有正契載明，本是契明價足，今因口食不給，情愿請托愿［原］中相勸業主，找出契外銅錢貳千文正，其錢即日收清足訖，不少分文，其田自找之後，四至界（内），柏樹雜木，壹概在内，不留寸土，一找千休，永遠割藤断根，不得識認言找言贖等情，如違，甘受叠騙之罪，恐口無憑，故立杜找絶断契付與闕邊永遠為據。

道光廿六年拾二月廿六日　立杜找絶契人　賴新富

胞弟『人』　賴新福

賴新有

侄　賴闬昌

原中人　羅秀忠

代筆　賴開宗

（契尾，道光貳拾捌年弍月）

立賣田契人王成茂，今因錢粮無办，自情愿將自置民田壹處，坐落
廿都茶排庄，土名麥嶺葉麻洋塆裏，安着上至山為界，下至劉姓田為界，
左右兩至俱係山為界，計額壹分正，田頭地墳杉樹雜木，四至界內，尽處寸土不
留。今俱四至分明，托中立契，出賣向與劉德珸兄手內承買為業。當日憑中三面
言斷，時值田價銅錢肆千伍伯文正，其錢即日當中隨契交足，不少分文。其田自賣
之後，任憑買主推收過户入册，办粮起耕，改佃收租管業，賣人無得異言。如
有上手來歷不明，賣人一力承當，不涉買主之事。倘有內外伯叔兄弟人等，並無干碍。日先
亦無文墨典當他人，愿賣愿買，契明價足，永無找贖，割藤斷根。此出兩相情愿，各無
悔，恐口難信，立賣田契付與買主子孫永遠為據。

道光念陸年十二月廿二日立賣田契人王成茂（押）

憑中　胡其耀（押）

代筆　胡其松（押）

行

立找斷截契人王成茂，原因日前與劉德珸兄手內交易民田壹契，坐落
廿都茶排庄，土名麥嶺脚葉麻洋塆裏，安着畝分界至，前有正契載明。今
因粮食給迫，請托原中善言相勸，業主找出契外銅錢伍伯文正，其錢即日
當中隨契交足，不少分文。其田自找之後，一找千休，永無找贖，割截斷根。此出兩
相情愿，各無反悔，恐口難信，立找斷截契付與業主子孫永遠為據。

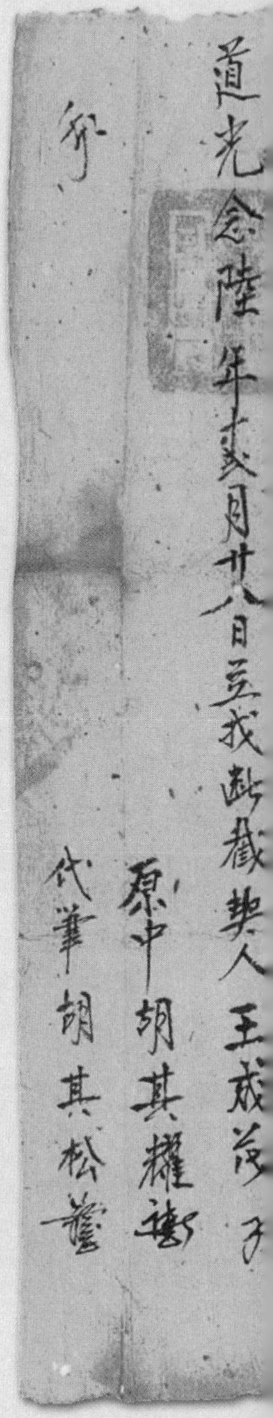

立賣田契人王成茂，今因錢粮無办，自情愿将自置民田壹處，坐落廿一都茶排庄，土名夢嶺葉麻洋塆裏安着，上至山為界，下至闕姓田為界，左右两至俱係山為界，計額壹分正，田頭地角，柏樹雜木，四至界内，尽處寸土不留，今俱四至分明，托中立契，出賣向與闕德玿兄手内承買為業，當日凴中三面言断，時值田價銅錢肆千伍伯文正，其錢即日當中隨契交足，不少分文，其田自賣之後，任凴買主推收過户，入册办粮，起耕改佃，收租管業，賣人無得異言，如有上手来歷不明，賣人一力承當，不涉買主之事，倘有内外伯叔兄弟人等並無干碍，日先亦無文墨典當他人，愿賣愿買，契明價足，永無找贖，割藤断根，此出两相情愿，各無反悔，恐口难信，立賣田契付與買主子孫永遠為據。

道光念陸年十弍月廿弍日　立賣田契人　王成茂

凴中　胡其耀

代筆　胡其松

立找断截契人王成茂，原因日前與闕德玿兄手内交易民田壹契，坐落廿一都茶排庄，土名夢嶺脚葉麻洋塆裏安着，畝分界至，前有正契載明，今因粮食给迫，請托原中善言相勸業主，找出契外銅錢伍伯文正，其錢即日當中隨契交足，不少分文，其田自找之後，一找千休，永無找贖，割截断根，此出两相情愿，各無反悔，恐口难信，立找断截契付與業主子孫永遠為據。

道光念陸年十弍月廿八日　立找断截契人　王成茂

原中　胡其耀

代筆　胡其松

立賣田契賴新福今因錢粮無辦自情愿將父手遺下自己閹内民田壹處坐落松邑念壹都百步庄土名趙圩垻大垴埆安著水田壹垴其田内至王姓田外至水圳上至闕姓田下至謝姓田為界計額柒分正今俱四至分明其田界内田頭地埆茶頭槿樹雜木一應在内請托憑中親立文契出賣與茶排庄闕翰鶴親邊入受承買為業當日憑中三面言斷時值田價銅錢叁拾壹千文正其錢即日兩相交足不少分文其田自賣之後任憑買主起耕過佃推收過户完粮壹業其田日先並無点當在外乃係自己清楚物業於内外叔侄無干其田與有來歷不明賣人壹力承當不干買主之事此出兩家情愿並無債貨之故乃係正行交易愿賣愿買各無反悔恐口無憑故立賣契付與買主為據行

大清道光廿七年十月廿五日立賣契人　賴新福

在場兄　賴新富　新有　開昌

憑中　雷財富　羅秀忠　雷明德

代筆　賴開宗

立杜找劄斷絶契人賴新福原因日先賣與茶排庄闕翰鶴親邊交易民田壹契坐落松邑念壹都百步庄土名趙圩垻安著田一垴四至界額前有正契載明其田契明價足不敢找價之理乃係歲迫口食不給自愿請托原中向到闕親邊業主找出契下……

契尾

道光貳拾捌年貳月　日

布字捌千捌百伍拾叁號右給　縣業户闕翰鵬　准此

[illegible]我田日[illegible]足不少分文其田自找之後永斷割藤斷根壹找千休[illegible]

同截木頼邊子孫不敢異言識認之理此出兩家心愿並無逼抑等情

恐後無憑故立杜找絶契永遠為據行

道光廿七年十二月廿八日

立杜找割斷絶契人　頼新福　押

在場　新富　新有　聞昌

原中　雷財富　羅秀忠

代筆　頼聞宗

(前頁)>>>>>

立賣田契賴新福，今因錢粮無辦，自情愿将父手遺下自己鬮内民田壹處，坐落松邑念壹都百步庄，土名趙圩垻大坵角，安着水田壹坵，其田内至王姓田，外至水圳，上至闕姓田，下至謝姓田為界，計額柒分正，今俱四至分明，其田界内田頭地角，茶頭槿樹雜木，一應在内，請托凴中親立文契，出賣與茶排庄闕翰鶴親邊入受承買為業，當日凴中三面言断，時直田價銅錢叁拾壹千文正，其錢即日两相交足，不少分文，其田自賣之後，任凴買主起耕過佃，推收過户，完粮管業，其田日先並無点［典］當在外，乃係自己清楚物業，於内外叔侄無干，其田與［如］有来歷不明，賣人壹力承當，不干買主之事，此出两家情愿，並無債貨之故，乃係正行交易，愿賣愿買，各無反悔，恐口無憑，故立賣契付與買主為據。

大清道光廿七年十月廿五日　立賣契人　賴新福

在場兄　新富

憑中　賴新有

開昌

雷財富

羅秀忠

雷明德

代筆　賴開宗

（前頁）>>>>>

立杜找割断絶契人賴新福，原因日先與茶排庄闕翰鶴親邊交易民田壹契，坐落松邑念壹都百步庄，土名趙圩垻，安着田一坵，四至界額，前有正契載明，其田契明價足，不敢找價之理，乃係歲迫，口食不給，自愿請托原中，向到闕邊業主找出契外銅錢貳千文正，其錢隨找即日收足，不少分文，其田自找之後，永截割藤断根，壹找千休，與［如］同截木，賴邊子孫不敢異言識認之理，此出两家心愿，並無逼抑等情，恐後無憑，故立杜找絶契永遠為據行。

道光廿七年十二月廿八日　立杜找割断絶契人　賴新福

在場　新富

新有

開昌

原中　雷財富

羅秀忠

代筆　賴開宗

（契尾，道光貳拾捌年弍月）

立賣田契人闕翰吉今因錢粮無办自情愿将祖父遺下分己闕内民田圭
契坐落廿一都夫人廟庄土名社處后小土名大壠坑田壹處其田上至闕姓田
下至闕姓田左至坑右至路又路外田圭坵又土名崗頭茶梓山田圭處上至山下
至闕姓田左至山右至闕姓田又宮□田圭處上左右三至山下至闕姓田又崗
頭大坪田弍坵内至賣人田外至闕姓田左至路右至闕姓田又崑上田弍模上
下左右四至闕姓田又賣人坟地脚田三坵共田六處計額五畝正今俱四至分明
請托憑中立契出賣與本家闕翰鶴弟邊入手承買為業當日憑中三
面言定時值田價銅錢貳佰弍拾千文正其錢即日收足不少分文正其田
自賣之後四至界内荒坪柏樹地角□應在内任憑田主推收過户完粮收租管
業乃係自己清楚物業與兄弟□等無涉如有來歴不明賣人一力承當
不涉買主之事此係正行交易並□抑等情愿賣愿買兩家心愿各無
悔恐口难信付與買主子孫永遠□業為據
道光念捌年拾壹月初九日立賣田契人闕翰吉（押）
在場弟翰仁（字）
翰黎（押）
天進（押）
翰春（押）
憑中 翰全（押）
丁汝騏（押）
代筆 翰連（押）

立找斷截契人闕翰吉原因日先闕翰鶴交易民田壹契坐落廿一都夫
人廟庄土名社處后小土名大壠□着其田畝分界至前有正契載明請

契尾

字　號

浙江等處承宣布政使司為遵

旨議奏事奉准　戶部咨開乾隆十四年十二月二十日內閣抄出河[illegible]

[illegible]

俞允欽

命下之日臣部頒發格式通行直省督撫一體欽遵辦理可也等因于本年十二月十二日奏本日奉

旨依議欽此相應抄錄原奏并頒發格式行文督撫欽遵辦理可也[illegible]

價一兩納稅三分不許絲毫加添[illegible]

稅所收稅銀[illegible]不許[illegible]須至契尾者

計開業戶　買田坐落　畝

布字壹千肆百伍拾柒號　右給松陽縣業戶闕翰鶴　准此

分價錢[illegible]千文　分納稅銀[illegible]

咸豐元年十二月　日

托原中相勸業主找過契外錢叁拾叁千文正其田自找之後任從業主収租管業其錢即日収足不少分文正自找之田割藤斷根絕業永無找贖等情之理一找千休日后不得異言恐口無凭故立找田契付與業主永遠子孫管業為據

道光二十八年十二月廿日立找斷截田契人闞翰吉（押）

胞弟翰仁（押）

翰壽（押）

原中闞兆（押）

天進（押）

獻奎（押）

代筆翰連（押）

(前頁)>>>>>

立賣田契人闕翰吉，今因錢粮無办，自情愿将祖父遺下分己阄内民田壹契，坐落廿一都夫人廟庄，土名社處后，小土名大壠坑，田壹處，其田上至闕姓田，下至闕姓田，左至坑，右至路，又路外田壹坵，又土名崗頭茶梓山田壹處，上至山，下至闕姓田，左至山，右至闕姓田，又窩上田壹處，上左右三至山，下至闕姓田，又崗頭大坪田弍坵，内至賣人田，外至闕姓田，左至路，右至闕姓田，又㫐上田弍横，上下左右四至闕姓田，又賣人坟地脚田三坵，共田六處，計額五亩正，今俱四至分明，請托凴中立契，出賣與本家闕翰鶴弟邊入手承買為業，當日凴中三面言定，時值田價銅錢貳佰弍拾千文正，其錢即日收足，不少分文正，其田自賣之後，四至界内，荒坪柏樹地角，一應在内，任凴田主推收過户，完粮收租管業，乃係自己清楚物業，與兄弟子侄人等無涉，如有来歴不明，賣人一力承當，不涉買主之事，此係正行交易，並無逼抑等情，愿賣愿買，两家心愿，各無反悔，恐口难信，付與買主子孫永遠管業為據。

道光念捌年拾壹月初九日　立賣田契人　闕翰吉

在場弟　翰仁

翰黎

凴中　天進

翰春

翰全

丁汝騏

代筆　翰連

（前頁）>>>>>

立找断截契人闕翰吉，原因日先（與）闕翰鶴交易民田壹契，坐落廿一都夫人廟庄，土名社處后，小土名大壟坑，安着其田，畝分界至，前有正契載明，請托原中相勸業主，找過契外銅錢叁拾叁千文正，其田自找之後，任從業主收租管業，其錢即日收足，不少分文正，自找之田，割藤断根絶業，永無找贖等情之理，一找千休，日后不得異言，恐口無憑，故立找田契付與業主永遠子孫管業為據。

道光二十八年十二月廿日　立找断截田契人　闕翰吉

胞弟　翰仁

原中　阙翰春

翰兆

天進

献奎

代筆　翰連

（契尾，咸豐元年十二月）

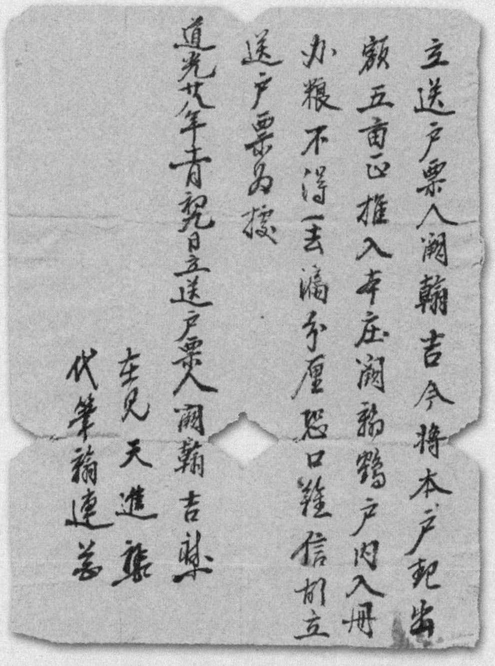

立送户票人阙翰吉，今将本户起出额五亩正，推入本庄阙翰鶴户内入册办粮，不得丢漏分厘，恐口難信，故立送户票为據。

道光廿八年十一月初九日　立送户票人　阙翰吉

在见　天進

代筆　翰連

立賣田契字人蔡瑞琳，今因錢粮無办，自情愿将父手遺下己分股下民田，土名松邑，坐落廿一都茶排庄天堂坑下屋右片晒谷坪中央股，民田壹坵，面上相連，又田壹坵，又土名自己屋左片，民田壹横叁坵，上至翰松田為界，下至自己田為界，左至山圳為界，右至竹坪為界，今俱四至分明，計額粮壹分正，今来托中立契，出賣與阙翰鶴親邊入手承買為業，當日憑中三面言断，時直田價銅錢壹拾叁仟文正，其錢即日隨契當中两相交兑，親收足訖，並無短少分文。其田自賣之後，任憑買主過户完粮，起耕收租管業，賣人不敢異言阻执，與内外人房兄伯叔子侄人等並無干涉，倘有来歷不明，賣人一力承當，不涉買主之事，其田一賣千休，賣主子孫永遠不敢識認，契明價足，割藤挖根，無贖無找等情，两相情愿，各無反悔，今欲有憑，故立賣田契付與買主子孫永遠為據。

道光念玖年捌月拾陸日　立賣田契　蔡瑞琳

在場憑中　賴石貴

代筆　蔡漢琳

（契尾，咸豐元年十二月）

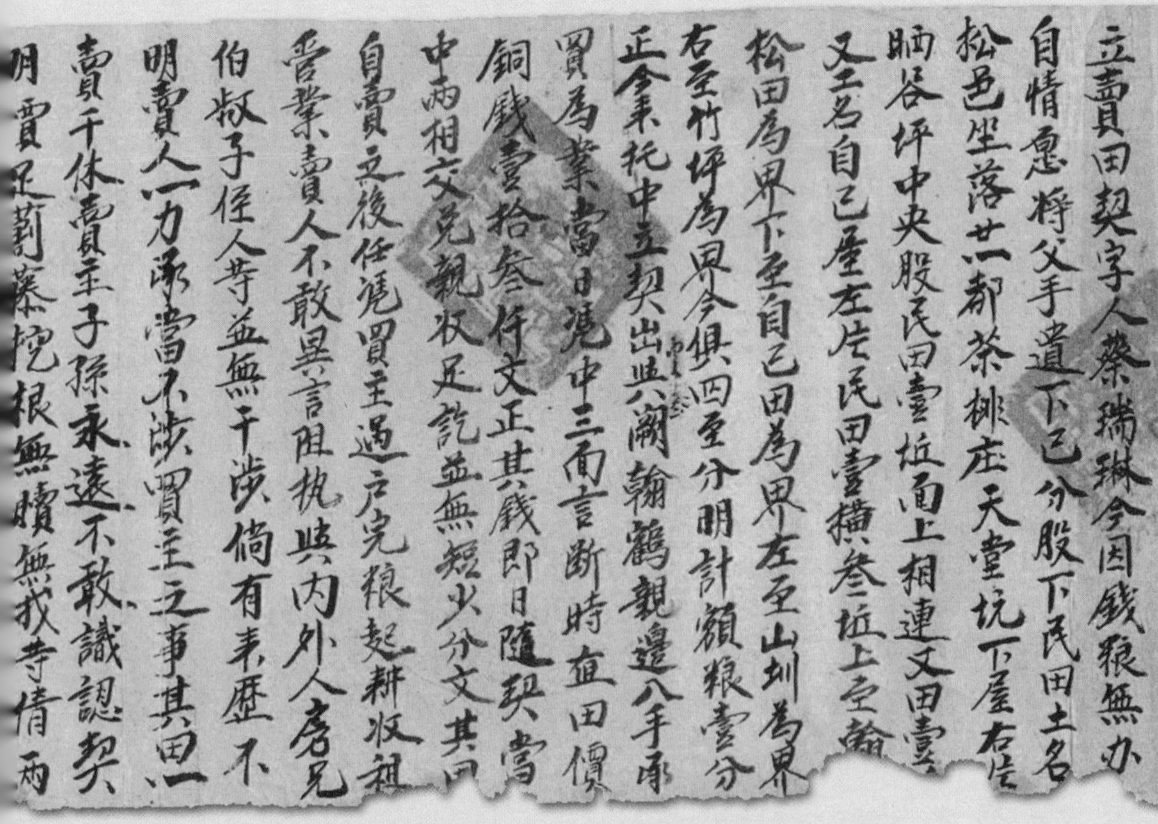
立賣田契字人蔡瑞琳今因錢粮無办
自情愿将父手遺下己分股下民田土名
松邑坐落廿一都茶排庄天堂坑下屋右片
晒谷坪中央股民田壹坵面上相連又田壹坵
又土名自己屋左片民田壹横叁坵上至翰
松田為界下至自己田為界左至山圳為界
右至竹坪為界今俱四至分明計額粮壹分
正今来托中立契出賣與阙翰鶴親邊入手承
買為業當日憑中三面言断時直田價
銅錢壹拾叁仟文正其錢即日隨契當
中两相交兑親收足訖並無短少分文其田
自賣之後任憑買主過户完粮起耕收租
管業賣人不敢異言阻执與内外人房兄
伯叔子侄人等並無干涉倘有来歷不
明賣人一力承當不涉買主之事其田一
賣千休賣主子孫永遠不敢識認契
明價足割藤挖根無贖無找等情兩

契尾

字　號

浙江等處承宣布政使司爲遵
旨議奏事奉准　户部咨開乾隆十四年十一月二十日内閣抄出河南布政使富明奏稱部議[illegible]契尾以後[illegible]取病民業户契尾例不與照
根同申上司查驗不肖有司其於給民契尾則按數登填而於存官照根或將價銀[illegible]後州縣於業户納税時將契尾粘
連用印存貯每遇十號申送知府直隸州查對如姓名銀數相符即將給業户之契尾并州縣備案之照根于騎縫處截發分
别給存其照根由藩司報照于季報時府州彙送至知府直隸州經收税契照州縣申送府州之例經送藩司等語查雜税與正賦均由
州縣造報皆府州核轉完納正賦填寫串票三聯串票從[illegible]税户收執串票與申繳上司底串并送府州查驗誠以花户照票繳府
州則給領無時弊端易起今税契雜項契尾與照根并送查發是雜項更嚴于正賦殊于政體未協況契尾一項經一衙門即多一衙
門之停擱由一吏胥即多一吏胥之需索甚至[illegible]爲奸措勒擱延以致業户經年累月求一契尾寧家而不可得勢必多方打點需
索之費數倍于從前將來視投税爲畏途觀望延挨寧匿白契而不税於國課轉無裨益應將該布政司奏請州縣經收税銀將契
尾粘連存貯十號申送府州查發并知府直隸州照州縣創經送藩司之處均無庸議至于倉吏以大執小奸民爭執好訟是緣契
止不可不量爲變通臣等酌議請嗣後布政司頒發給民契尾格式編立號數前半幅照常細書業户等姓名買賣田房數目價銀税銀若
干後半幅于空白處預鈐司印以備投税時將契價税銀數目大字填寫鈐印之處令業户看明當面騎字截開前幅給業户收執後幅同季册
彚送布政司查核此係一行筆跡平分爲二大小數目悉難改换其從前州縣布政司備查各契尾應行停止以省繁文庶契尾
之虞契價無參差之弊于民無累于税無虧侵蝕可杜爭訟可息矣如蒙
俞允俟
命下之日臣部頒發格式通行直省督撫一體遵照辦理[illegible]等因于[illegible]年[illegible]月[illegible]日奏本日奉
旨依議欽此相應抄録原奏并頒發格式行文[illegible]
價一兩納税三分不許無業加耗隨[illegible]
核所收税銀儘收儘解不許隱匿[illegible]

計　開業户　　買田坐落　　畝　分價銀拾柒兩X錢X分納税銀X兩伍錢壹分[illegible]

布字一千捌百陸拾捌號右給松陽縣業户闕翰鶴　准此

咸豐元年十二月　日

買田價銀千百拾兩錢分合兩錢分厘毫

相情愿各無反悔今欲有憑故立賣田
契付與買主子孫永遠爲據
道光念玖年捌月拾陸日立賣田契蔡瑞琳（押）
在場見中　賴石貴（押）
代筆　蔡漢琳（押）
[illegible]

立賣田契人賴新富四房等今因錢粮無办自情愿將手遺下民田坐落松邑念壹都百步庄土名趙圩垻呂潭坑鯉魚山安着水田壹處其田上至謝姓田下至小坑脚左至小坑右至大路坑背田壹坵大路田壹坵共大小田拾捌坵為界計額壹畝貳分正今具四至分併及界内田頭地塝柏樹雜木壹概在内請托中筆立契出賣與茶排庄關翰禮親邊承買為業當日凴中三面言斷時值田價銅錢陸拾千文正其錢即日隨契兩相交兑足訖不少分文自賣之後其田任凴買主推收過户完粮起耕收租管業愿係己手清楚物業與内外房親伯叔兄弟子侄人等並無干碍未賣日先亦無典當文墨在外若有上手來歷不明賣人壹力承當不干買主之事所賣所買兩家心愿並無逼抑準折債貨之故此賣之後一賣千休永遠割藤斷根賣人不得異言找贖等情今恐口難凴故立賣田契交與買主永遠為據

大清道光廿九年拾一月拾九日立賣田契人賴新富（押）

胞弟人賴新福（押）

賴新有（押）

侄人賴開昌（押）

托中人羅秀忠（押）

王金財（押）

雷明德（押）

代筆人賴開□（押）

找截

立杜找斷截契人賴新富四房同等原因日前典與關翰禮親邊交鼎民田壹處坐落松邑念壹都百步庄趙圩垻呂潭坑鯉魚山安着其田界至畝分前有正契載明今因口食不給自情愿請托原中向到買主家找出契外銅錢玖千文正其錢即日隨契兩相交訖不少分文自找之後契明價足永遠割藤斷根不得異言等情如違甘受

疊騐之罪今恐口難信故立杜找斷截契交與買主永遠爲據

大清道光廿九年拾二月拾九日立杜找斷截契人賴新富（押）

胞弟人　賴新福（押）

賴新有（押）

侄　賴開昌（押）

見中人　羅秀忠（押）

雷明德（押）

代筆　賴開宗（押）

契尾　字　號

咸豐元年叁月

布字壹千叁百

計開　業戶

號右給松陽縣業戶闕翰禮　准此

（前頁）>>>>>

立賣田契人賴新富四房同等，今因錢粮無办，自情愿父手遺下民田，坐落松邑念壹都百步庄，土名趙圩垻呂潭坑鯉魚山，安着水田壹處，其田上至謝姓田，下至小坑脚，左至小坑，右至大路坑背，田壹坵，大路田壹坵，共大小田拾捌坵為界，計額壹畝貳分正，今具四至分明，併及界內田頭地角，柏樹雜木，壹概在内，請托中筆立契，出賣與茶排庄闕翰禮親邊承買為業，當日凴中三面言断，時值田價銅錢陸拾千文正，其錢即日隨契两相交兑足訖，不少分文，自賣之後，其田任凴買主推收過户，完粮起耕，收租管業，愿〔原〕係己手清楚物業，與内外房親伯叔兄弟子侄人等並無干碍，未賣日先，亦無典當文墨在外，若有上手來歷不明，賣人壹力承當，不干買主之事，所賣所買，两家心愿，並無逼抑準折債貨之故，此賣之後，一賣千休，永遠割藤断根，賣人不得異言找贖等情，今恐口难凴，故立賣田契交與買主永遠為據。

大清道光廿九年拾一月拾九日　立賣田契人　賴新富

胞弟『人』　賴新福

賴新有

侄『人』　賴開昌

托中人　羅秀忠

王金財

雷明德

代筆人　賴開宗

（前頁）>>>>>

立杜找断截契人賴新富四房同等，原因日前與闞翰禮親邊交易民田壹處，坐落松邑念壹都百步庄趙圩垻呂潭坑鯉魚山，安着其田，界至畝分，前有正契載明，今因口食不給，自情愿請托原中向到買主家找出契外銅錢玖千文正，其錢即日隨契两相交訖，不少分文，自找之後，契明價足，永遠割藤断根，不得異言等情，如違，甘受叠騙之罪，今恐口難信，故立杜找断截契交與買主永遠為據。

大清道光廿九年拾二月拾九日　立杜找断截契人　賴新富

胞弟『人』　賴新福

賴新有

侄　賴開昌

見中人　羅秀忠

雷明德

代筆　賴開宗

（契尾，咸豐元年柒月）

立賣田契人闕麗芳今因錢粮無办自愿將父手遺下閭内民田土名坐落松邑念
人廟庄小土名社處后安着田壹處其田東至坑南至坑西至徐姓田北至山并□
坑皆田壹坵東至闕姓田南至曹姓田西至闕姓田北至坑又后宅庄田壹處小土名□
坵面上安着上至闕姓基地下至蔡姓田左至闕姓田右至路爲界計額壹亩正□
柤樹雜木一應在内四至界内盡處不留合載四至分明托中立契出賣與闕翰理□
買爲業當日憑中面斷時值田價銅錢柒拾千文正其錢即日隨契交訖不□
自賣之后任憑買主推收過户□根起耕改佃收租管業此係自己清業與内外□
無涉日先亦無典當文墨□有上手來歷不明賣人一力自能支所不干買主□
正行交易不是準折債貨之故愿賣愿買契明價足一賣千休永斷□□
孫再不敢言找言贖識認之□此出两家心愿並無反悔逼等情恐口難信□

永遠爲存據

道光叁拾年十一月初八日立賣田契人闕麗芳

在場胞弟 闕麗明

闕開基

葉紹育

闕天進

闕麗江

丁汝騏

李德輝

闕麗學

憑中 闕麗中

代筆

立杜找田契人闕麗芳日前原與闕翰理邊交易民田壹契土名坐落松邑廿一都夫
人廟庄小土名社處后安着又后宅庄小土名秋老長長坵面上安着其田處數亩額前右

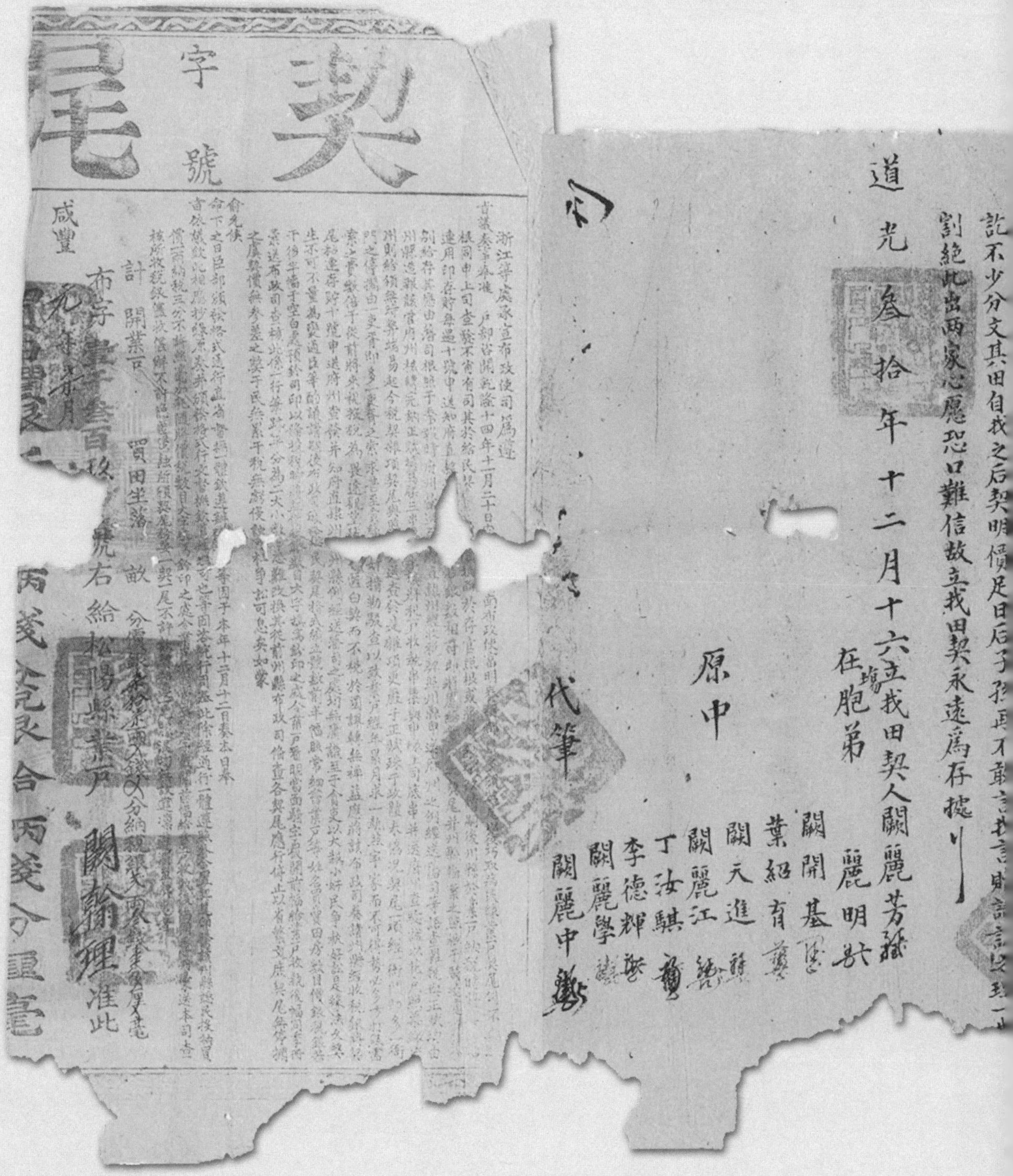

契尾　字號

浙江等處承宣布政使司爲遵旨……

咸豐元年　月

布字第　號

計開業戶闕翰理

買田坐落

右給松陽縣業戶闕翰理准此

訖不少分文其田自找之后契明價足日后子孫再不敢言找言贖……

割絕此出兩家心愿恐口難信故立找田契永遠爲存據

道光叁拾年十二月十六日立找田契人闕麗芳（押）

在場胞弟　闕麗明（押）

闕開基（押）

葉紹育（押）

闕天進（押）

闕麗江（押）

丁汝騏（押）

原中

李德輝（押）

闕麗學（押）

代筆　闕麗中（押）

（前頁）>>>>>

立賣田契人闕麗芳，今因錢粮無办，自愿将父手遺下閹内民田，土名坐落松邑念壹都夫人廟庄，小土名社處后，安着田壹處，其田東至坑，南至坑，西至徐姓田，北至山并買□□□坑背田壹坵，東至闕姓田，南至曹姓田，西至闕姓田，北至坑，又后宅庄田壹處，小土名秧老長長坵面上安着，上至闕姓基地，下至蔡姓田，左至闕姓田，右至路為界，計額壹亩正，并□□□，柏樹雜木，一應在内，四至界内，盡處不留，今載四至分明，托中立契，出賣與闕翰理[1]边□□□買為業，當日憑中面断，時值田價銅錢柒拾千文正，其錢即日随契交訖，不□□，自賣之后，任憑買主推收過户，完粮起耕改佃，收租管業，此係自己清業，與内外□□□□無涉，日先亦無典當文墨交加，如有上手來歷不明，賣人一力自能支听，不干買主□□□□正行交易，不是準折債貨之故，愿賣愿買，契明價足，一賣千休，永断割藤□□，子孫再不敢言找言贖識認之□，此出两家心愿，並無反悔逼（抑）等情，恐口難信，故□□□永遠為存據。

道光叁拾年十一月初八日　立賣田契人　闕麗芳

在塲胞弟　麗明

憑中　闕開基

葉紹育

闕天進

闕麗江

丁汝騏

李德輝

闕麗學

代筆　闕麗中

1 據光緒《闕氏宗譜》，『翰理』實為『翰禮』之誤。

（前頁）>>>>>

立杜找田契人闕麗芳，日前原與闕翰理［禮］边交易民田壹契，土名坐落松邑廿一都夫人廟庄，小土名社處后安着，又后宅庄，小土名秧老長長坵面上，安着其田，處數畝額，前有正契載明，今因無錢使用，再托原中向與闕翰理［禮］边找過正契外銅錢柒千文，其□□□訖，不少分文，其田自找之后，契明價足，日后子孫再不敢言找言贖識認之理，一找□□□□割絶，此出两家心愿，恐口難信，故立找田契永遠為存據。

道光叁拾年十二月十六（日）　立找田契人　闕麗芳

在場胞弟　麗明

原中　闕開基

葉紹育

闕天進

闕麗江

丁汝騏

李德輝

闕麗學

代筆　闕麗中

（契尾，咸豐元年柒月）

立賣田契人楊明宗今因無錢應用自情愿將自置民田壹處土名坐落松邑廿
壹都百步庄大王廟小土名州理安着田大小共肆坵菜地貳塊東至衆廟田南
至大坑西至大坑北至闕姓田為界又本處堪下洄塆田壹坵地壹塊共額壹分
正并及茶棕雜木一應在內托中親立文契出賣與闕翰禮親邊為業當日三
面斷定時值田價銅錢壹拾千文正其錢當日隨契交乞收足其田自賣之後任憑
闕邊執契管業推收過户收租完粮易佃耕種扦掘改造楊邊子孫人等永遠不
敢識認亦不敢言找言贖此係自置物業與內外伯叔兄弟子侄等無涉日前並無
典當文墨在外如有此色楊邊自能一力承當不干闕邊之事如違甘受疊騙之咎此出兩家
心愿並無逼抑反悔等情恐後無憑故立賣田契為據

咸豐元年十一月廿四日　立賣田契人　楊明宗

見中　楊海宗　闕春富　闕春財

代筆丁汝騏

契紹

立杜找割絕契人楊明宗日前與闕翰禮親邊交易民田壹契坐落松邑廿一都
百步庄大王廟小土名州理安着田地貳處其畝額坵段界至俱載正契原已契明價足
無可言找今因年歲逼迫無錢應用自情愿邀仝原中向與闕翰禮親邊勸找出契

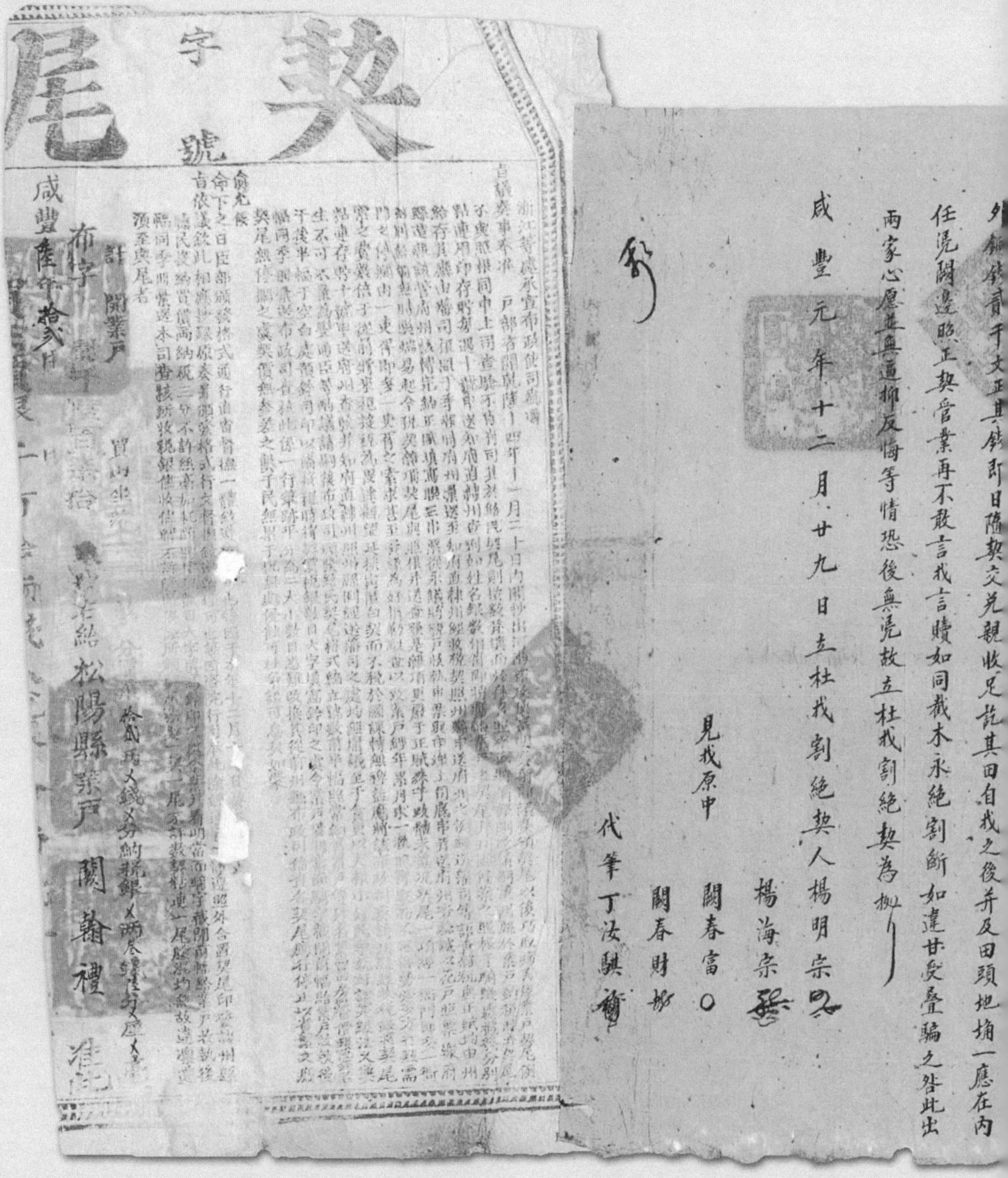

契尾
字　號

咸豐元年拾弍月
布字
計開業戶
買
松陽縣業戶　闕翰禮

外[illegible]錢貳千文正其錢即日隨契交足親收足訖其田自找之後并及田頭地墈一應在內
任凭闕邊照正契管業再不敢言找言贖如同截木永絕割斷如違甘受疊騙之咎此出
兩家心愿並無逼抑反悔等情恐後無凭故立杜找割絕契為據

咸豐元年十二月廿九日立杜找割絕契人　楊明宗（押）
楊海宗（押）

見找原中　闕春富（押）
闕春財（押）

代筆　丁汝麒（押）

（前頁）>>>>>

立賣田契人楊明宗，今因無錢應用，自情愿將自置民田壹處，土名坐落松邑廿壹都百步庄大王廟，小土名州理，安着田大小共肆坵，菜地貳塊，東至衆廟田，南至大坑，西至大坑，北至闕姓田為界，又本處墈下泗堉田壹坵，地壹塊，共額壹分正，并及茶棕雜木，一應在內，托中親立文契，出賣與闕翰禮親邊為業，當日三面斷定，時值田價銅錢壹拾千文正，其錢當日隨契交兑收足，其田自賣之後，任凴闕邊執契管業，推收過户，收租完粮，易佃耕種，扦掘改造，楊邊子孫人等永遠不敢識認，亦不敢言找言贖，此係自置物業，與內外伯叔兄弟子侄等無涉，日前並無典當文墨在外，如有此色，楊邊自能一力承當，不干闕邊之事，如違，甘受叠騙之咎，此出两家心愿，並無逼抑反悔等情，恐後無凴，故立賣田契為據。

咸豐元年十一月廿四日　立賣田契人　楊明宗

見中　楊海宗

闕春富

闕春財

代筆　丁汝騏

（前頁）>>>>>

立杜找割絶契人楊明宗，日前與闕翰禮親邊交易民田壹契，坐落松邑廿一都百步庄大王廟，小土名州理，安着田地貳處，其畝額坵段界至，俱載正契，原已契明價足，無可言找，今因年歲逼迫，無錢應用，自情愿邀仝原中，向與闕翰禮親邊勸找出契外銅錢貳千文正，其錢即日隨契交兑，親收足訖，其田自找之後，并及田頭地角，一應在內，任凴闕邊照正契管業，再不敢言找言贖，如同截木，永絶割斷，如違，甘受叠騙之咎，此出兩家心愿，並無逼抑反悔等情，恐後無凴，故立杜找割絶契為據。

咸豐元年十二月廿九日　立杜找割絶契人　楊明宗

楊海宗

見找原中　闕春富

闕春財

代筆　丁汝騏

（契尾，咸豐陸年拾弍月）

立起送票人楊明宗，今將廿一都百步庄楊正忠户下田粮壹分正，起與闕翰禮親边推收過户完纳，恐口難信，故立起送票存照。

咸豐元年十一月廿四日　立起送票人　楊明宗

代筆　丁汝騏

與謝開養共連单

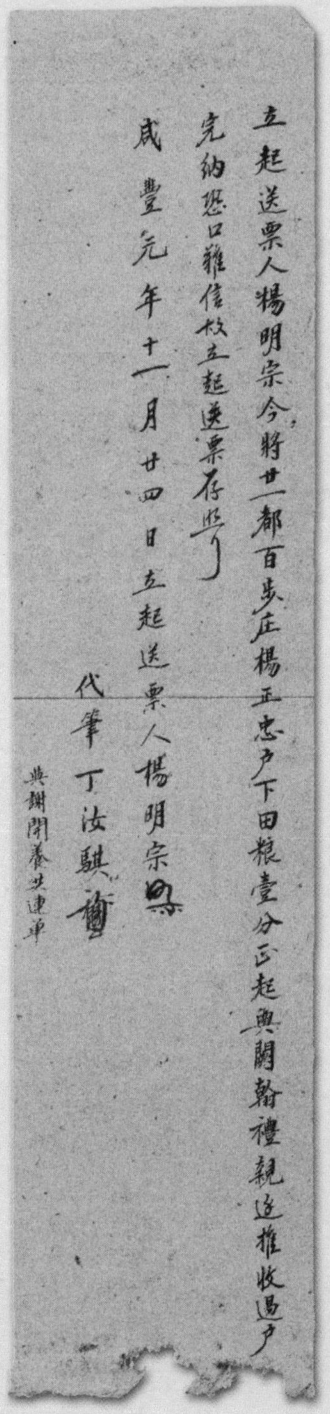

立賣田契人李春鴻今因錢粮無办自情愿將父手遺下民田壹坵坐落
松邑念壹都百步庄土名趙圩垻呂潭坑安着田壹坵正其田東至山脚為界
南至賴姓餘坪為界西至大路為界北至曾姓田為界今俱四至分明計額弍畝
正托中親立文契出賣與茶排庄瀨翰鶴兄邊手內承買為業當日憑中三
面斷定時值田價銅錢玖拾肆仟文正其錢即日隨契兩相交足其田自賣之後任
憑田主推收過戶完粮稅契易佃管業其田乃係清楚物業與內外伯叔兄弟子
侄人等無涉日先亦無典當文墨在外如有此色李邊一力承當不干瀨邊之
事一賣千休契明價足割藤斷根永無找贖愿賣愿買此出兩相情愿各
無反悔並無逼抑等情恐後無憑故立賣契永遠為據行

咸豐元年十二月初四日立賣田契人李春鴻○

憑中 賴永賢（押） 賴永聰（押） 賴永茂（押） 丁汝騏（押） 羅秀忠（押） 雷明德（押）

代筆 賴永松（押）

合

立杜找契人李春鴻今因口食不給日先與茶排庄瀨翰鶴兄邊手內交
易民田壹契坐落松邑念一都白步庄土名趙圩垻呂潭坑口安着田壹
坵正其田四至界額前有正契載明其田契明價足今因年近無措請托原
中向與瀨邊找過契外銅錢壹拾弍千文正其錢隨找兩相交足其田自找之
後割藤斷根永無再行言找言贖如為再行自愿甘受叉立偏之咎此係二面無

契尾

字　號

浙江等處承宣布政使司爲遵[illegible]

旨議奏事案准　戶部咨開乾隆十四年十一月二十日內閣抄出[illegible]

[illegible]

俞允後

命下之日臣部頒發格式通行直省督撫一體遵照辦理可也等因于本年十二月十二日奏本日奉

旨依議欽此相應抄錄原奏并頒發格式行文[illegible]遵照辦理可也等因咨院行司奉此除經通行一體遵照外合將契尾印發該州縣

[illegible]民投納買價銀兩納稅三分不許紙票如將價銀稅數目大字填寫[illegible]當面騎字截開前幅給業戶收執後

幅同季冊彙送本司查核所收稅銀儘收儘解不許隱匿侵蝕所領契尾[illegible]粘連一尾故違凜遵

須至契尾者

計開業戶　買山坐落　畝　分價銀壹[illegible]兩〤錢八分納稅銀[illegible]分〤釐〤毫

布字　號右給松陽縣業戶闕翰寓　准此

咸豐陸年拾弍月　日

[illegible]憑故立找契付與買主為據行

咸豐元年十二月廿五日立杜找契人李春鴻（押）

見找　賴永賢（押）
賴永聰（押）
賴永茂（押）
丁汝驥（押）
羅秀忠（押）
雷明德（押）

代筆　賴永松（押）

（前頁）>>>>>

立賣田契人李春鴻，今因錢粮無办，自情愿将父手遺下民田壹坵，坐落松邑念壹都百步庄，土名趙圩垻呂潭坑，安着田壹坵正，其田東至山脚為界，南至賴姓餘坪為界，西至大路為界，北至曾姓田為界，今俱四至分明，計額弍畝正，托中親立文契，出賣與茶排庄闕翰鶴兄邊手内承買為業，當日凴中三面断定，時值田價銅錢玖拾肆仟文正，其錢即日隨契两相交足，其田自賣之後，任凴田主推收過户，完粮稅契，易佃管業，其田乃係清楚物業，與内外伯叔兄弟子侄人等無涉，日先亦無典當文墨在外，如有此色，李邊一力承當，不干闕邊之事，一賣千休，契明價足，割藤断根，永無找贖，愿賣愿買，此出两相情愿，各無反悔，並無逼抑等情，恐後無凴，故立賣契永遠為據行。

咸豐元年十二月初四日　立賣田契人　李春鴻

凴中　賴永賢

賴永聡

賴永茂

丁汝騏

羅秀忠

雷明德

代筆　賴永松

（前頁）>>>>>

立杜找契人李春鴻，今因口食不給，日先與茶排庄闕翰鶴兄邊手内交易民田壹契，坐落松邑念一都百步庄，土名趙圩垻呂潭坑口，安着田壹坵正，其田四至界額，前有正契載明，其田契明價足，今因年近無措，請托原中向與闕邊找迲契外銅錢壹拾弍千文正，其錢隨找兩相交足，其田自找之後，割藤断根，永無再行言找言贖，如為［違］再行，自愿甘受叠騙之咎，恐口無滍，故立找契付與買主為據行。

咸豐元年十二月廿五日　立杜找契人　李春鴻

見找　賴永賢

賴永聡

賴永茂

丁汝騏

羅秀忠

雷明德

代筆　賴永松

（契尾，咸豐陸年拾弍月）

立賣田契人張文宗今因錢粮無办自情愿將自置民田坐落松邑廿一都南山下庄土名
樟樹下左邊下手安着上至賣人荒地為界下至横路為界左至山為界右至張
姓田為界計額壹畝正今俱四至分明併及田頭地墈荒坪柏樹茶頭雜木一應在内
其田壹處兩横托中親立文契出賣與闕翰岳兄邊入受承買為業當日三面言断定
時值田價銅錢肆拾伍千文正其錢當日收足其田自賣之後任凭闕姓執契管業易
佃耕種收租過户完粮此係已分民田與内外伯叔兄弟子侄人等無涉日先亦無典當重
賣文墨在外如有此色賣人一力承當不干買主之事愿賣愿買此出兩家心愿各無反
悔逼抑等情恐口無凭故立賣契付與買主子孫永遠為據

咸豐元年十二月初四日立賣田契人　張文宗

在場弟　文福

王元鳳

凭中　闕天進

學應

代筆　胡其松

立找劄絶契人張文宗原因日先原與闕翰岳兄邊交易民田壹契坐落松邑
廿都南山下庄土名樟樹下左邊下手安着四至界額畝分前有正契載明日先
契明價足理應無找今因粮食交迫再托原中向到業主勸説找過契外銅錢
叁千文正其錢當日收足其田自找之後永絶劄斷如仝截木日後不敢言找識認
之理此出兩相心愿並無反悔逼抑等情恐口難信故立找劄絶契為據

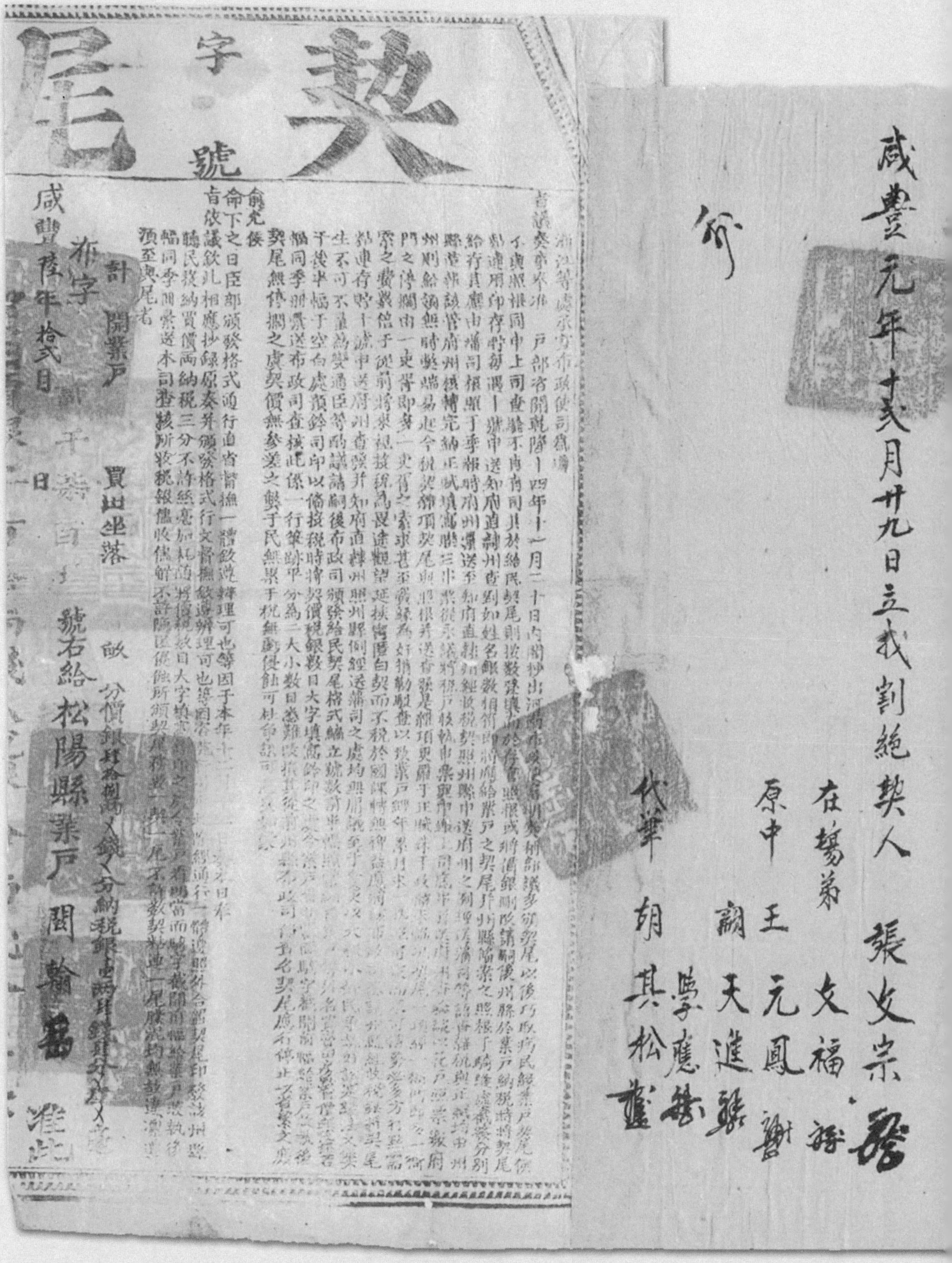

契尾　字　號

浙江等處承宣布政使司為遵旨議奏事准戶部咨開乾隆十四年十一月二十日內閣抄出……

計開業戶　買山坐落　畝　分價銀　……

布字　千　百　號右給松陽縣業戶闕翰書

咸豐陸年拾弍月　日

准此

咸豐元年十二月廿九日立找割絕契人　張文宗（押）

在場弟　文福（押）

原中　王元鳳（押）

翁天進（押）

翁學應（押）

代筆　胡其松（押）

（前頁）>>>>>

立賣田契人張文宗，今因錢粮無办，自情愿将自置民田，坐落松邑廿一都南山下庄，土名樟樹下左邊下手安着，上至賣人荒地為界，下至横路為界，左至山為界，右至張姓田為界，計額壹畝正，今俱四至分明，併及田頭地墈，荒坪柏樹，茶頭雜木，一應在內，其田壹處兩横，托中親立文契，出賣與闕翰岳[1]兄邊人受承買為業，當日三面言断，定時值田價銅錢肆拾伍千文正，其錢當日收足，其田自賣之後，任凴闕姓執契管業，易佃耕種，收租過户完粮，此係己分民田，與內外伯叔兄弟子侄人等無涉，日先亦無典當重賣文墨在外，如有此色，賣人一力承當，不干買主之事，愿賣愿買，此出两家心愿，各無反悔逼抑等情，恐口無凴，故立賣契付與買主子孫永遠為據。

咸豐元年十弍月初四日　立賣田契人　張文宗

在塲弟　文福

凴中　王元鳳

闕天進

學應

代筆　胡其松

1 據光緒《闕氏宗譜》，「翰岳」實為「翰鶴」之誤。

（前頁）>>>>>

立找割絶契人張文宗，原因日先原與闕翰岳［鶴］兄邊交易民田壹契，坐落松邑廿一都南山下庄，土名樟樹下左邊下手安着，四至界額畝分，前有正契載明，日先契明價足，理應無找，今因粮食交迫，再托原中向到業主勸説找過契外銅錢叁千文正，其錢當日收足，其田自找之後，永絶割断，如仝截木，日後不敢言找識認之理，此出两相心愿，並無反悔逼抑等情，恐口难信，故立找割絶契為據。

咸豐元年十弍月廿九日　立找割絶契人　張文宗

在場弟　文福

原中　王元鳳

闕天進

學應

代筆　胡其松

（契尾，咸豐陸年拾弍月）

立賣田契人徐金坤今因錢粮無办自心愿將父手遺下分民田[illegible]
二十壹都夫人廟庄土名社巖后安着民田壹坵其田東至買主尝田南
至買主田西至闕姓田北至蔡姓田為界又賣人屋側墒安着民田壹坵
其田東至墻脚南至徐姓田西北兩至俱係路为界共田弍巖以及界内
荒坪地墒樹木等在内計額五分正今具四至分明托中立契
闕翰禮兄边承買為業當日凴中三面言斷定目值田價銅錢[illegible]
文正其錢即日隨中人兩相交兑足訖不少個文自賣之后任從買主推
收過户完粮易佃耕種收租管業原係分己闔内物業與内外親房
伯叔兄弟子侄人等无干未賣之先並無典当文墨文加若有來歷
不明賣人自己支听不干買主之事所賣所買兩家心愿並無逼勒
債負之故賣人永不得异言識退取贖之理今恐口雜信故立
契交与買主子孫永遠為據

咸豐貳年拾壹月初肆日　立賣田契人　徐金坤

在塲胞兄　金利

見中　闕炳长

凴中　石有基

闕麗學

代筆　闕献奎

立杜找田契人徐金坤原因日前与闕翰禮兄邊交易民田壹契坐落廿一都
人廟庄土名社巖后安着水田壹坵又坐落賣人屋側墒安着水田壹坵

契尾

號

浙江等處承宣布政使司為遵[illegible]

咸豐陸年[illegible]月[illegible]日

布字貳千陸百陸拾玖號右給松陽縣業戶闕翰禮　准此

處其田界至[illegible]前有正契載明今[illegible]

到買主家勸說再找出正契外銅錢玖千文正其錢即日隨找契兩

不少個文自找之後契明價足割藤斷根其田式處不當寸土在[illegible]

佃耕種收租管業賣人永敢茲事生端如違甘受疊騙之論今恐口

故立杜找田契文與買主子孫永遠管業為據

咸豐貳年拾貳月式拾柒日

立杜找田契人　徐金坤（押）

在場胞兄　金利（押）

原中　石有基　闕麗貞

代筆　闕啟奎

（前頁）>>>>>

立賣田契人徐金坤，今因錢粮無办，自心愿将父手遺下分民田，坐落二十壹都夫人庙庄，土名社處后，安着民田壹坵，其田東至買主尝田，南至買主田，西至闕姓田，北至蔡姓田為界，又賣人屋側角安着民田壹坵，其田東至墻脚，南至徐姓田，西、北两至俱係路为界，共田弍處，以及界内荒坪地墈樹木等在内，計額五分正，今具四至分明，托中立契□□□闕翰禮兄边承買為業，當日凴中三面言断，定目值田價銅錢肆拾千文正，其錢即日隨中人两相交兑足讫，不少個文，自賣之后，任從買主推收過户完粮，易佃耕種，收租管業，原係分己阄内物業，與内外親房伯叔兄弟子侄人等无干，未賣之先，並無典当文墨交加，若有來歷不明，賣人自己支听，不干買主之事，所賣所買，兩家心愿，並無逼勒□□債負之故，賣人永不得异言識認取贖之理，今恐口難信，故立□□□契交与買主子孫永遠為據。

見中　闕炳奎

咸豐貳年拾壹月初肆日　立賣田契人　徐金坤

在塲胞兄　金利

凴中　石有基

闕麗學

代筆　闕献奎

（前頁）>>>>>

立杜找田契人徐金坤，原因日前与闕翰禮兄邊交易民田壹契，坐落廿一都夫人庙庄，土名社處后，安着水田壹坵，又坐落賣人屋側埆安着水田壹坵，□□□處，其田界至亩分，前有正契載明，今因年终無銅錢應（用），自請就□到買主家勸説，再找出正契外銅錢玖千文正，其錢即日隨找契兩□□□，不少個文，自找之後，契明價足，割藤断根，其田弍處不留寸土，任凴□佃耕種，收租管業，賣人永（不）敢兹［滋］事生端，如違，甘受叠騙之論，今恐口□□，故立杜找田契交與買主子孫永遠管業為據。

咸豐貳年拾貳月弍拾柒日　立杜找田契人　徐金坤

在塲胞兄　金利

原中　石有基

闕麗學

代筆　闕献奎

（契尾，咸豐陸年拾弍月）

立賣田契人廖有雄今因錢粮無楚情愿將自置民田坐落松邑弍拾壹都夫人
廟庄土名后金□塘子裏安着粮田壹處東至闕姓田為界□至闕姓田為界西至路
為界北至坪為界□□伍分正并及界內田坪地塝槿樹□一應在內托中親立文契
出賣與闕翰鶴親邊□□當日三面斷定時值田價□□拾壹千文正其錢即日隨契
交兑親收足訖不少□□□田自賣之後任憑闕邊執□□業推收過户易佃耕種收租
完粮扦插改造□□□孫永遠不敢識認亦不敢言找言□□同截木永絕割斷此係
自己物業與內外伯叔兄弟子侄人等無涉日先並無曲當□墨在外如有此色廖邊
邊自能壹力承當不干闕邊之事如違甘受疊騙之咎此出兩家心愿並無逼抑反悔
等情恐後無憑故立賣田契為據

咸豐叁年十二月初二日立賣田契人 廖有雄 〇

見中 廖雪開 〇

丁汝騏 禮

契約

立杜找割絕契□□□有雄日前與闕翰鶴親邊□□□田壹契坐落松邑弍拾壹
都夫人廟庄土□后金坑塘子裏安着粮田壹處其畝額四至□載正契原已契明價足無
可言找言贖今因年歲逼迫無錢應用自情愿邀請原中筆親立杜找割絕契向□

七 癸 號

浙江等處承宣布政使司爲遵

旨議奏事奉准 戶部咨開乾隆十四年十一月二十日內閣抄出[illegible]

不與照根同申上司查驗不肖有司其於給民契尾[illegible]

仍違用印存貯每遇十號申送知府直隸州查[illegible]

給存其應由藩司根照丁季[illegible]

應追並[illegible]管府州核轉完納正賦[illegible]

州則給領無時難[illegible]起今[illegible]契尾[illegible]

門之侍閣由一吏[illegible]

費之費[illegible]倍于從前[illegible]

將連存貯十號申[illegible]

生不可不量爲變通[illegible]

于後半幅于空白處[illegible]

幅同季冊彙送布政司[illegible]

契尾無停擱之處契價無[illegible]

俞允後

命下之日臣部頒發格式通行直[illegible]

旨依議欽此相應抄録原奏并[illegible]

聽民投納買價兩納税[illegible]

幅同季冊彙送本司[illegible]

須至契尾者

計開業戶 買山坐落 畝 分價銀叁拾叁兩乂錢乂分

[illegible]本日奉[illegible]通行一體遵照外合置契尾印發該州縣[illegible]

税銀乂兩陸錢玖分乂厘乂毫

布字 號右給松陽縣業戶闕翰鶴 准此

咸豐陸年拾弍月 日

後任凭闕邊照契管業再不敢言找言贖壹找干休如同截木永絶割斷如違甘

重騙之咎此出兩家心愿並無逼抑反悔等情恐後無凭故立杜找割絶契爲據

咸豐叁年 月廿七日立杜找割絶契人廖有雄○

廖雪開○

代筆 丁汝騏

（前頁）>>>>>

立賣田契人廖有雄，今因錢粮無楚［措］，情愿将自置民田，坐落松邑弍拾壹都夫人廟庄，土名后金坑塘子裹，安着粮田壹處，東至闕姓田為界，南至闕姓田為界，西至路為界，北至坪為界，計額伍分正，并及界内田坪地墈，槿樹□□，一應在内，托中親立文契，出賣與闕翰鶴親邊為業，當日三面斷定，時值田價銅錢貳拾壹千文正，其錢即日隨契交兑親收足訖，不少分文，其田自賣之後，任凴闕邊執契管業，推收過户，易佃耕種，收租完粮，扦掘改造，廖邊子孫永遠不敢識認，亦不敢言找言贖，如同截木，永絶割斷，此係自己物業，與内外伯叔兄弟子侄人等無涉，日先並無典當文墨在外，如有此色，廖邊『邊』自能壹力承當，不干闕邊之事，如違，甘受叠騙之咎，此出两家心愿，並無逼抑反悔等情，恐後無凴，故立賣田契為據。

咸豐叁年十二月初二日　立賣田契人　廖有雄

見中　廖雪開

代筆　丁汝騏

（前頁）>>>>>

立杜找割絶契人廖有雄，日前與闕翰鶴親邊交易民田壹契，坐落松邑弍拾壹都夫人廟庄，土名后金坑塘子裹，安着粮田壹處，其畝額四至，□載正契，原已契明價足，無可言找言贖，今因年歲逼迫，無錢應用，自情愿邀請原中筆親立杜找割絶契，向與闕翰鶴親邊勸找出契外銅錢貳千文正，其錢當日隨契交兑親收足訖，其田□□後，任凴闕邊照契管業，再不敢言找言贖，壹找千休，如同截木，永絶割斷，如違，甘受重騙之咎，此出两家心愿，並無逼抑反悔等情，恐後無凴，故立杜找割絶契為據。

咸豐叁年十二月廿七日　立杜找割絶契人　廖有雄

原中　廖雪開

代筆　丁汝騏

（契尾，咸豐陸年拾弍月）

立賣山塲契人藍天有仝弟等今因錢粮無办自情愿將父手遺下民山坐
落松邑廿一都百步庄趙圩壠坑口長坵田塆上民山一塊坐北朝南上至山頂下至
山脚田左至王姓山合水右至闕姓山小窩直上山頂為界四至界內有母坟壹
穴軸甪方圓肆丈正四至界內松杉雜木一應在內今俱四至分明計額叁分
正自情托中親立文契出賣與茶排闕翰禮叔邊入受承買為業當日三面言
斷時值山價銅錢捌千文正其錢即日隨契兩相交兑不少分文其山自賣
之後任憑買主過戶完粮起根管業日先亦無重服典當文墨交加在外倘有
上手來歷不明賣主一力承當不干買之事一賣千休永同藏木無找無贖割
根此出兩家情愿並無反悔等情恐口难信故立賣山塲契付與買主永遠為據

咸豐叁年拾弍月十四日立賣山塲契人　藍天有
仝弟　藍天貴○
羅秀忠
見中人　賴通有
鄭石宝
葉元順○
雷明標
代筆人　王金財

立賣山契人闕佐慶今因無錢吉用自愿將祖父遺下民山坐落廿一都
茶排庄土名水碓嶺安着山壹處東至路併屋後山脚西至田南至田壠北至樟
樹下小坑為界今具四至分明計額伍分正其山拾股將自己阄分下壹股請中筆
立契出賣與本族輸禮叔公入受承買為業當日憑中三面言斷時值山價銅
錢拾千伍伯文正其錢即日隨契付清足訖不少個文其山自賣之後任憑買主推

契尾　字　號

業戶　買山坐落　畝　分價銀拾捌兩伍錢

咸豐陸年拾弍月　日

布字貳千陸百陸拾伍號右給松陽縣業戶闕翰禮　准此

不干涉，如有上手來歷不明，賣人一力支當，不干買主之事。所賣所買，兩相甘愿，並無

逼抑準折債負之故。一賣千休，割藤斷根，永不敢找價取贖等情。今欲有憑，恐口

难信，故立賣山契付與買主子孫永遠管業為據。

一批其山界内日先安曆墳穴，日後買主不得挑管再照。

咸豐四年拾壹月弍拾日立賣山契人　闕佐慶○

在場叔　信全（押）

　　　　柄全（押）

兄　甲慶（押）

　　燦慶（押）

憑中　闕麗學（押）

代筆　闕添慶（押）

(前頁)>>>>>

立賣山塲契人藍天有仝弟等，今因錢粮無办，自情愿将父手遺下民山，坐落松邑廿一都百步庄趙圩（垻）壠坑口長坵田塒上，民山一塊，坐北朝南，上至山頂，下至山脚田，左至王姓山合水，右至闕姓山小窝直上山頂為界，四至界内有母坟壹穴，軸闲方圓肆丈正，四至界内，松杉雜木，一應在内，今俱四至分明，計額叁分正，自情托中親立文契，出賣與茶排闕翰禮叔邊入受承買為業，當日三面言斷，時值山價銅錢捌千文正，其錢即日隨契两相交兑，不少分文，其山自賣之後，任凴買主過户完粮，起根［耕］管業，日先亦無重服［復］典當文墨交加在外，倘有上手來歷不明，賣主一力承當，不干買（主）之事，一賣千休，如同截木，無找無贖，割根，此出两家情愿，並無反悔等情，恐口难信，故立賣山塲契付與買主永遠為據。

咸豐叁年拾弍月十四日　立賣山塲契人　藍天有

仝弟　藍天貴

羅秀忠

賴通有

凴中人　郭石宝

葉元順

雷明德

代筆人　王金財

（前頁）>>>>>

立賣山契人闕佐慶，今因無錢吉［急］用，自愿将祖父遺下民山，坐落廿一都茶排庄，土名水碓嶺，安着山壹處，東至路併屋後山脚，西至田，南至田壠，北至樟樹下小坑為界，今具四至分明，計額伍分正，其山拾股，将自己阄分下壹股，請中筆立契出賣與本族翰禮叔公入受承買為業，當日憑中三面言断，時值山價銅錢拾千伍伯文正，其錢即日隨契付清足訖，不少個文，其山自賣之後，任憑買主推收過户，完粮栽種管業，其山祖遺清楚物業，與內外房親伯叔子侄人等並不干涉，如有上手来歷不明，賣人一力支當，不干買主之事，所賣所買，两相甘愿，並無逼抑準折債負之故，一賣千休，割藤断根，永不敢找價取贖等情，今欲有憑，恐口难信，故立賣山契付與買主子孫永遠管業為據。

一批其山界內，日先安厝坟穴，日後買主不得執管，再照。

咸豐四年拾壹月弍拾日　立賣山契人　闕佐慶

在場叔　信奎

柄奎

兄　甲慶

燦慶

憑中　闕麗學

代筆　闕添慶

（契尾，咸豐陸年拾弍月）

立賣山契人余新蘭仝弟等，今因父故衰具無措，自愿將祖父遺下民山壹處，坐落二十都樹稍庄，小土名砂門嶺頭，上至山頂，下至田內，左至成榛山分水，外至机龍砂為界，今俱四至分明，自愿托中立契，出賣與胞弟新棟承買為業，當日憑中三面言斷時值山價銅錢貳仟貳伯文[illegible]錢即日隨契交足，不少分文。其山自賣之後，任憑買主起耕管業，收租易佃[illegible]係自己情楚，與內外伯叔兄弟子侄人等並無干碍，如有上手來歷不明[illegible]當不涉買主之事。日後不論年限，備办契內銅錢原價取贖，買主不敢執留[illegible]此出兩家情愿，各無反悔等情，恐口难憑，故立賣山契付與買主永遠為據。

一批机龍砂杉樹壹半抽出新蘭管業，再照。

一批花字銅錢捌拾文正。

咸豐朝年拾月念五日　立賣山契人余新蘭（押）

龍（押）

華（押）

余新汁（押）

余新銀（押）

[illegible]堂兄

[illegible]　葉枝財（押）

代筆　周永滿（押）

（前頁）>>>>>

立賣山契人余新蘭仝弟等，今因父故，喪具無措，自愿将祖父遺下民山壹處，坐落二十都樹稍庄，小土名坳门崗頂，上至山頂，下至田，內至成禄山分水，外至机龍坳為界，今俱四至分明，自愿托中立契，出賣與胞弟新楝承買為業，当日憑中三面言断，時值山價銅錢肆仟肆伯文正，其錢即日隨契交足，不少分文，其山自賣之後，任憑買主起耕管業，收租易佃，□□□□□係自己清業，與內外伯叔兄弟子侄人等並無干碍，如有上手来歷不明，□□□□承当，不涉買主之事，日後不論年限備办契內銅錢，原價取贖，買主不敢执留□□此出两家情愿，各無反悔等情，恐口难（信），故立賣山契付與買主永遠為據。

一批花字銅錢捌拾文正。

一批机龍坳杉樹壹半，抽出新蘭管業，再照。

龍

咸豐肆年拾月念五日　立賣山契人　余新蘭

華

在塲堂兄　余新斗

余新銀

母舅　葉枝財

代筆　周永滿

□□□□人賴永賢，今因無□□□自情愿將
祖父遺下□□一處，坐落松邑廿一都百步庄，土名趙
圩垻公爹坑，安着陰陽兩向，上至山頂，下至山脚□□，
左至大崀賴姓山分水，下接天后宫山合水，右至雷姓山
合水為界，今俱四至分明，併及松杉雜木一應在內，
立字出與本都茶排庄闕翰鶴兄邊手內，當過銅
錢弍拾伍千文正，其錢即日兩相交足，其山乃係均
分□□□□當其錢利面断，每□□□起息，其錢
□□□□□交清，不敢欠少，如若欠少，任湰錢
主追利出□伐，其山自當之後，當人不敢私
自出拚砍伐，日後樹木成林出拚之日，任湰歸本當
人，不敢異言，恐口难信，故立當字為據。

咸豐四年十一月十九日　立當山字人　賴永賢
在場弟　永聡
見當　永茂
李永洪
代筆兄　賴永松

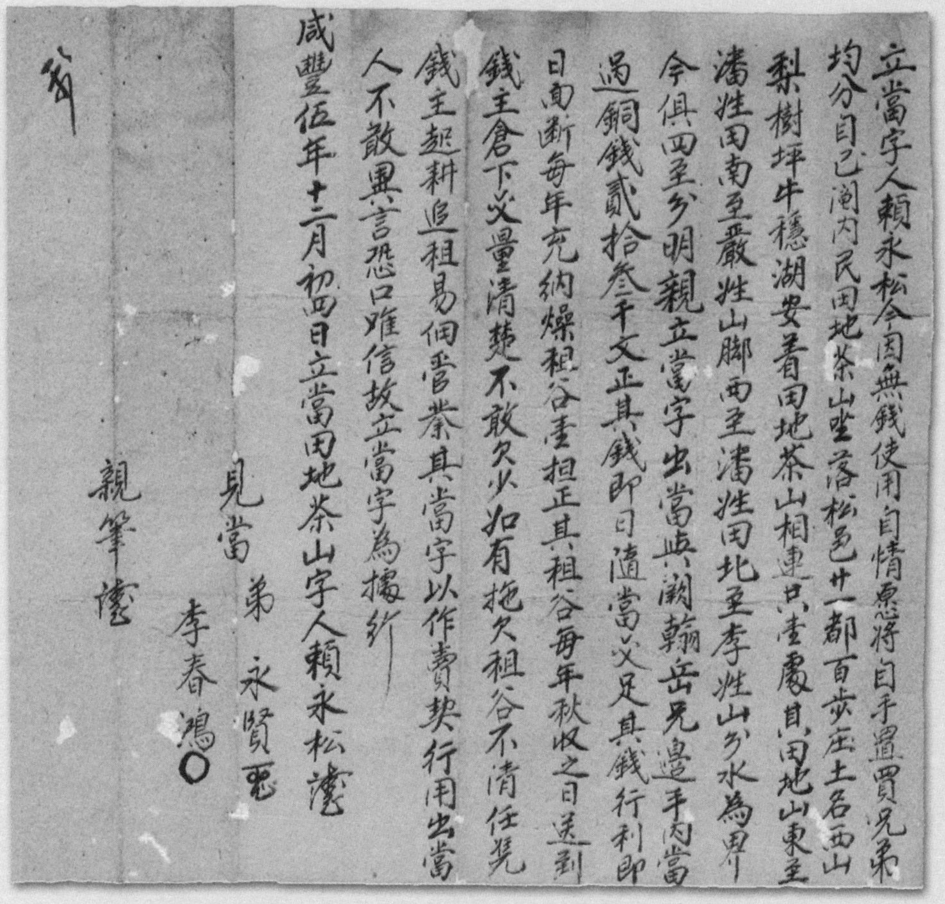

立當字人賴永松，今因無錢使用，自情愿将自手置買兄弟均分自己阄内民田地茶山，坐落松邑廿一都百步庄，土名西山梨樹坪牛穩湖安着，田地茶山相連，共壹處，其田地山東至潘姓田，南至嚴姓山脚，西至潘姓田，北至李姓山分水為界，今俱四至分明，親立當字，出當與闕翰岳〔鶴〕兄邊手内當過銅錢貳拾叁千文正，其錢即日隨當交足，其錢行利即日面断，每年充納燥租谷壹担正，其租谷每年秋收之日，送到錢主倉下交量清楚，不敢欠少，如有拖欠租谷不清，任凴錢主起耕追租，易佃管業，其當字以作賣契行用，出當人不敢異言，恐口难信，故立當字為據行。

咸豐伍年十二月初四日　立當田地茶山字人　賴永松

見當弟　永賢

李春鴻

親筆

立賣菜園地字人闕振科仝弟等今因父故喪具無办自情愿將祖父遺下清業坐落松邑廿一都后宅村脚天錫叔公園地毗連外邊園地壹片其界至上至屋脚為界下至田為界内至天錫叔公毗連外至堪脚為界今載四至分明托中立字出賣與本家佳旺叔邊入受承買為業凴中三面断定時值價銅錢叁千伍百文正其錢即日隨字交足不少分文其菜園地任凴買主前去耕種管業乃係自己清業與内外伯叔兄弟子侄人等無涉自賣之後不敢言找言贖愿賣愿買两家心愿各無反悔等情恐口难凴故立賣菜園地字付與叔边永遠管業為據

咸豐九年九月初三日

立賣菜園地字人闕振科（押）

胞弟 振河（押） 振奇（押） 振良（押） 振威（押）

凴中 見字的叔麗明（押） 葉顕亮（押）

代筆 闕石峰（押）

（前頁）>>>>>

立賣菜園地字人闕振科仝弟等，今因父故，喪具無办，自情愿将祖父遺下清業，坐落松邑廿一都后宅村脚天錫叔公園地毗連外邊園地壹片，其界至上至屋脚為界，下至田為界，內至天錫叔公（園地）毗連，外至墈脚為界，今載四至分明，托中立字出賣與本家佳旺叔邊入受承買為業，凴中三面断定，時值價銅錢肆千伍百文正，其錢即日隨字交足，不少分文，其菜園地任凴買主前去耕種管業，乃係自己清業，與內外伯叔兄弟子侄人等無涉，自賣之後，不敢言找言贖，愿賣愿買，两家心愿，各無反悔等情，恐口难凴，故立賣菜園地字付與叔边永遠管業為據。

咸豐九年九月初三日　立賣菜園地字人　闕振科

胞弟　振河

振奇

振良

振盛

凴中見字的［嫡］叔　麗明

葉顕亮

代筆　闕石峰

立賣田契人張文泰文富仝等今因錢粮無办自愿將祖父遺下民田坐落
松邑廿一都夫人廟庄小土名安裳岡安着民田壹處計田大小陸横半正上至買主
田下至龍灯會田併張姓田左右西至俱係蔡姓田為界今俱四至分併及田頭地塝
浸田水路柏樹雜木等項一概在内計額壹畝正自愿托中立契出賣與闕翰禮
邊承買為業當日憑中三面言斷時值田價銅錢叁拾玖千文正其錢即日當中
兩相交兑足訖不短分文自賣之後任憑買主推收過户完粮收租起耕改佃管
業賣人不敢異言阻执乃係清業與内外房親伯叔兄弟子侄人等無涉並無重
當文墨倘有上手來歷不明賣人一力承當不干買主之事此係正行交易愿賣
愿受兩相情愿並無債貨準折逼抑等情恐口難信故立賣田契永遠為據

一批正找契内註有半字再照

大清同治元年十一月　吉日　立賣田契人　張　文泰（押）

仝弟　文富（押）

憑中　房兄　文福（押）

闕永燮（押）

蔡有招（押）

代筆　李盛興（押）

立發

立杜找田契人張文泰文富等原與闕翰禮手内交易民田坐落松邑廿一都
夫人廟庄小土名安着民田壹處計田大小陸横半正界至畝額前有正契載明
併及田頭地塝浸田水路柏樹雜木等項一概在内今因粮食結迫自愿請托原

契尾

字　號

計開業戶　買田　畝　分　毫

價銀拾伍兩入錢入分納稅銀[illegible]

布字[illegible]號右給松陽縣業戶闕翰禮　准此

同治伍年柒月　日

[illegible]

中[illegible]安韓禮業主邊善言勸找出契外[illegible]
分文自找之後原係契明價足不敢再行向找之理一找千休永遠斷根日后不
淒言補找贖永不敢識認等情恐口難信故立杜找田契永遠爲據

大清同治元年拾弍月初四日　立杜找田契人張文泰（押）

仝弟　文富（押）
　　　文福（押）
房兄　文壽（押）
原中　闕永璽（押）
　　　蔡有招（押）
代筆　李盛興（押）

（前頁）>>>>>

立賣田契人張文泰、文富仝等，今因錢粮無办，自愿将祖父遺下民田，坐落松邑廿一都夫人廟庄，小土名安袋［岱］崗，安着民田壹處，計田大小陆横半正，上至買主田，下至龍灯會田併張姓田，左右两至俱係蔡姓田為界，今俱四至分（明），併及田頭地坳，浸田水路，柏樹雜木等項，一概在內，計額壹畝正，自愿托中立契，出賣與闕翰禮邊承買為業，當日憑中三面言断，時值田價銅錢叁拾玖仟文正，其錢即日當中两相交兑足訖，不短分文，自賣之後，任憑買主推收过户，完粮收租，起耕改佃管業，賣人不敢異言阻执，乃係清業，與內外房親伯叔兄弟子侄人等無涉，並無典當文墨，倘有上手來歷不明，賣人一力承當，不干買主之事，此係正行交易，愿賣愿受，两相情愿，並無債負準折逼抑等情，恐口難信，故立賣田契永遠為據。

一批正找契内註有半字，再照。

大清同治元年十一月十四日　立賣田契人　張文泰

仝弟　文富

房兄　文福

憑中　闕永瓊

蔡有招

代筆　李盛興

（前頁）>>>>>

立杜找田契人張文泰、文富等，原與闕翰禮手內交易民田，坐落松邑廿一都夫人庙庄，小土名安着民田壹處，計田大小陆横半正，界至畝額，前有正契載明，併及田頭地角，浸田水路，柏樹雜木等項，一概在內，今因粮食結［給］迫，自愿請托原中，向與翰禮業主邊善言勸找出契外銅錢陆仟文，其錢親收足訖，不短分文，自找之後，原係契明價足，不敢再行向找之理，一找千休，永遠断根，日后不得言稱找贖，永不敢識認等情，恐口難信，故立杜找田契永遠為據。

大清同治元年拾弍月初四日　立杜找田契人　張文泰

仝弟　文富

原中　房兄　文福

文壽

闕永瓊

蔡有招

代筆　李盛興

（契尾，同治伍年柒月）

立賣田契人張文泰今因錢粮無办自愿將父分己澗内民田坐落松邑廿一都夫人
廟庄小土名安岱崗安着水田壹處計田五横半大小拾坵正上至賣人田下至坑壠左至
崗邊右至水塘田為界今俱四至分明併及界内浸田水路柏樹雜木等項一概在内計額
壹畝正自愿托中立契出賣與闕玉麟手内承買為業當日憑中三面言斷時值
田價銅錢叁拾肆仟文正其錢即日當兩相交兑足訖不短分文自賣之後任憑買主
推收过户完粮收租起耕改佃管業賣人不敢異言阻拆此係自己清業與内外房親
伯叔兄弟子侄人等無涉並無典當交墨若有上手来歷不明賣人一力承當不干買
主之事此係正行交易愿賣愿受两相情愿並無債貨準折逼勒等情恐口难信
故立賣田契付與買主子孫永遠為據

大清同治元年拾壹月拾捌日立賣田契人張文泰（押）

憑中

弟 文富（押）

文福（押）

文壽（押）

鄭開喜（押）

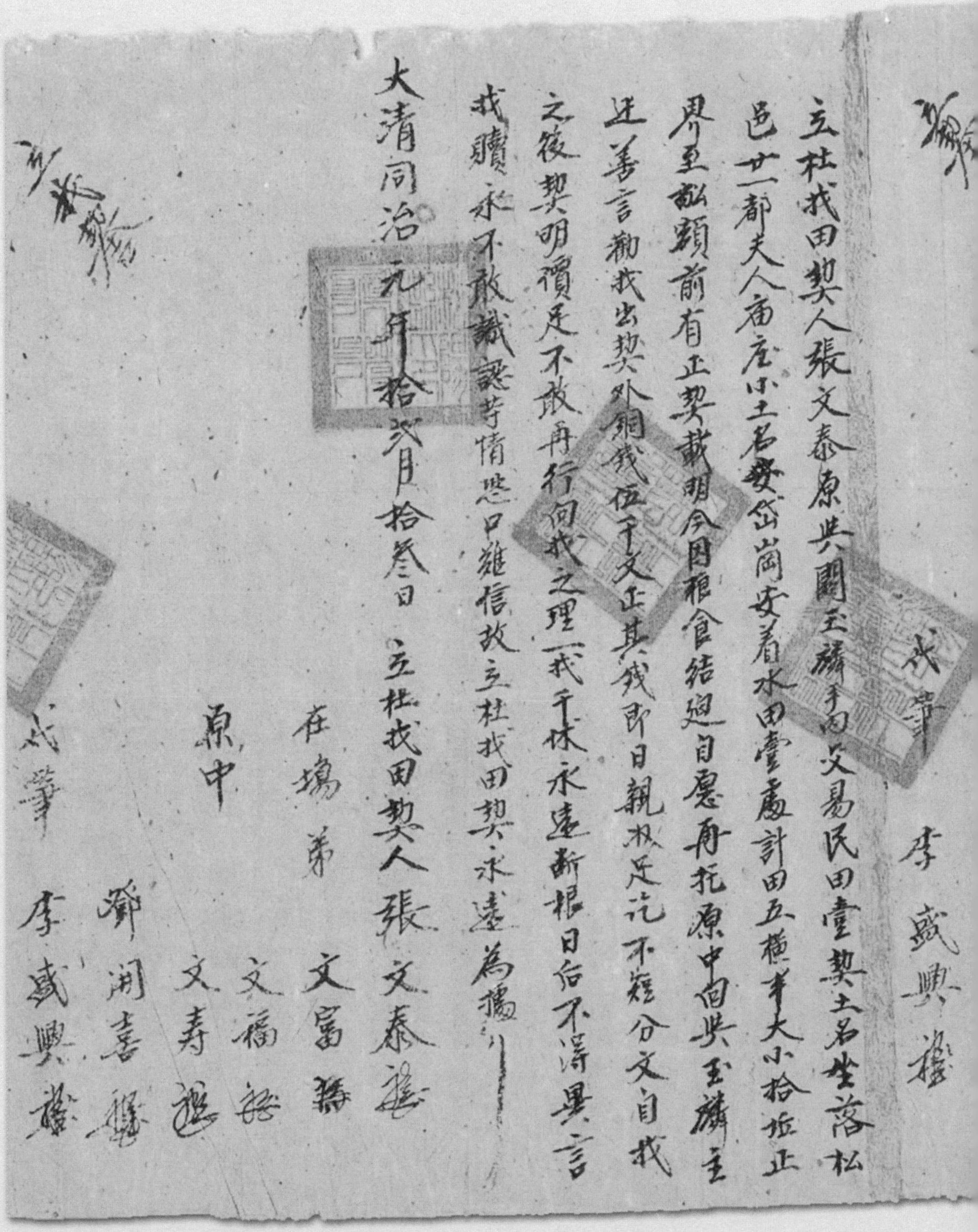

代筆　李盛興　押

立杜找田契人張文泰原與闕玉麟手內交易民田壹契土名坐落松
邑廿一都夫人廟庄小土名𡸣嶴安着水田壹處計田五擔半大小拾坵正
界至悉照前有正契載明今因粮食結迫自愿再托原中向與玉麟主
邊善言勸找出契外銅錢伍千文正其錢即日親收足訖不短分文自找
之後契明價足不敢再行向找之理一找千休永遠斷根日后不得異言
找贖永不敢織認等情恐口難信故立杜找田契永遠為據
大清同治元年拾弍月拾叁日　立杜找田契人張文泰　押
在塲弟　文富　押
文福　押
文壽　押
原中　鄧潤喜　押
代筆　李盛興　押

（前頁）>>>>>

立賣田契人張文泰，今因錢粮無办，自愿将父分己阄内民田，坐落松邑廿一都夫人廟庄，小土名安岱崗，安着水田壹處，計田五横半，大小拾坵正，上至賣人田，下至坑壠，左至崩蓬，右至水塘田為界，今俱四至分明，併及界内浸田水路，柏樹雜木等項，一概在内，計額壹畝正，自愿托中立契，出賣與闕玉麟手内承買為業，當日凴中三面言断，時值田價銅錢叁拾肆仟文正，其錢即日當（中）两相交兑足訖，不短分文，自賣之後，任凴買主推收过户，完粮收租，起耕改佃管業，賣人不敢異言阻执，此係自己清業，與内外房親伯叔兄弟子侄人等無涉，並無典當文墨，若有上手來歷不明，賣人一力承當，不干買主之事，此係正行交易，愿賣愿受，两相情愿，並無負債準折逼勒等情，恐口難信，故立賣田契付與買主子孫永遠為據。

大清同治元年拾壹月拾捌日　立賣田契人　張文泰

弟　文富

凴中　文福

文寿

鄧開喜

代筆　李盛興

（前頁）>>>>>

立杜找田契人張文泰，原與闕玉麟手内交易民田壹契，土名坐落松邑廿一都夫人庙庄，小土名安岱崗，安着水田壹處，計田五横半，大小拾坵正，界至畝額，前有正契載明，今因粮食结［給］迫，自愿再托原中向與玉麟主边，善言勸找出契外銅錢伍千文正，其錢即日親收足讫，不短分文，自找之後，契明價足，不敢再行向找之理，一找千休，永遠断根，日后不得異言找贖，永不敢識認等情，恐口難信，故立杜找田契永遠為據。

大清同治元年拾弍月拾叁日　立杜找田契人　張文泰

在塲弟　文富

原中　文福

文寿

鄧侀喜

代筆　李盛興

立賣房屋契人邱槐德今因錢粮無办自愿将祖父遺下自己鬮
內房屋坐落廿一都夫人廟庄下包安着老屋下手橫屋外手相
房一連大小兩間上連瓦椽下及地基四圍板壁出進門路併值
牛欄猪欄一共在內托中立契出賣與胞兄邱槐忠大哥入手承買
為業三面言斷定時值屋價銅錢壹拾伍千文正其錢隨契兩相
交訖不少分文其房屋自賣之後任凭錢主修整管業賣人不得異
言其房屋契明價足永無找贖等情兩相心愿並無反悔等情
恐口無憑故立賣契付與買主永遠為據

大清同治元年拾弍月廿九日立賣房屋契人　邱槐德（押）

見中　槐良○
槐書（押）
槐露（押）

代筆　邱啟宗（押）

（前頁）>>>>>

立賣房屋契人邱槐德，今因錢粮無办，自愿将祖父遺下自己閹內房屋，坐落廿一都夫人庙庄下包，安着老屋下手，横屋外手，相［厢］房一連大小两間，上連瓦椽，下及地基，四圍板壁，出進門路，併值牛欄猪欄一共在內，托中立契，出賣與胞兄邱槐忠大哥入手承買為業，三面言断，定時值屋價銅錢壹拾伍千文正，其錢隨契两相交訖，不少分文，其房屋自賣之後，任湺錢主修整管業，賣人不得異言，其房屋契明價足，永無找贖等情，两相心愿，並無反悔等情，恐口無憑，故立賣契付與買主永遠為據。

大清同治元年拾弍月廿九日　立賣房屋契人　邱槐德

見中　槐良

槐書

槐露

代筆　邱砿宗

立賣田契人闕翰餘今因钱粮無办自情愿将父遺下分已阄内民田弍處坐落松邑二十壹都蔡宅庄土名大甫竹塆安着民田壹處其田上下左右四至蔡姓田為界又田壹處張家塆安着曾姓屋后田壹處其田上至闕姓田下至華姓田左至山骨右至田為界今俱四至分明計額弍畝柒分正自愿托中親立文契出賣與本族翰鶴兄边入受承買為業當日憑中三面言定目值時價銅钱壹佰肆拾千文正其钱即日隨契兩相交兑足訖不少個文其田自賣之后任憑買主推收過户完粮易佃収租管業原係分已物業與内外房兄弟侄人等無干日后亦無重典文墨加找賣人一力承當不干買主之事此出兩家情愿各無返悔等語今恐口難信故立賣田契文典買主子孫永遠管業為據

立賣田契人闕翰餘

憑中 胡其松

闕甲慶

闕玉賜

同治弍年叁月二十七日

代筆 闕翰培

立找斷截契人闕輸餘，日先原與本族輸鶴兄邊交易田業壹契，坐落松邑二十壹都蔡宅庄，土名、四至、畝額前有正契載明。請托原中向業主家再找出契外銅錢壹拾叁千文正。其錢即日隨契清訖，不少個文。其田自我之后，契明價足，心情意滿，無找無贖，一賣千休，兩相情愿，各無反悔等情之理。今恐口難凴，故立找斷截契為據。

同治六年五月拾壹日

立找斷截契人　闕輸餘（押）

原中　胡其松（押）
　　　闕甲慶（押）
　　　闕玉賜（押）

代筆　闕翰培（押）

（前頁）>>>>>

立賣田契人闕翰餘，今因錢粮無办，自情愿将父遺下分己阄内民田弍處，坐落松邑二十壹都蔡宅庄，土名大甫竹塆，安着民田壹處，其田上下左右四至蔡姓田為界，又田壹處，張家塆安着，雷姓屋后田壹處，其田上至闕姓田，下至華姓田，左至山骨，右至田為界，今俱四至分明，計額弍畝柒分正，自愿托中親立文契，出賣與本族翰鶴兄边入受承買為業，當日凴中三面言定，目值時價銅錢壹伯肆拾千文正，其錢即日隨契兩相交兑足訖，不少個文，其田自賣之后，任凴買主推收過户，完粮易佃，收租管業，原係分己物業，與内外房兄子侄人等無干，日先亦無重典文墨加交，賣人一力承當，不干買主之事，此出两家情愿，各無反悔等語，今恐口难信，故立賣田契交與買主子孫永遠管業為據。

同治弍年叁月二十七日　立賣田契人　闕翰餘

凴中　胡其松

闕甲慶

闕玉賜

代筆　闕翰培

立找断截契人闕翰餘，日先原與本族翰鶴兄边交易田業壹契，坐落松邑二十壹都蔡宅庄，土名四至畝額，前有正契載明，請托原中向業主家再找出契外銅錢壹拾叁千文正，其錢即日隨契清收足訖，不少個文，其田自找之后，契明價足，心情意滿，無找無贖，一賣千休，两相情愿，各無反悔等情之理，今恐口难凴，故立找断截契為據。

同治弍年五月拾壹日　立找断截契人　闕翰餘

原中　胡其松

闕甲慶

闕玉賜

代筆　闕翰培

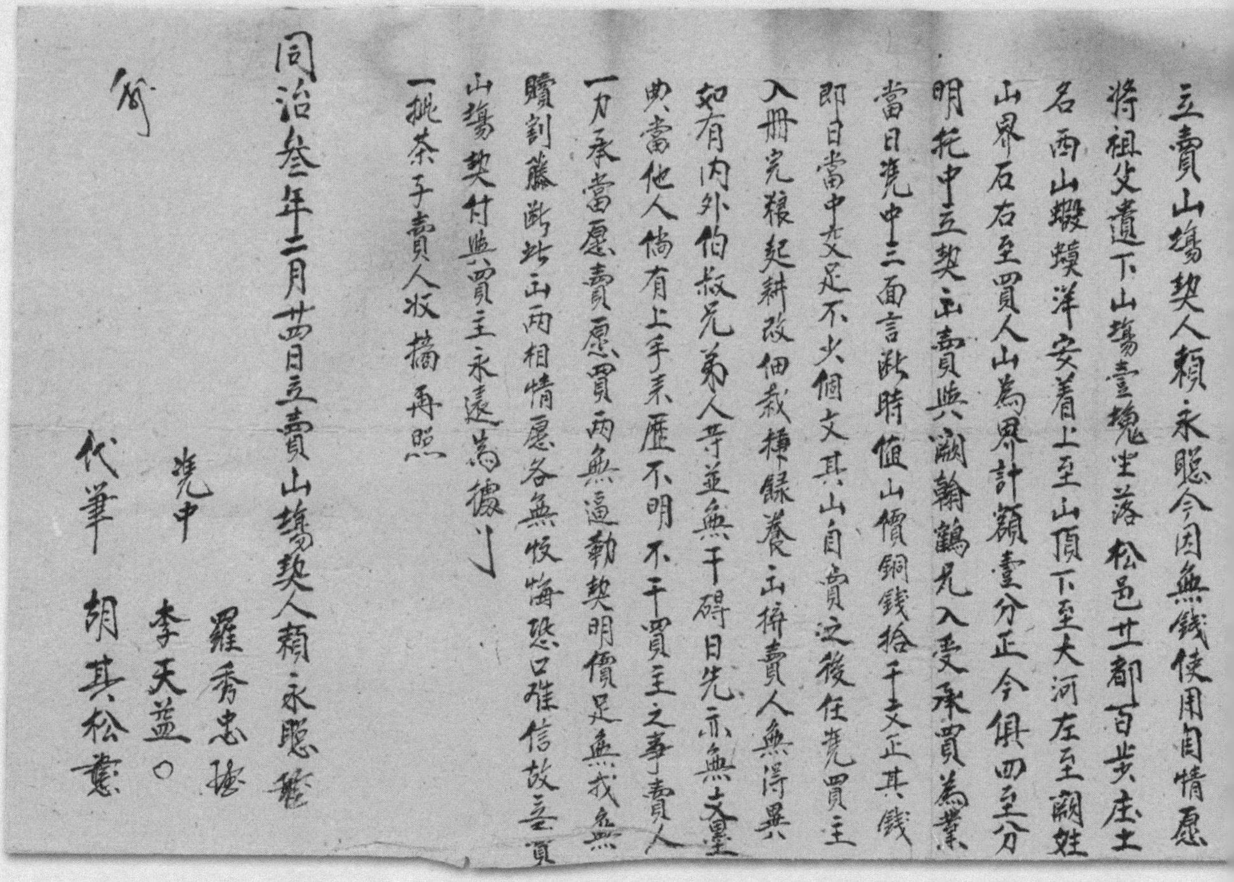

立賣山塲契人賴永聡，今因無錢使用，自情愿
将祖父遺下山塲壹塊，坐落松邑廿一都百步庄，土
名西山蝦蟆洋安着，上至山頂，下至大河，左至闕姓
山界石，右至買人山為界，計額壹分正，今俱四至分
明，托中立契，出賣與闕翰鶴兄入受承買為業，
當日凴中三面言斷，時值山價銅錢拾千文正，其錢
即日當中交足，不少個文，其山自賣之後，任凴買主
入册完粮，起耕改佃，栽插録［籙］養出拚，賣人無得異（言），
如有内外伯叔兄弟人等並無干碍，日先亦無文墨
典當他人，倘有上手来歷不明，不干買主之事，賣人
一力承當，愿賣愿買，两無逼勒，契明價足，無找無
贖，割藤断（根），此出两相情愿，各無反悔，恐口难信，故立賣
山塲契付與買主永遠為據。
一批茶子賣人收摘，再照。
同治叁年二月廿四日　立賣山塲契人　賴永聡
凴中　羅秀忠
李天益
代筆　胡其松

立賣田契墳地人賴開琳今因錢粮無办自情愿將父手遺下分己閹内民田坐落松邑廿一都石黄庄土名趙圩墳大窝裏坑尾安着水田壹處大小陸坵并假荒坪地墉在内上至山為界下至開昌田為界左至山為界右至山并開昌田為界又土名墳墉中央墳地壹塊内至闕姓地為界外至開昌田為界左至開昌地為界右至曾姓地為界今俱式處四至分明共計額粮伍分正界内檯樹茶頭雜木壹應在内請托憑中親房立文契出賣與茶排庄闕翰鶴親邊入手承買為業當日憑中面断時值田地價銅錢念拾柒千文正其錢即日隨契兩相交足其田并地任憑闕邊過戶入册完粮起耕易佃收租管業乃係自己清楚物業與内外人等無涉日先一無重當文墨在外如有此色賣人一力承當不干闕邊之事愿賣愿買两家心愿各無反悔逼抑等情恐口無憑故

立賣田契付與買主為據

大清同治叁年拾壹月初三日立賣田契墳地人 賴開琳（押）

房叔人 賴新富（押）

賴新有（押）

侄弟人 賴開昌（押）

賴開理（押）

憑中人 藍天有

陳來發（押）

代筆人 羅秀忠（押）

（前頁）>>>>>

立賣田契垻地人賴開琳，今因錢粮無办，自情愿将父手遺下分己閹内民田，坐落松邑廿一都百步庄，土名趙圩垻大窩裏坑尾，安着水田壹處，大小陆坵，并及荒坪地坳在内，上至山為界，下至開昌田為界，左至山為界，右至山并開昌田為界，又土名垻坳中央垻地壹塊，内至闕姓地為界，外至開昌田為界，左至開昌地為界，右至曽姓地為界，今俱弍處四至分明，共計額粮伍分正，界内槿樹茶頭雜木，壹應在内，請托凴中親『房』立文契，出賣與茶排庄闕翰鶴親邊入手承買為業，當日凴中面断，時值田地價銅錢念『拾』柒千文正，其錢即日隨契两相交足，其田并地，任凴闕邊過户入册完粮，起耕易佃，收租管業，乃係自己清楚物業，與内外人等無涉，日先一無点〔典〕當文墨在外，如有此色，賣人一力承當，不干闕邊之事，愿賣愿買，两家心愿，各無反悔逼抑等情，恐口無憑，故立賣田契付與買主為據。

大清同治叁年拾壹月初三日　立賣田契垻地人　賴開琳

房叔『人』　賴新富

賴新有

侄弟『人』　賴開昌

賴開理

憑中人　藍天有

陳來發

代筆人　羅秀忠

立找割絶契人賴開琳日先原與闕輸鶴兄邊交易民田坵地共壹契坐落松邑念壹都百歲庄土名趙圩塅安着田并塅地四至界內額前有正契載明日先契明價足理應無找今田粮食交迫再托原中向到闕輸鶴兄邊勸說契外銅錢貳仟文正其錢即日隨找兩相交足其田并地自找之后永絶割斷如仝載木日后不敢言找識認之理此出兩相心愿恐口难信故立找割絶契爲據行

大清同治貳年拾壹月拾壹日立找割絶契人賴開琳

房兄人賴開昌

憑中人藍天有

代筆人羅秀忠

（前頁）>>>>>

立找割絶契人賴開琳，日先原與闕翰鶴兄邊交易民田垻地共壹契，坐落松邑念壹都百步庄，土名趙圩垻，安着田并垻地，四至界『内』額，前有正契載明，日先契明價足，理應無找，今因粮食交迫，再托原中向到闕翰鶴兄邊勸説契外銅錢貳仟文正，其錢即日隨找两相交足，其田并地，自找之后，永絶割断，如仝截木，日后不敢言找識認之理，此出两相心愿，恐口难信，故立找割絶契為據行。

大清同治肆年拾壹月拾壹日　立找割絶契人　賴開琳

房兄『人』　賴開昌

憑中人　藍天有

代筆人　羅秀忠

立賣田契人張文泰今因钱粮無办自情愿將祖父遺下阄内民田坐落松邑廿一都夫人庙庄小土名安岱肖壠裏水路下安着民田壹處上至買主田下至買主田左右两至阙姓田為界計額壹畝伍分正併及田頭地塝桐茶雜木浸田水路壹概在内今俱四至分明自愿托中立契出賣與阙玉麟入手承買為業當日凴中三面言断時值田價銅錢陆拾仟文正其錢即日當中親收足訖不少分文其田自賣之後任凴買主推收過戶完粮起耕收租永遠管業賣人不得異言此係自己清業與内外伯叔兄弟子侄人等無涉日先亦無典當在外若有來歷不明賣人一力承當不干買主之事契明價足永無找贖愿賣愿買此係正行交易並無債貨準折逼抑之故恐口难凴故立賣田契付與買主子孫永遠為據

立賣田契人張文泰（押）

在場 胞弟 文富（押）

房侄 寿斌（押）

癸發（押）

凴中 雷闹益（押）

廖石柱 ○

代筆 李盛安（押）

同治陆年拾壹月拾七日

文契

立杜找截田契人張文泰日前原與阙玉麟邊交易民田壹契坐落廿一都夫人庙庄小土名安岱肖壠裏水路下安着民田壹處其田界至畝分前有正契載明今因口食不給再托原中向到買主勸説找出契外銅钱捌仟文正其錢即日收訖不少分文其田自找之後壹找千休永遠割藤断根日後子孫不得識認恐口难信故立杜找断絕田契付與買主永遠為據

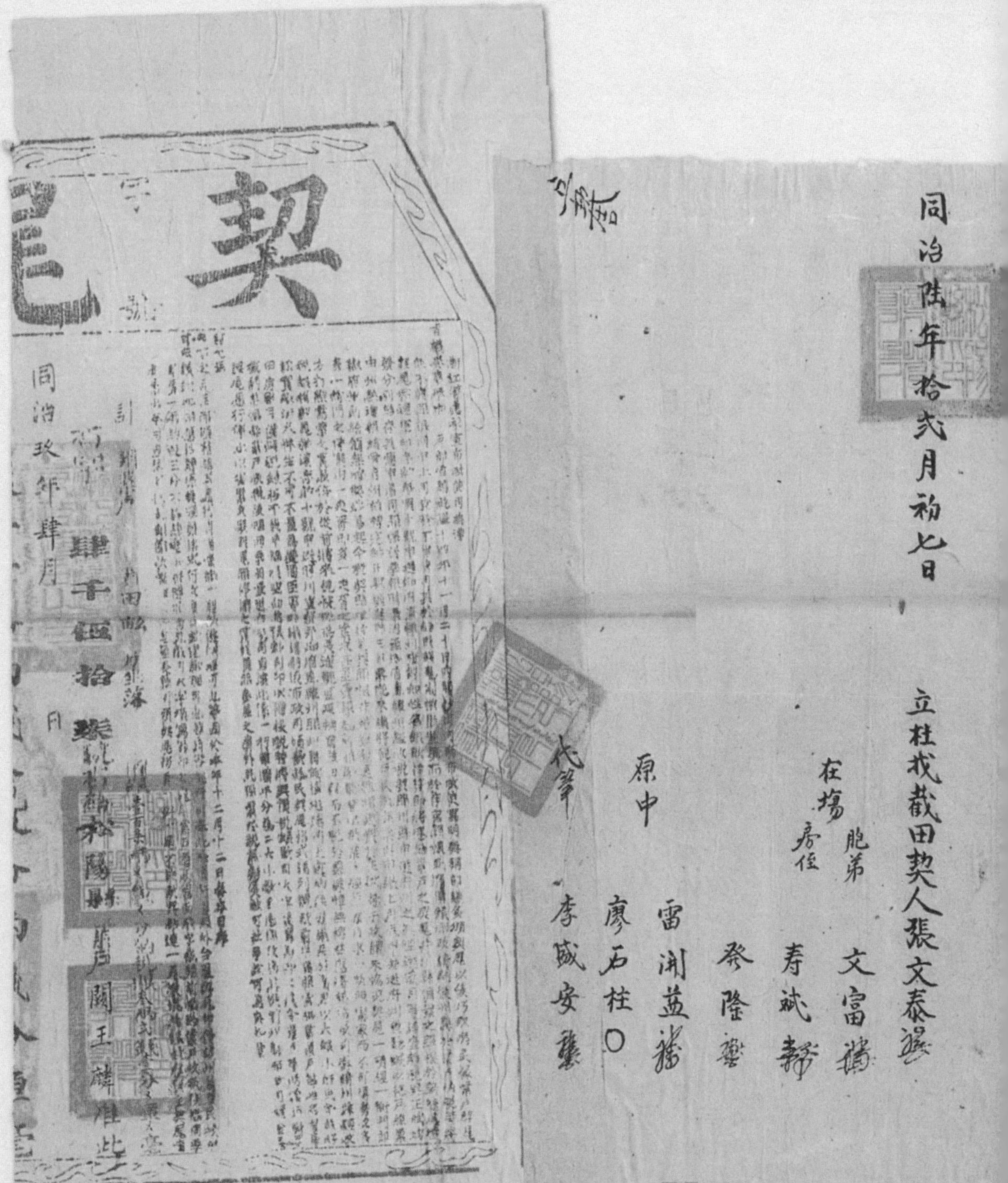
同治陆年拾弍月初七日
立杜找截田契人張文泰
胞弟　文富
在場　房侄　寿斌
癸隆
原中　雷渊益
廖石柱○
代筆　李盛安

契尾
同治玖年肆月　日
業户闕王麟　准此

（前頁）>>>>>

立賣田契人張文泰，今因錢粮無办，自情愿将祖父遺下阄内民田，坐落松邑廿一都夫人庙庄，小土名安岱崗壠裏水路下，安着民田壹處，上至買主田，下至買主田，左右两至阙姓田為界，計額壹畝伍分正，併及田頭地塝，柏茶雜木，浸田水路，壹概在内，今俱四至分明，自愿托中立契，出賣與闕玉麟入手承買為業，當日凴中三面言断，時值田價銅錢陆拾仟文正，其錢即日當中親收足訖，不少分文，其田自賣之後，任凴買主推收過户，完粮起耕，收租永遠管業，賣人不得異言，此係自己清業，與内外伯叔兄弟子侄人等無涉，日先亦無典當在外，若有来歷不明，賣人一力承當，不干買主之事，契明價足，永無找贖，愿賣愿買，此係正行交易，並無債負準折逼抑之故，恐口难憑，故立賣田契付與買主子孫永遠為據。

同治陆年拾壹月拾七日　立賣田契人　張文泰

在塲胞弟　文富

房侄　寿斌

發隆

凴中　雷㑊益

廖石柱

代筆　李盛安

（前頁）>>>>>

立杜找截田契人張文泰，日前原與闕玉麟邊交易民田壹契，坐落廿一都夫人庙庄，小土名安岱岗壠裏水路下，安着民田壹處，其田界至畝分，前有正契載明，今因口食不給，再托原中向到買主勸説，找出契外銅錢捌仟文正，其錢即日收訖，不少分文，其田自找之後，壹找千休，永遠割藤断根，日後子孫不得識認，恐口难信，故立杜找断絶田契付與買主永遠為據。

同治陆年拾弍月初七日　立杜找截田契人　張文泰

在場胞弟　文富

房侄　寿斌

發隆

原中　雷閈益

廖石柱

代筆　李盛安

（契尾，同治玖年肆月）

立杜找絕田契闕門林氏原因日先與本家翰鶴伯邊交易水田壹契其田坐落廿一都石倉窩口安着其畝額界至前有原契載明今因根迫請托原中相勸業主闕翰鶴伯邊找過契外洋銀貳元正其洋銀即日當中隨契付訖其田自找之後一賣千休永無找贖等情此出兩相情愿各無翻悔恐後無憑故立杜找絕契付與業主永遠爲照

同治柒年拾貳月拾捌日立契杜找契人 闕林氏〇

在場伯 翰榮（押）

原中 胡其松（押）

闕翰柳（押）

代筆 翰信（押）

（前頁）>>>>>

立杜找绝田契阙门林氏，原因日先与本家翰鶴伯邊交易水田壹契，其田坐落廿一都石倉窝口安着，其畝額界至，前有原契載明，今因粮迫，请托原中相勸業主阙翰鶴伯邊，找過契外洋銀弍元正，其洋銀即日當中隨契付讫，其田自找之後，一賣千休，永無找贖等情，此出两相情愿，各無反悔，恐後無凴，故立杜找绝契付与業主永遠为照。

同治柒年拾弍月拾捌日　立契杜找契人　阙林氏

在塲伯　翰榮

原中　胡其松

阙翰柳

代筆　翰信

立賣田契人闕玉坤，今因錢粮無办，自情愿将祖父遺下阄内民田，坐落松邑二十一都石倉源茶排庄，土名天塘鬼洞下，安着水田壹處，上至玉蘭田，下至闕姓田，左至坑，右至山為界，今俱四至分明，荒熟椿樹在內，計額壹畝式分正，自愿托中立契，出賣與胞叔父翰鶴承買為業，當日凴中面断，時值田價銅錢叁拾陆仟文正，其錢即日隨契當中两相交足，親收两訖，不少個文，其田自賣之日，任從叔邊推收過户，起耕完粮收租，永遠管業，乃係清楚物業，倘有来歷不明，賣人一力承當，不涉叔邊之事，原〔愿〕賣原〔愿〕受，並無逼勒債貨之故，此出两相情愿，不敢異言找贖之理，各無反悔，恐口難信，故立賣田契付與叔邊永遠為據。

同治八年四月初七日　立賣田契人　闕玉坤

在見　闕翰信

闕玉秀

代筆　林永彩

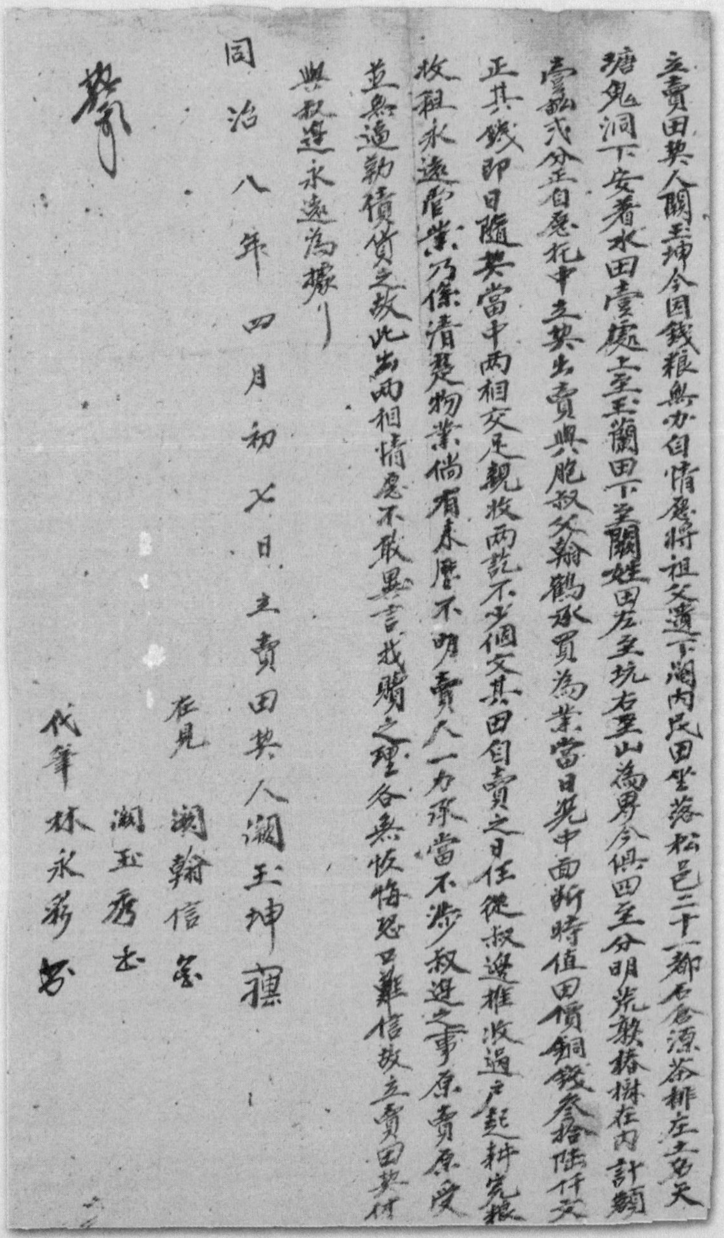

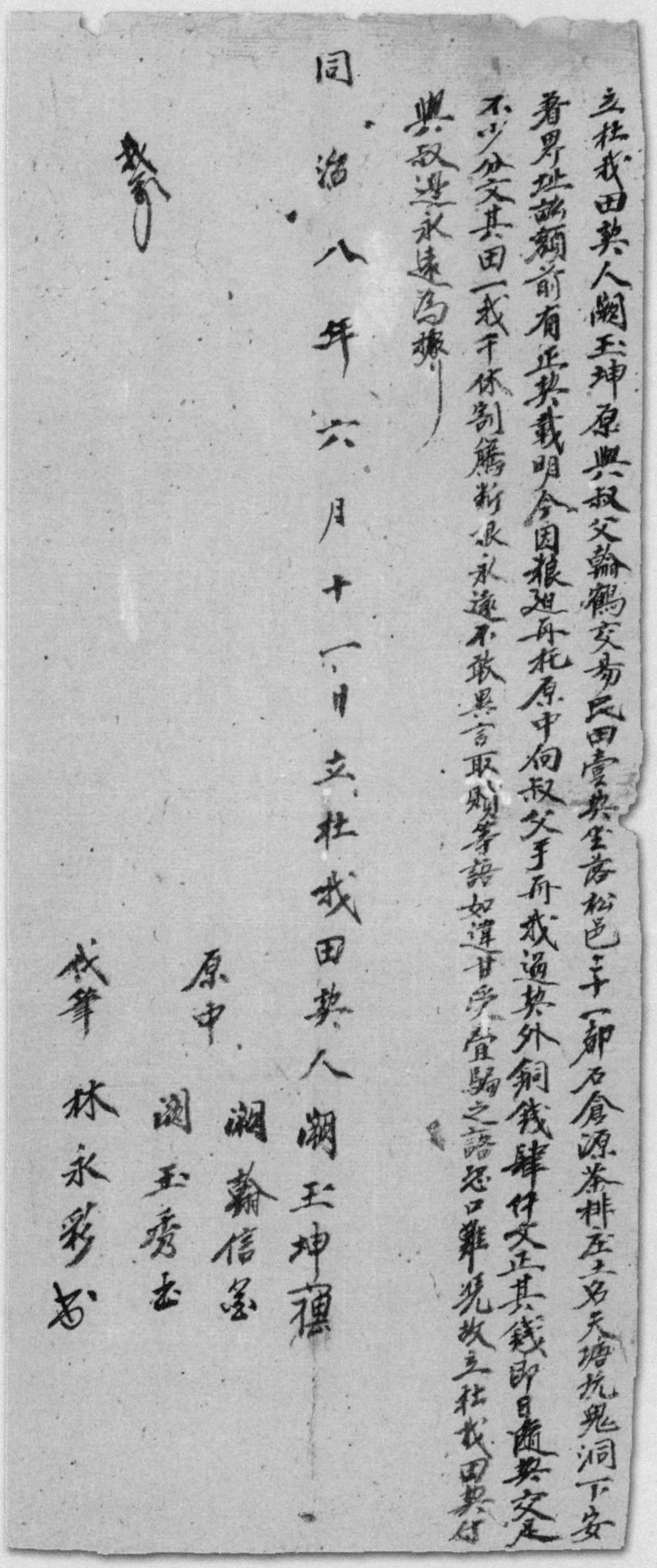

立杜找田契人闕玉坤，原與叔父翰鶴交易民田壹契，坐落松邑二十一都石倉源茶排庄，土名天塘坑鬼洞下安着，界址畝額，前有正契載明，今因粮迫，再托原中向叔父手再找過契外銅錢肆仟文正，其錢即日隨契交足，不少分文，其田一找千休，割藤断根，永遠不敢異言取贖等語，如違，甘受叠騙之語，恐口難凴，故立杜找田契付與叔邊永遠為據。

同治八年六月十一日　立杜找田契人　闕玉坤

原中　闕翰信

闕玉秀

代筆　林永彩

立賣田契人林永豐今因錢粮無办自情愿將父手遺下分已阄内民田壹處坐落松邑二十一都石倉源夫人廟底小土名石岩下安着民田壹大長橫被連右手上迄坟小坵上至阄姪田併草址山骨下至阄姪田左至阄姪田右至水圳為界今俱四至分明共計實額壹畝正併及田頭地坪一應在内自愿托中立契出賣與王德化兄邊入手承買為業當日憑中三面言斷時直田價銅錢叁拾玖仟文正其錢即日隨契兩相交付足不少分文其田自賣之後任憑買主推收過户完粮起耕改佃收租管業賣人無得異言但此其田未賣之先上手並無文墨重典既賣之後以内外伯叔子侄並無干碍如有上手來歷不明賣人一力承當不涉買主之事愿賣愿買兩相情愿各無㤆悔一賣千休並無逓找之理恐口難憑故立賣田契付與買主永遠管業為據

一批上手源聯未檢存照

同治玖年三月初拾日　立賣田契人林永豐（押）

在場侄　顯隆（押）

王則里（押）

憑中　王國琴（押）

代筆　劉翰柳（押）

（前頁）>>>>>

立賣田契人林永豐，今因錢粮無办，自情愿将父手遺下分己阄内民田壹處，坐落松邑二十一都石倉源夫人庙庄，小土名石岩下，安着民田壹大長横，被［毗］連右手上边弍小坵，上至闕姓田併華姓山骨，下至闕姓田，左至闕姓田，右至水圳為界，今俱四至分明，共計實額壹畝正，併及田頭地塝，一應在内，自愿托中立契，出賣與王德化兄边入手承買為業，當日凴中三面言断，時直田價銅錢叁拾玖仟文正，其錢即日隨契两相交付足（訖），不少分文，其田自賣之後，任凴買主推收過户完粮，起耕改佃，收租管業，賣人無得異言阻执，其田未賣之先，上手並無文墨重典，既賣之後，以［與］内外伯叔子侄並無干碍，如有上手来歷不明，賣人一力承當，不涉買主之事，愿賣愿買，两相情愿，各無反悔，一賣千休，並無逼抑之理，恐口难凴，故立賣田契付與買主永遠管業為據。

一批上手源［原］聯未檢，存照。

同治玖年三月初拾日　立賣田契人　林永豐

在腸［場］侄　顕隆

凴中　王則里

王國琴

代筆　闕翰柳

立賣田契人單東旺，今因钱粮無办，自情愿将祖父遺下民田壹坵，坐落松邑廿一都夫人庙庄土名祠堂下安着，内至路，外至阙姓田，左至阙姓田，右至路為界。又壹處本土名对面梧桐口安着，上至左右俱係山為界，下至阙姓田為界，計額三分正。今俱四至分明，田頭地角、杉樹、雜木一應在内，托中立契出賣與阙翰禮兄手内入受承買為業。當日凭中三面言斷，時值田價銅錢叁拾柒千文正，其錢即日當中隨契交足，不欠個文。其田自賣之後，任凭買主推收過户入册办粮，起耕架造収租管業。賣人無得異言。如有内外伯叔兄弟人等並無干碍，日先亦無文墨典當他人。倘有上手来歷不明，不涉買主之事，賣人一力承當。愿賣愿買，契明價足，兩無逼勒，債貸之故。其田契載割賸断截，永無找贖等情。此出兩相情愿，各無反悔。恐口難信，故立賣田契付與買主，永遠為據。

同治九年五月初九日立賣田契人單東旺（押）

在場母單阙氏○

凭中單石富○

阙永高（押）

代筆胡其松（押）

立找断截田契人單東旺，原因日前與阙翰禮兄手内交易民田壹契，坐落松邑廿一都夫人庙庄土名祠堂下安着，又壹處本土名对面梧桐口安着，畝分粮額界至，前有正契載明。今因粮食給迫，請

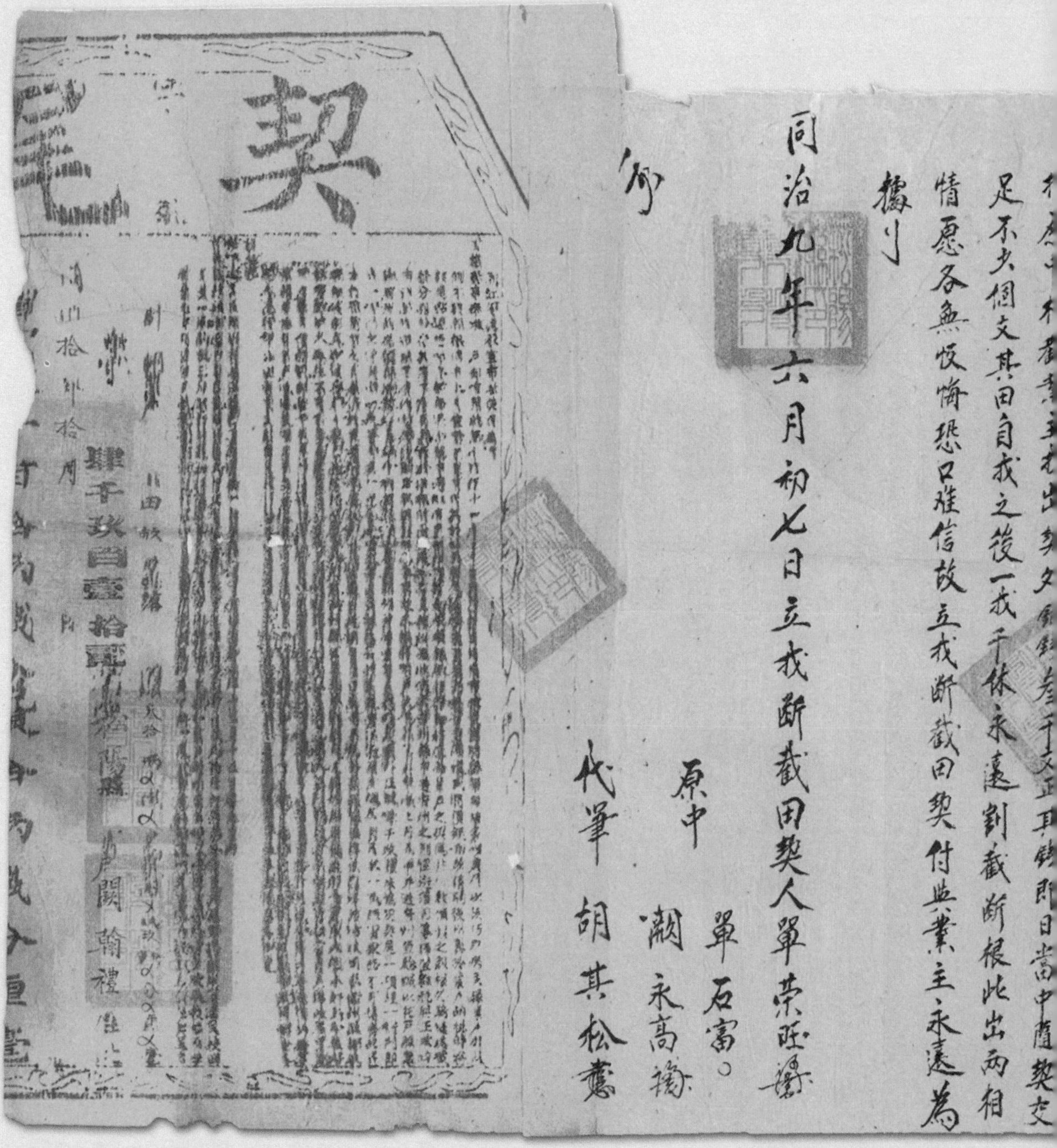

契

肆千玖百壹拾

闕翰禮

足不少個文其田自我之後一找千休永遠割截斷根此出兩相
情愿各無悔恐口難信故立找斷截田契付與業主永遠為
據

同治九年六月初七日立找斷截田契人單榮旺

單石富○

原中　瀨永高

代筆　胡其松

行

（前頁）>>>>>

立賣田契人單荣旺，今因錢粮無办，自情愿将祖父遺下民田壹坵，坐落松邑廿一都夫人庙庄，土名祠堂下安着，内至路，外至闕姓田，左至闕姓田，右至路為界，又壹處，本土名对面梧桐口安着，上至、左、右俱係山為界，下至闞姓田為界，計額式分正，今俱四至分明，田頭地墈，柏樹雜木，一應在内，托中立契，出賣與闞翰禮兄手内入受承買為業，當日凴中三面言断，時值田價銅錢念柒千文正，其錢即日當中随契交足，不少個文，其田自賣之後，任凴買主推收過户，入册办粮，起耕架造，收租管業，賣人無得異言，如有内外伯叔兄弟人等並無干碍，日先亦無文墨典當他人，倘有上手来歷不明，不涉買主之事，賣人一力承當，愿賣愿買，契明價足，两無逼勒債貨之故，其田契載割藤断截，永無找贖等情，此出两相情愿，各無反悔，恐口难信，故立賣田契付與買主永遠為據。

同治九年五月初九日　立賣田契人　單荣旺

在塲母　單闞氏

凴中　單石富

闞永高

代筆　胡其松

（前頁）>>>>>

立找断截田契人單荣旺，原因日前與闕翰禮兄手内交易民田壹契，坐落松邑廿一都夫人庙庄，土名祠堂下安着，又壹處，本土名对面梧桐口安着，畝分粮額界至，前有正契載明，今因粮食给迫，請托原中相勸業主，找出契外銅錢叁千文正，其錢即日當中隨契交足，不少個文，其田自找之後，一找千休，永遠割截断根，此出两相情愿，各無反悔，恐口难信，故立找断截田契付與業主永遠為據。

同治九年六月初七日　立找断截田契人　單荣旺

原中　單石富

闕永高

代筆　胡其松

（契尾，同治拾年拾月）

立賣地基字人闕玉豐仝弟等今因缺錢吉用自情愿将父手
遺下地基壹塊坐落松邑廿一都茶排庄土名洋庄賣人自己房
屋上手地基面量内壹丈捌尺濶外七尺濶内至山脚石堪外至
路左至書院廚房墻脚石至七尺内墻脚滴水爲界今俱四
至分明立字出賣與翰爭叔边入手承買爲業架造廚房便
用当日三面言断時值價洋銀玖員正其洋銀即日隨字交收
足訖不少分毫其地基日後無找無贖等情任憑買主架造廚
房賣人無得異言阻執等情恐口難信故立賣字爲用

同治拾貳年七月十九日立賣字人 闕玉豐（押）

仝弟 玉利（押）

見中 翰祥（押） 德職（押） 翰昇（押）

親筆（押）

契

（前頁）>>>>>

立賣地基字人闕玉豐仝弟等，今因缺錢吉〔急〕用，自情愿将父手遺下地基壹塊，坐落松邑念一都茶排庄，土名洋庄賣人自己房屋上手地基，面量内壹丈肆尺闊，外七尺闊，内至山脚石墈，外至大路，左至書院厨房墻脚，右至七尺内墻脚滴水為界，今俱四至分明，立字出賣與翰萬叔边入手承買為業，架造厨房便用，当日三面言断，時值價洋銀玖員正，其洋銀即日随字交收足讫，不少分毫，其地基日後無找無贖等情，任憑買主架造厨房，賣人無得異言阻执等情，恐口难信，故立賣字為用。

同治拾弍年七月十九日　立賣字人　闕玉豐

仝弟　玉利

凴中　翰准

德璣

翰昇

親筆

立賣山茶子樹契人雷開成今因無錢吉用自情愿將父手遺分己阄内民山壹處坐落松邑
二十一都紫排庄小土名[illegible]鬼洞窩安着其山上至山頂下至双坑合水左至雷姓山合水直上右至
雷姓合水為界今與四[illegible]計額壹分正併及松杉雜木一進在内自情托中親立文出賣與契親邑
劉玉瑺入手承買業當日三面言時直茶山木價銅錢玖仟文正其錢即日隨契兩相交付足訖不
少分文其茶山自賣之[illegible]任憑買主推收過户入册收槊管業賣人無得異言阻執處賣處買兩相
情愿各無悔悔賣[illegible]並無逼抑之理恐口難憑故立賣山茶子樹契付與買主永遠為
據

光緒元年十二月十壹日

立賣山茶子樹契人 雷開成（押）
在塲弟 開永（押）
憑中 劉玉聰（押）
劉德璣（押）
代筆 劉翰鄉（押）

合

(前頁)>>>>>

立賣山茶子樹契人雷閈成，今因無錢吉［急］用，自情愿将父手遺分己阄内民山壹處，坐落松邑二十一都茶排庄，小土名天塘坑鬼洞窩安着，其山上至山頂，下至双坑合水，左至雷姓山合水直上，右至雷姓合水為界，今俱四至分明，計額壹分正，併及松杉雜木，一應在内，自情托中親立文契，出賣與親邊闕玉瑾入手承買（為）業，當日三面言（定），時直茶山木價銅錢玖仟文正，其錢即日隨契两相交付足訖，不少分文，其茶山自賣之後，任凴買主推收過户，入册收整管業，賣人無得異言阻执，愿賣愿買，两相情愿，各無反悔，一賣千休，□□□根，並無逼抑之理，恐口难凴，故立賣山茶子樹契付與買主永遠為據。

光緒元年十二月十壹日　立賣山茶子樹契人　雷閈成

在場弟　閈永

凴中　闕玉聪

闕德璣

代筆　闕翰柳

立賣田契人闕起明今因錢粮無办自愿將父手遺分自己闔
生落松邑二十一都石倉源茶排庄小土名水缸塆安着民田，
至闕姓田左至闕姓田右至坑為界又車壢田弍坵上下兩至闕姓
姓田左至天后宮會田為界兩共四坵分明併及田頭地角柏樹雜
內計額肆分正托中立契出賣與闕玉凡叔邊入受承買為業當
言斷目值田價銅錢柒拾千文正其錢即日隨契兩相交訖不少
其田自賣之後任憑玉凡叔邊起耕易佃推收過戶完粮收
[illegible]人不敢異言阻執霸種等情此係清靜物業與內外
涉上手亦無典當交墨交加 來歷不明賣人一力承當不
事一賣千休割藤斷截恐口無憑故立賣田契交與買主
為據

光緒肆年十一月二十日立賣田契人闕起明（押）

在場 胞弟 闕起皓（押）

見中 闕玉基（押）

闕德璣（押）

代筆 闕雨香（押）

合

立杜找田契人闕起明原因日先與闕玉凡叔邊交易民田壹契坐

十一都石倉源茶排庄小土名水碓安着坵墈前本正畀……

缺錢應用請託原中向玉……出契外銅錢拾玖千文正

有前契出賣之田任憑玉凡叔永遠完粮收租管業賣人再不……

等情如有此色愿受叠騙之罪恐口無憑故出杜找田契交與買主子……

為據

光绪肆年十一月二十九日立杜找田契人闕起明（押）

在場胞弟闕起皓（押）

見中闕玉基（押）

闕德璣（押）

依口代筆闕雨香（押）

契

……字拾貳號

計開業户……

布字壹千壹……

……松陽縣業户闕玉……

光緒伍年叁月

（前頁）>>>>>

立賣田契人闕起明，今因錢粮無办，自愿將父手遺分自己阄□□□□坐落松邑二十一都石倉源茶排庄，小土名水缸壪，安着民田□□□□至闕姓田，左至闕姓田，右至坑為界，又壹處田弍坵，上下兩至闕姓田，右至□姓田，左至天后宮會田為界，兩共四址分明，併及田頭地角，柏樹雜木，一應在內，計額肆分正，托中立契，出賣與闕玉几［璣］叔邊入受承買為業，當□□□言斷，目值田價銅錢柒拾千文正，其錢即日隨契兩相交訖，不少□□，其田自賣之後，任憑玉几［璣］叔邊起耕易佃，推收過户完粮，收□□□，賣人不敢異言阻執霸種等情，此係清静［淨］物業，與內外□□□□□涉，上手亦無典當文墨交加，如有来歷不明，賣人一力承當，不□□□之事，一賣千休，割藤断截，恐口無憑，故立賣田契交與買主□□□□為據。

光緒肆年十一月二十一日　立賣田契人　闕起明

在場胞弟　闕起晧

見中　闕玉基

闕德璣

代筆　闕雨香

（前頁）>>>>>

立杜找田契人闕起明，原因日先與闕玉几［璣］叔邊交易民田壹契，坐落松邑二十一都石倉源茶排庄，小土名水缸塆安着，坵塅畝額，前有正契□□，□□缺錢應用，請託原中向玉几［璣］叔找出契外銅錢拾玖千文正，□□□□□有前契出賣之田，任憑玉几［璣］叔永遠完粮收租管業，賣人再不敢□□等情，如有此色，愿受叠騙之罪，恐口無憑，故出杜找田契交與買主子孫永遠為據。

光绪肆年十一月二十九日　立杜找田契人　闕起明

在場胞弟　闕起皓

見中　闕玉基

闕德璣

依口代筆　闕雨香

（契尾，光緒伍年叁月）

立賣田契人闕玉崇今因錢糧無办自情愿將父遺下閫内民田壹處坐
落二十一都茶排庄小土名石倉窩安着其田上至大路下至當田左至
坑右至坑為界又壹處上至當田下至闕姓田左至當田右至坑為界今
俱四至分明計額壹畝八分正托中立契出契賣與玉凡兄邊當日三面
言断時值田價洋銀柒拾貳員正其洋銀即日隨契交付足訖不少分文
其田自賣之後任憑買主推收過户完糧起耕永遠管業賣人不得異言
此係自己清業與内外伯叔兄弟子侄人等無涉日先亦無典當在外文
墨若有上手来歷不明賣人一力承當不干買主之事契明價足永無
找贖愿賣愿買此乃正行交易並無債貨準折逼抑之故恐口難憑故立
賣契付與買主子孫永遠為據」

光緒伍年正月十八日立賣田契人闕玉崇（押）

闕玉梁（押）
堂兄闕玉容（押）
闕玉兆（押）

在見闕玉秀（押）

依口代筆闕玉鎮（押）

立杜找断契人闕玉崇因日前與玉凡兄邊交有民田壹處坐落
二十一都茶排庄小土名石倉窩安着界至畝分先有正契載
明今因乏用再托愿中筆相勸買主找出契外洋銀壹拾柒員
正其洋銀即日付訖不少分文其田自找之後壹找千休永遠断
根子孫[illegible]

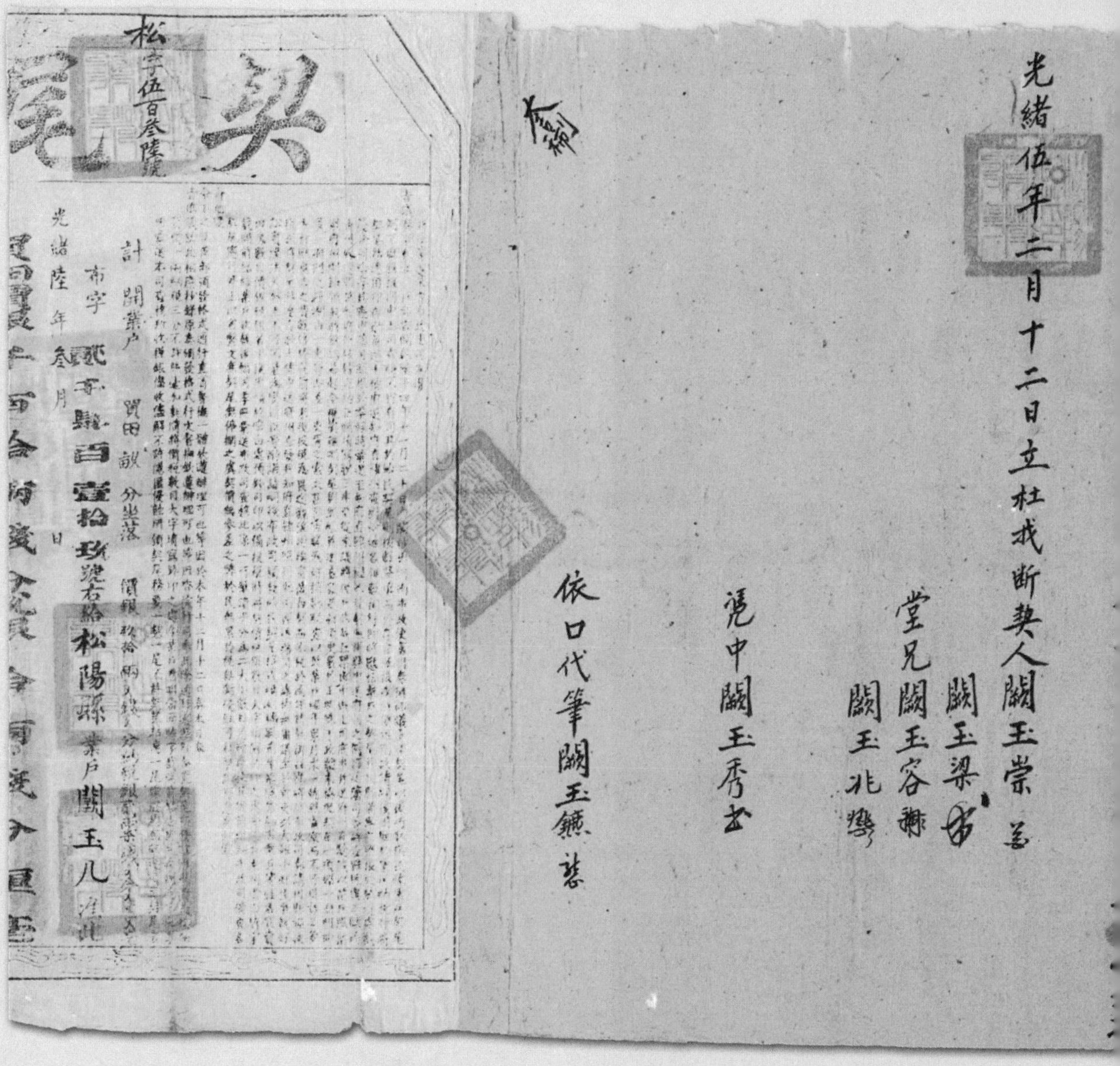

光緒伍年二月十二日立杜找断契人闕玉崇（押）

闕玉梁（押）

堂兄闕玉容（押）

闕玉兆（押）

憑中闕玉秀（押）

依口代筆闕玉鑣（押）

松字伍百叁陸號

計開業戶　買田　畝　分　厘　毫　價銀　拾　兩　錢　分　厘

布字　號右給松陽縣業戶闕玉八　准此

光緒陸年叁月　日

（前頁）>>>>>

立賣田契人闕玉崇，今因錢糧無办，自情愿将父遺下閣内民田壹處，坐落二十一都茶排庄，小土名石倉窩，安着其田，上至大路，下至嘗田，左至坑，右至坑為界，又壹處，上至嘗田，下至闕姓田，左至嘗田，右至坑為界，今俱四至分明，計額壹畝八分正，托中立契出契賣與玉几［璣］兄邊，當日三面言断，時值田價洋銀柒拾叁員正，其洋銀即日隨契交付足訖，不少分文，其田自賣之後，任憑買主推收過户，完糧起耕，永遠管業，賣人不得異言，此係自己清業，與内外伯叔兄弟子侄人等無涉，日先亦無典當在外文墨，若有上手来歷不明，賣人一力承當，不干買主之事，契明價足，永無找贖，愿賣愿買，此乃正行交易，並無債貨準折逼抑之故，恐口難憑，故立賣契付與買主子孫永遠為據。

光緒伍年正月十八日　立賣田契人　闕玉崇

堂兄　闕玉梁

闕玉容

闕玉兆

在見　闕玉秀

依口代筆　闕玉鑣

（前頁）>>>>>

立杜找断契人闕玉崇，因日前與玉几［璣］兄邊交有民田壹處，坐落二十一都茶排庄，小土名石倉窩安着，界至畝分，先有正契載明，今因乏用，再托愿［原］中筆相勸買主，找出契外洋銀壹拾柒員正，其洋銀即日付訖，不少分文，其田自找之後，壹找千休，永遠断根，子孫不得異言識認，恐口難信，故立杜找断契永無反悔為據。

光緒伍年二月十二日　立杜找断契人　闕玉崇

堂兄　闕玉梁

闕玉容

闕玉兆

凴中　闕玉秀

依口代筆　闕玉鑣

（契尾，光緒陸年叁月）

立賣田契人闕炳松炳鑑今因錢粮無办自情愿將祖父遺下分已閹内民田
壹處坐落松邑廿二都南坑源小土名上中央坑砂路裡安着民田壹處上至路
為界下至炳金田為界左至葉姓田為界右至葉田為界又土名高脚壚田壹處四至
青山為界桃連四坵田壹大坵田對半右片半坵叁處共計額五分正今俱四至分明托中
立契出賣與葉源財親邊入手承買為業當日憑中言斷時值田價銅錢叁拾五千
文正其錢隨契兩相交兑足訖不少分文其田自賣之後任憑買主推収過户完粮収祖
管業此係自己閹内清楚物業與内外房親伯叔兄弟子姪人等並無干礙如有上手來
歷不明賣人一力承當不涉買主之事此係正行交易並無準折積貨等情愿賣愿
買契明價足永無找贖等情兩相情愿各無悔悔等情恐口無憑故立田契付與買主
子孫永遠管業為據

山契

大清光緒五年拾弍月十日立賣田契人闕炳松（押）

闕炳鑑（押）

憑中 闕炳成（押）

石光順（押）

湯嘉麟（押）

葉湖財（押）

代筆 鄭絃宗（押）

立找田契人闕炳松炳鑑原因日前與葉源財交易民田壹坐落南坑源庄土名中央坑砂
路裡安着田叁處界至粮額前正契載明今因錢粮無办自情請托原中筆向到買主手内
找出契外銅錢肆千文正其錢即日兩相交兑足訖不少分文其田自找之後契明價足心情意

契尾
松字伍百肆叁號
計開業戶　買田　畝　分　釐
價銀叁拾玖兩
布字弍千肆百叁拾陸號右給松陽縣業戶葉源財　准此
光緒陸年叁月　日
恐口無憑故立截契付與買主子孫永遠管照
大清光緒陸年弍月廿一日立截契人　闕炳松
闕炳鑑
見中　闕炳成
葉海連
石光順
代筆　鄭啟宗

（前頁）>>>>>

立賣田契人闕炳松、炳鑑，今因錢粮無办，自情愿将祖父遺下分己閹内民田壹處，坐落松邑廿二都南坑源，小土名上中央坑砂路裡，安着民田壹處，上至路為界，下至炳金田為界，左至葉姓田為界，右至葉（姓）田為界，又土名高磡壠田壹處，四至青山為界，批［毗］連凹坵田壹大坵，田對半右片半坵，叁處共計額五分正，今俱四至分明，托中立契，出賣與葉源財親邊入手承買為業，當日憑中言断，時值田價銅錢叁拾五千文正，其錢隨契两相交兑足訖，不少分文，其田自賣之後，任憑買主推收過户，完粮收租管業，此係自己閹内清楚物業，與内外房親伯叔兄弟子姪人等並無干碍，如有上手來歷不明，賣人一力承當，不涉買主之事，此係正行交易，並無準折債貨等情，愿賣愿買，契明價足，永無找贖等情，两相情愿，各無反悔等情，恐口無憑，故立（賣）田契付與買主子孫永遠管業為據。

大清光緒五年拾弍月十一日　立賣田契人　闕炳松

闕炳鑑

湲中　闕炳成

石光順

湯嘉麟

葉囲財

代筆　邱砿宗

（前頁）>>>>>

立找田契人闕炳松、炳鑑，原因日前與葉源財交易民田壹（契），坐落南坑源庄，土名中央坑砂路裡，安着田叁處，界至粮額，前正契載明，今因錢粮無办，自情請托原中筆，向到買主手內，找出契外銅錢肆千文正，其錢即日兩相交兑足訖，不少分文，其田自找之後，契明價足，心情意滿，壹找千休，割藤断根，永遠子孫不敢異言，恐口無憑，故立找契付與買主子孫永遠為照。

大清光緒陸年弍月廿一日　立契找［找契］人　闕炳松

闕炳鑑

浼中　闕炳成

葉海連

石光順

代筆　邱硋宗

（契尾，光緒陸年叁月）

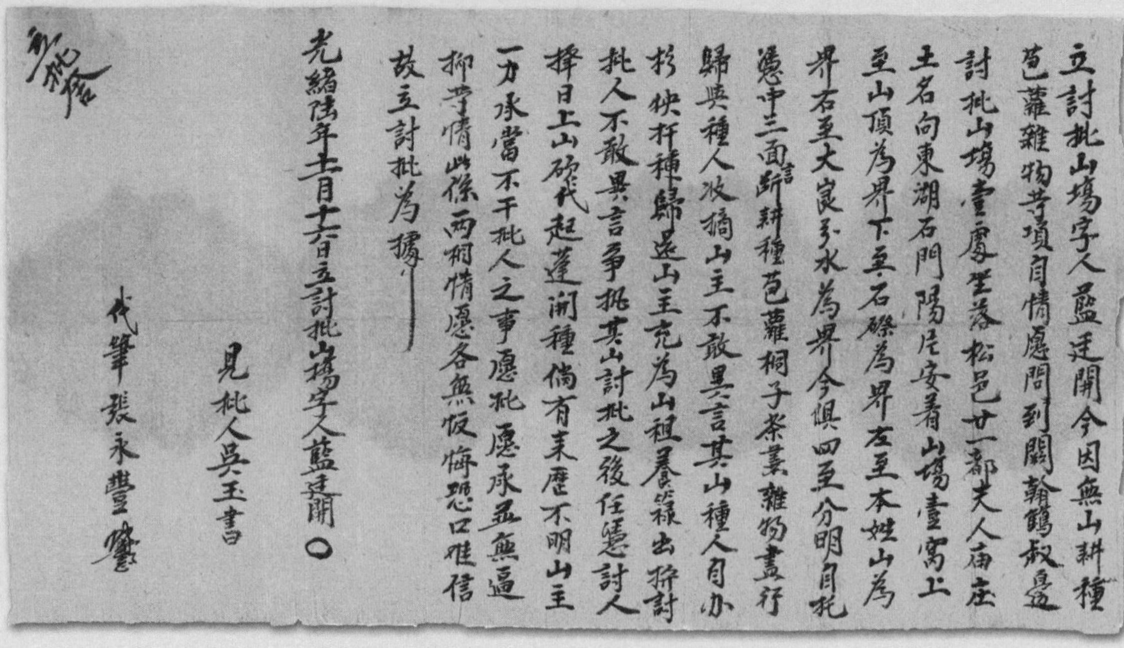

立討批山塲字人藍廷開，今因無山耕種
苞蘿雜物等項，自情愿問到闕翰鶴叔邊
討批山塲壹處，坐落松邑廿一都夫人庙庄，
土名向東湖石門陽片，安着山塲壹窝，上
至山頂為界，下至石礤為界，左至本姓山為
界，右至大皀分水為界，今俱四至分明，自托
憑中三面言斷，耕種苞蘿、桐子、茶葉、雜物，盡行
歸與種人收摘，山主不敢異言，其山種人自办
杉秧扦插，歸還山主充為山租，養籙出拚，討
批人不敢異言争执，其山討批之後，任憑討人
擇日上山砍代［伐］，起蓬開種，倘有来歷不明，山主
一力承當，不干批人之事，愿批愿承，並無逼
抑等情，此係兩相情愿，各無反悔，恐口难信，
故立討批為據。

光緒陆年十一月十六日　立討批山塲字人　藍廷開

見批人　吳玉書

代筆　張永豐

立賣茶山契人闕玉瑤，今因無錢使用，自情愿将父手遺下分己股内茶山，坐落二十一都茶排庄，總土名大北嶺，安着茶排山立［壹］處，自愿托中立契，将六股内分段己下一股，出賣与本族玉瑾兄邊承買為業，當日三面言断，茶山價錢弍千弍伯文正，其山上至□□為界，下至田為界，内至漢相茶山為界，外至買主茶山為界，今俱四至分明，其錢即日付清，不少個文，自賣之后，任從買主開山收鏟，賣人無得異言阻執，未賣日先，並無文墨典當，与房親伯叔兄弟人等並無干涉，原係正行交易，愿賣愿買，此出两相情愿，各無反悔等情之理，故立賣茶山契付與買主永遠子孫為據。

光緒柒年九月初九日　立賣茶山契人　闕玉瑶

在場叔　翰育

見中　德璣

依口代筆　闕玉成

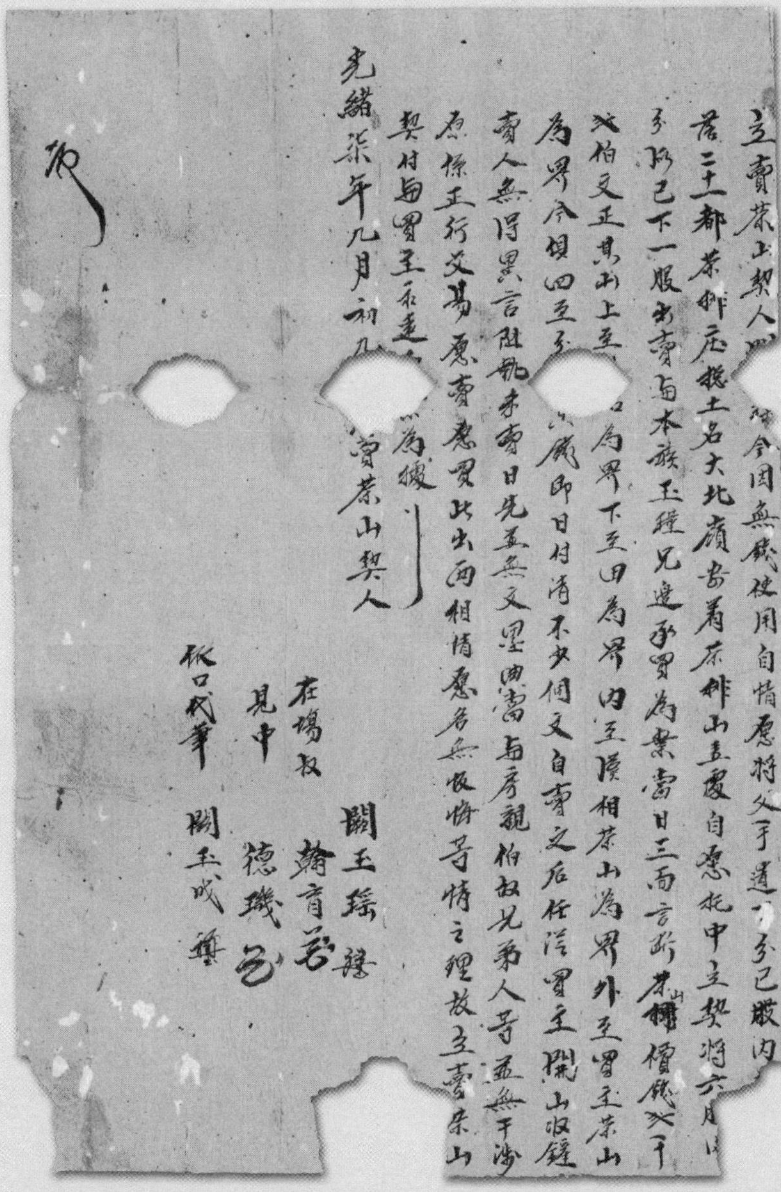

立賣田契人闕麗元今因錢粮無办自情愿將
祖父遺下閹内民田壹處土名坐落松邑廿一都
大岺口小土名末𦬊林安著計田大坵連下共
拾駁坵正其田上至賣人田下至闕姓田左至大
坑右至大路為界計額壹畝正並及田頭地墈
水圳水路畬茶雜木一概在内今俱四至分明自
愿托中立契出賣與鄒德連邊入受承買
為業當日凭中三面言斷時值田價洋銀叁拾弍元
其銀即日當中筆親收足訖不少分毫其田自
賣之後任凭買主推收過户完粮起耕改佃收
租永遠管業原係自己閹内清與内外房親伯
叔兄弟子侄人等無涉倘有上手來歷不明賣
人一力承當不涉買主之事愿賣愿買兩相
情愿各無反悔等情恐口难信故立賣田契
付與買主永遠為據
光緒七年十一月廿八日立賣田契人闕麗元

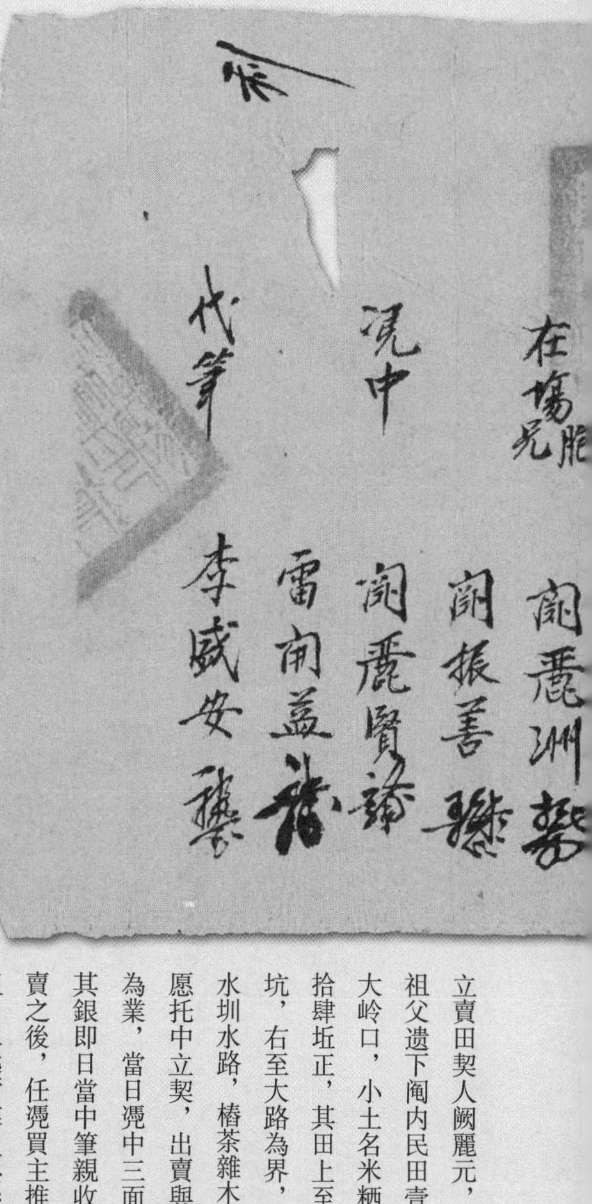

立賣田契人闕麗元，今因錢粮無办，自情愿将祖父遺下阄内民田壹處，土名坐落松邑廿一都大岭口，小土名米粞〔篩〕林安着，計田大坵遞下共拾肆坵正，其田上至賣人田，下至闕姓田，左至大坑，右至大路為界，計額壹畝正，並及田頭地埆，水圳水路，椿茶雜木，一概在内，今俱四至分明，自愿托中立契，出賣與鄧德連邊入受承買為業，當日凴中三面言断，時值田價洋銀叁拾弍元，其銀即日當中筆親收足訖，不少分毫，其田自賣之後，任凴買主推收過户，完粮起耕，改佃收租，永远管業，原係自己阄内清（業），與内外房親伯叔兄弟子侄人等無涉，倘有上手来歷不明，賣人一力承當，不涉買主之事，愿賣愿買，两相情愿，各無反悔等情，恐口难信，故立賣田契付與買主永遠為據。

光绪七年十一月廿八日　立賣田契人　闕麗元

在塲胞兄　闕麗洲

闕振善

凴中　闕麗賢

雷岡益

代筆　李盛安

立賣斷截田契人馮玉琳今因錢粮無办自
情愿將父手遺下自己閫内民田壹處土名
坐落松邑廿一都后宅庄大嶺后小土名竹園
頭安着水田壹處弍横共田三坵其田上至闕姓
田下至闕姓田左至路右至山為界今俱四至分
併及界内田頭地角一應在内計額捌分正自愿
托中立契出賣與張文標親邊入手承買為業
當日憑中三面言斷日值時價銅錢貳拾伍仟
文正其錢即日隨契交足不短分文其田自賣
之後任憑買主挑業推收過户完粮起耕收
租改佃管業賣人不得異言阻挑如有上手
來歷不明賣人一力承當不涉買主之事一賣
千休契斷價足永遠割斷無找無贖等情愿
賣愿買兩相情愿並無逼抑之理各無恢
悔恐口难信今欲有憑故立賣田契為據

光緒拾伍年正月廿日立賣田契人　馮玉琳

在見兄　金琳

立賣断截田契人馮玉琳，今因錢粮無办，自情愿将父手遺下自己鬮内民田壹處，土名坐落松邑廿一都后宅庄大嶺后，小土名竹圓頭，安着水田壹處弍横，共田三坵，其田上至闕姓田，下至闕姓田，左至路，右至山為界，今俱四至分（明），併及界内，田頭地塝，一應在内，計額捌分正，自愿托中立契，出賣與張文標親邊入手承買為業，當日凴中三面言断，目值時價銅錢貳拾伍仟文正，其錢即日隨契交足，不短分文，其田自賣之後，任憑買主执契推收過户，完粮起耕，收租改佃管業，賣人不得異言阻执，如有上手来歷不明，賣人一力承當，不涉買主之事，一賣千休，契断價足，永远割断，無找無贖等情，愿賣愿買，两相情愿，並無逼仰［抑］之理，各無反悔，恐口难信，今欲有凴，故立賣田契為據。

光緒拾伍年正月廿四日　立賣田契人　馮玉琳

在見兄　金琳

孫　藍生

凴中　張有来

代筆　馮文銘

立賣田契人闕玉常今因無錢應用自愿將祖父遺下阐內民田坐落松邑廿一都茶排村凉亭外小土名汗坑子安着田壹處路上路下坑前坑背上至山及闕姓田下至大河右至鄒姓田并山左至華姓田及山爲界今俱四至分明計額壹畝五分正愿託中人立契出賣與叔坤住入受承買爲業當日憑中面斷时價洋銀叁拾伍員正其洋銀即日隨契交付足訖其田自賣之後任憑買主起耕改佃完粮過户收租管業並及田頭地塥一应在内如有上手来歷不明不涉買主之事賣人一力承當愿賣愿買此出兩相情愿各無反悔恐口難信故立賣斷田契永遠爲據

光緒拾伍年拾壹月拾八日　立賣田契人闕玉常（押）

在場　玉响（押）　玉銀（押）　玉对（押）　玉屏（押）

代筆　闕星瑞（押）

[illegible]據

立杜截找斷契人闕玉常原因日前與赵坤住交易民田壹
處坐落松邑二十一都茶排庄小土名汗坑子安着界至亩額前
有正契載明仍託原憑中相勸買主找過契外洋銀陆員正其
洋銀即日交付足讫其田自找之後一找千休如同截木永無找
贖等情恐口難信故立找斷截契人付与買主永遠為據——

光緒拾陆年拾弍月拾九日立找斷截契人闕玉常（押）

在場　玉响（押）
玉銀（押）
玉對（押）
玉屏（押）

代筆闕呈瑞（押）

上茶排[illegible]

（前頁）>>>>>

立賣田契人闕玉常，今因無錢應用，自愿将祖父遺下阄内民田，坐落松邑廿一都茶排村凉亭外，小土名汗坑子，安着田壹處，路上路下，坑前坑背，上至山及闕姓田，下至大河，右至鄒姓田并山，左至華姓田及山為界，今俱四至分明，計額壹亩五分正，愿托中人立契出賣與起坤侄入受承買為業，當日憑中面断，时價洋銀叁拾陆員正，其洋銀即日隨契交付足讫，其田自賣之後，任憑買主起耕改佃，完粮過户，收租管業，並及田頭地塝，一应在內，如有上手来歷不明，不涉買主之事，賣人一力承當，愿賣愿買，此出两相情愿，各無反悔，恐口难信，故立賣断田契永遠為據。

光緒拾陆年拾壹月拾八日　立賣田契人　闕玉常

在塲　玉响

玉銀

玉对

玉屏

代筆　闕呈瑞

（前頁）>>>>>

立杜截找断契人闕玉常，原因日前與起坤侄交易民田壹處，坐落松邑二十一都茶排庄，小土名汗坑子安着，界至亩額，前有正契載明，仍託原憑中相勸買主，找過契外洋銀陆員正，其洋銀即日交付足讫，其田自找之後，一找千休，如同截木，永無找贖等情，恐口难信，故立找断截契人付与買主永遠為據。

光绪拾陆年拾弍月拾九日　立找断截契人　闕玉常

在場　玉响

玉銀

玉對

玉屏

代筆　闕呈瑞

立契大吉

立賣田契人闕培芬今因無錢應用自情愿將父手遺下分己阄内民田弍處其田
土壹處路内田壹坵又路外田叁坵又下壹處上下左叁至俱係闕姓田爲界右至
界計額伍分正其田坐落松邑二十一都夫人廟庄土名尖岡頭安着併及田頭地
沿栢樹雜木一概在内托中立契出賣與玉几叔邊承買爲業當日憑中三面言
定時價洋銀念捌元正其洋銀即日隨契兩相交足訖不少分厘自賣之日任憑買
收過户完粮起耕改佃收租管業原係自己清楚業産与内外伯叔兄弟子侄人等無
日先並無典當文墨交加如有歷不明賣人一力承當不涉買主之事可賣可買兩相情
愿一賣千休割藤斷根永無找贖等情恐口難言故立賣杜找斷契付与子孫永遠爲據

光緒二十年八月二十五日　立賣杜找田契字人闕培芬（押）

胞兄　培芝（押）

見中　培芹（押）　玉槿（押）

代筆闕玉象（押）

（前頁）>>>>>

立賣田契人闕培芬，今因無錢應用，自情愿将父手遺下分己阄内民田弍處，其田上壹處，路内田壹坵，又路外田叁坵，又下壹處，上下左叁至俱係闕姓田為界，右至□□界，計額伍分正，其田坐落松邑二十一都夫人廟庄，土名尖岡頭安着，併及田頭地堉，□沿柏樹雜木，一概在内，托中立契，出賣與玉几［璣］叔邊承買為業，當日憑中三面言断，定時價洋銀念肆元正，其洋銀即日隨契两相交（兑）足讫，不少分厘，自賣之日，任凴買主推收過户完粮，起耕改佃，收租管業，原係自己清楚業產，与内外伯叔兄弟子侄人等無涉，日先並無典當文墨交加，如有（來）歷不明，賣人一力承當，不涉買主之事，可賣可買，两相情愿，一賣千休，割藤断根，永無找贖等情，恐口難言，故立賣杜找断契付与子孫永遠為據。

光緒二十年八月二十五日　立賣杜找田契字人　闕培芬

胞兄　培芝

見中　培芹

玉槿

代筆　闕玉象

立契合一

塲契字人𣸣翰佐今因無錢應用自情原將父手
塲壹塊坐落松邑二十一都五合圩庄土名夢嶺頭大
[illegible]安着上至山頂下至河內至𣸣姓山外至鄒姓山分水為
界四至分明七股均分自己壹股托中立契出賣與本家𣸣能貴
侄孫入手承買為業當日憑中三面言斷目值時價洋銀九角
正其洋即日付清不少分厘其山自賣之後任憑買主扦扢栽種
採摘房親伯叔兄弟子侄內外人等無得異言阻執如有上手來
歷不明賣人一力承當不涉買主之 此係新立不原買愿吉契明
足無找無贖兩家情愿各無悔恐 唯信故立山塲字為據

光緒二拾年 十弍月初二日 立賣山塲字人 𣸣翰佐

見中 𣸣玉樓
𣸣玉山

代筆 𣸣玉琦

(前頁)>>>>>

立賣山場契字人闕翰佐，今因無錢應用，自情原［愿］将父手遺下□□山場壹塊，坐落松邑二十一都五合圩庄，土名夢嶺頭大楝背磨盤崗安着，上至山頂，下至河，内至闕姓山，外至邹姓山分水為界，今俱四至分明，七股均分自己壹股，托中立契，出賣與本家闕能高侄孫人手承買為業，当日憑中三面言断，目值時價洋銀九角正，其洋即日付清，不少分厘，其山自賣之後，任憑買主扦挖栽種採摘，房親伯叔兄弟子侄内外人等無得異言阻执，如有上手来歷不明，賣人一力承當，不涉買主之事，此係断業，愿買愿賣，契明價足，無找無贖，两家情愿，各無反悔，恐口难信，故立（賣）山場字為據。

光緒二拾年十弍月初二日　立賣山場字人　闕翰佐

見中　闕玉瑶

闕玉□

代筆　闕玉碧

立賣山場字人闕玉安今因無錢應用自情愿將父手遺下七股均分自己壹股民山壹處坐落松邑廿都五合圩庄雲嶺頭大棟背磨盤崗安着上至山頂下至河內至闕姓田角內手小崀直下大崀分水直上外至鄭姓山分水為界今俱四至分明托中立字出賣與本家闕能高侄边入手承買為業当日憑中三面言斷目值時價洋銀九角正其洋即日付清不少分厘其山字賣之後任憑買主扦松栽種鋤養松杉雜木一應在內房親伯叔兄弟子侄内外人等無得異言阻执如有上手來歷不清賣人一力承当不涉買主之事此係斷業契明價足愿買愿賣無找無贖兩相情愿各無反悔恐口难信故立山場為據

光緒弍拾年　拾弍月廿四日　立賣山場字人　闕玉安（押）

玉彬（押）

在見叔　玉東

翰佐（押）

代筆　闕玉碧（押）

立契吉

（前頁）>>>>>>

立賣山塲字人闕玉安，今因無錢應用，自情愿将父手遺下七股均分自己壹股，民山壹處，坐落松邑廿一都五合圩庄夢嶺頭大楝背磨盤崗安着，上至山頂，下至河，内至闕姓田角内手小崀直下大崀分水直上，外至邹姓山分水為界，今俱四至分明，托中立字，出賣與本家闕能高侄边入手承買為業，当日憑中三面言断，目值時價洋銀九角正，其洋即日付清，不少分厘，其山字［自］賣之後，任憑買主扦挖栽種，籙養松杉雜木，一應在内，房親伯叔兄弟子侄内外人等無得異言阻执，如有上手来歷不清，賣人一力承当，不涉買主之事，此係断業，契明價足，愿買愿賣，無找無贖，两相情愿，各無反悔，恐口难信，故立（賣）山塲（字）為據。

光绪弍拾年拾弍月廿四日　立賣山塲字人　闕玉安

玉彬

玉東

在見叔　翰佐

代筆　闕玉碧

立賣斷截灰寮并田字人闕門林氏今因粮食無办自愿將夫手遺下自己閹内清棨坐落松邑廿一都茶排庄土名樟樹下大坪面上玉琢田下灰寮半直上叉尾棉下并地基四至墻頭墻脚滴水為界出入門路壹應在内又仝處大坪面上田壹坵上至玉琢田下至大坪左至灰寮右至坑為界此田陆股均分今將自己田壹股之田以上灰寮半直自愿托親立字出賣與玉倉叔邊入受承買為業兩斷時值價銅錢拾仟文正其錢即日隨字交清不少分文其灰寮田自賣之後任憑受主起耕出入行用易佃賣人不敢異言阻挑與内外房親伯叔人等無涉愿賣愿買此出兩家心愿並無逼抑等情壹賣千休永遠無找無贖各無悔悋恐口難憑故立賣灰寮田付與受主永遠為據

光緒念壹年四月初一日立賣灰寮田人闕門林氏○

在見 玉淮 玉同 玉旗

代筆 林開章

（前頁）>>>>>

立賣断截灰寮與田字人闕門林氏，今因粮食無办，自愿将夫手遺下自己鬮内清業，坐落松邑廿一都茶排庄，土名樟樹下大坪面上玉琢田下灰寮半直，上及瓦桷，下并地基，四至墻頭墻脚滴水為界，出入門路，壹應在内，又仝處大坪面上田壹坵，上至玉琢田，下至大坪，左至灰寮，右至坑為界，此田陆股均分，今将自己『田』壹股之田，以上灰寮半直，自愿托親立字，出賣與玉倉[1]叔邊人受承買為業，面断時值價銅錢拾仟文正，其錢即日隨字交清，不少分文，其灰寮、田自賣之後，任憑受主起耕出入，行用易佃，賣人不敢異言阻执，與内外房親伯叔人等無涉，愿賣愿買，此出两家心愿，並無逼抑等情，壹賣千休，永遠無找無贖，各無反悔，恐口难憑，故立賣灰寮、田（字）付與受主永遠為據。

光緒念壹年四月初一日　立賣灰寮田人　闕門林氏

在見　玉淮

玉同

玉旟

代筆　林開章

1 據民國《闕氏宗譜》，『玉倉』實為『玉蒼』之誤。

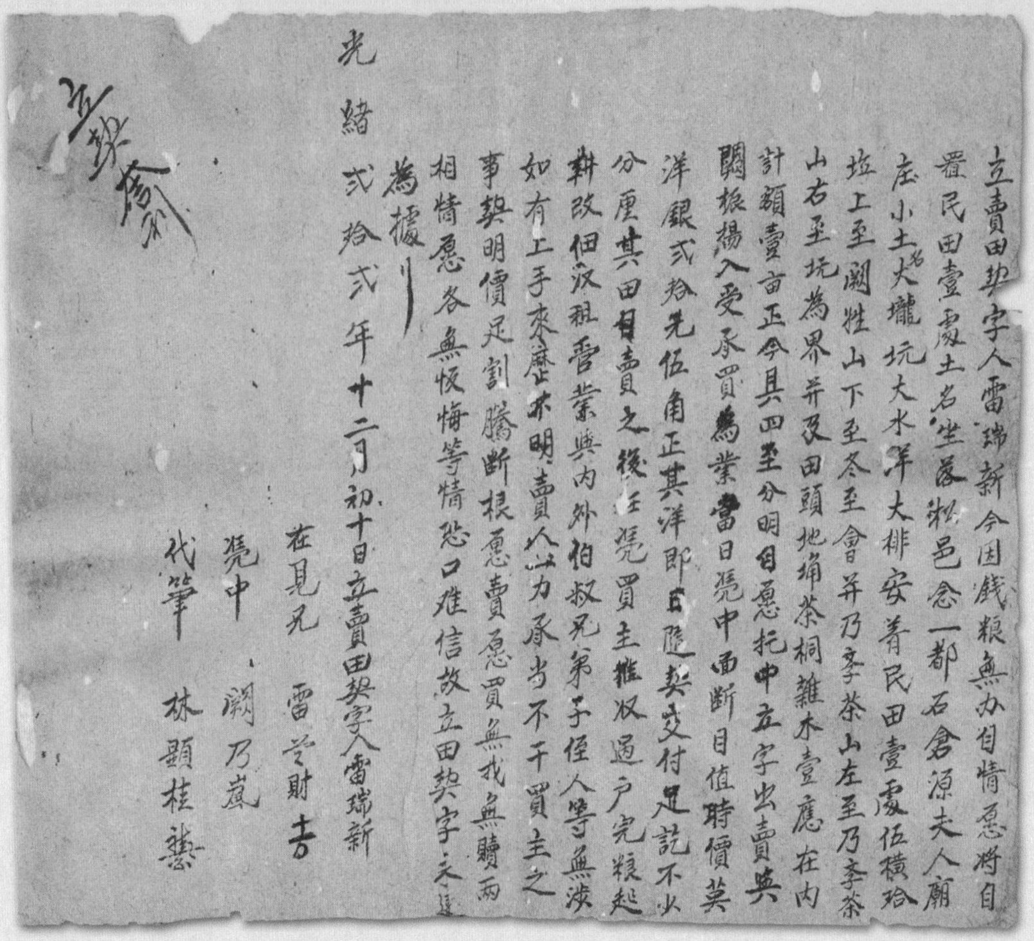

立賣田契字人雷瑞新，今因錢粮無办，自情愿将自置民田壹處，土名坐落松邑念一都石倉源夫人廟庄，小土名大壠坑大水洋大排，安着民田壹處，伍横拾坵，上至闕姓山，下至冬至會并乃學茶山，左至乃學茶山，右至坑為界，并及田頭地坍，茶桐雜木，壹應在內，計額壹亩正，今具四至分明，自愿托中立字出賣與闕振揚入受承買為業，當日凴中面断，目值時價英洋銀弍拾元伍角正，其洋即日隨契交付足訖，不少分厘，其田自賣之後，任凴買主推收過户，完粮起耕，改佃收租管業，與內外伯叔兄弟子侄人等無涉，如有上手來歷不明，賣人一力承当，不干買主之事，契明價足，割藤断根，愿賣愿買，無找無贖，两相情愿，各無反悔等情，恐口难信，故立田契字永遠為據。

光緒弍拾弍年十二月初十日　立賣田契字人　雷瑞新

在見兄　雷兰財

凴中　闕乃嵐

代筆　林顕桂

立當田字人闞玉土，今因無錢應用，自情愿将父手遺下民田壹處，坐落松邑廿一都茶排庄，土名桐坑對面，安着田壹處，大小三垇，上至当人大垇田為界，下至闞玉球田為界，内至当人田為界，外至坑為界，今具四至分明，自情托中立字，出当與德琈叔公衆入受承当為業，其田当過洋銀式拾肆員正，其洋銀隨字交付足訖，不少分厘，其田自当之後，每年八月秋收之日，充纳禾谷式担正，其谷不敢欠少，如有欠少，任憑銀主起耕改佃，收租管業，当人無得異言阻执，愿當愿受，此出两相情愿，各無反悔，恐口难信，故立（當）田字為據。

光緒二十四年二月廿九日　立當田字人　闞玉土

在見　起金

代筆　親筆

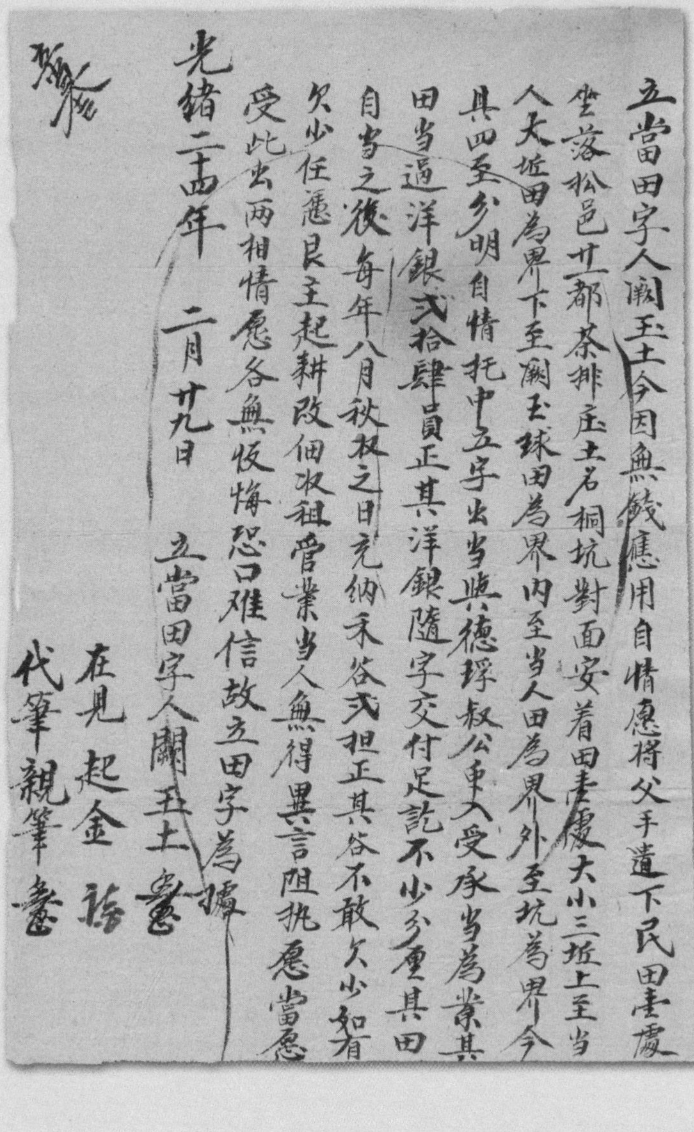

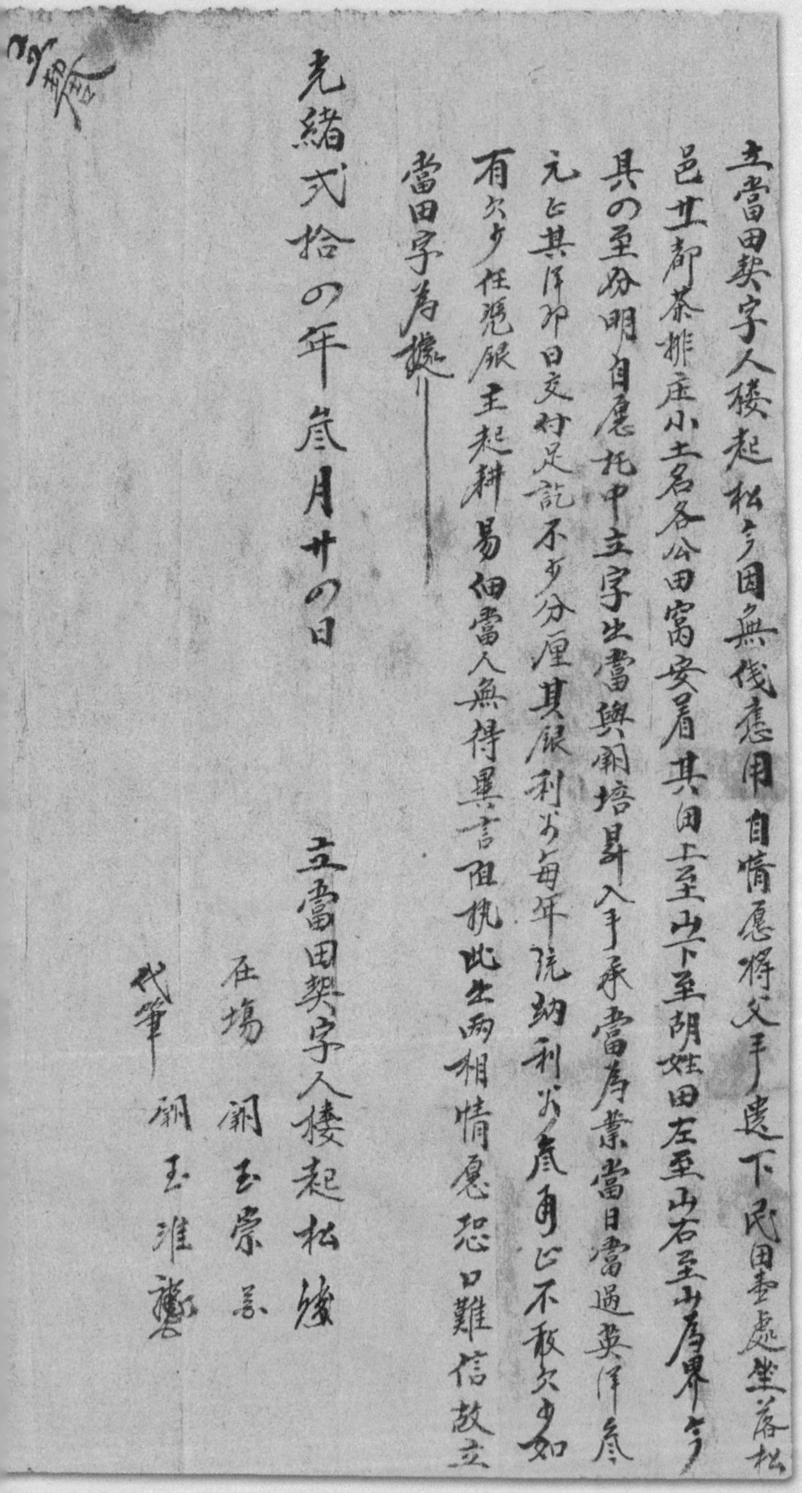

立當田契字人樓起松，今因無钱應用，自情愿将父手遺下民田壹處，坐落松邑廿一都茶排庄，小土名各公田窩，安着其田，上至山，下至胡姓田，左至山，右至山為界，今具四至分明，自愿托中立字，出當與闕培昇入手承當為業，當日當過英洋叁元正，其洋即日交付足訖，不少分厘，其銀利『谷』每年统纳利谷叁桶正，不敢欠少，如有欠少，任凴銀主起耕易佃，當人無得異言阻执，此出两相情愿，恐口難信，故立當田字為據。

光緒式拾四年叁月廿四日　立當田契字人　樓起松

在埸　闕玉崇

代筆　闕玉淮

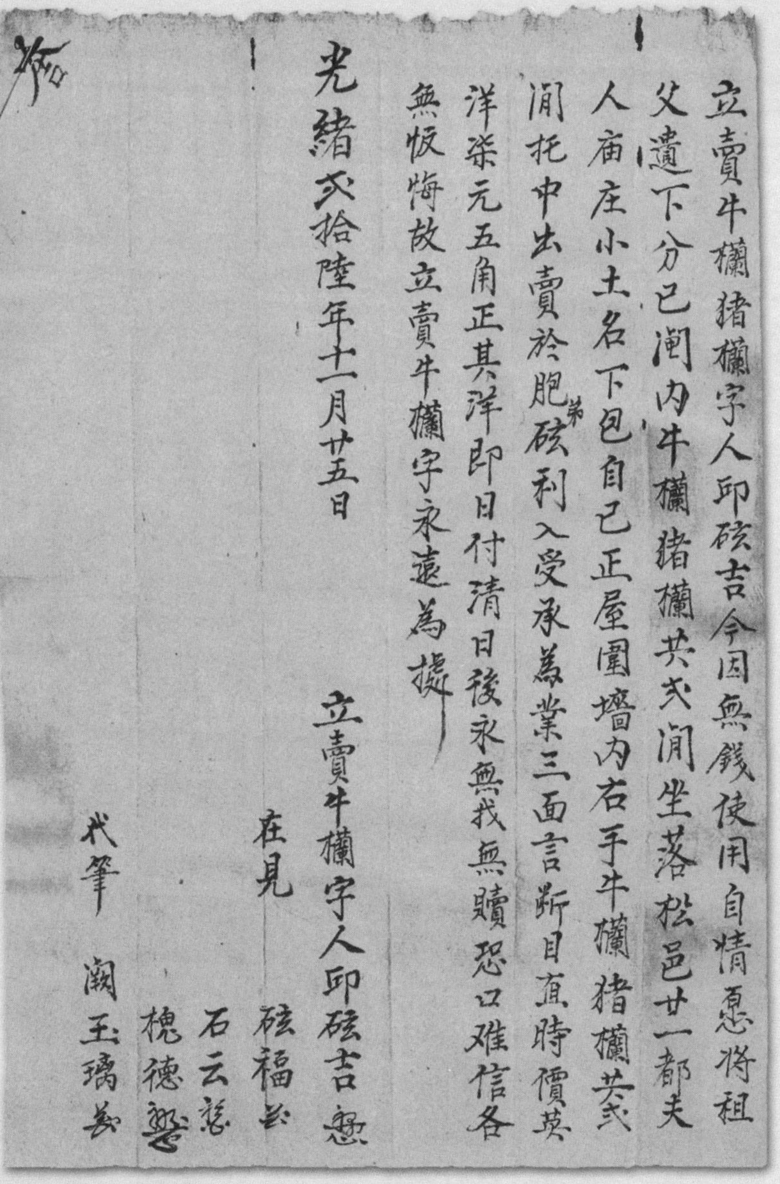

立賣牛欄、猪欄字人邱硋吉，今因無錢使用，自情愿将租［祖］
父遺下分己阄内牛欄、猪欄共弍间，坐落松邑廿一都夫
人庙庄，小土名下包，自己正屋圍墻内右手牛欄、猪欄共弍
间，托中出賣於胞弟硋利入受承（買）為業，三面言断，日直時價英
洋柒元五角正，其洋即日付清，日後永無找無贖，恐口难信，各
無反悔，故立賣牛欄字永遠為據。

光緒弍拾陸年十一月廿五日　立賣牛欄字人　邱硋吉

在見　硋福

石云

槐德

代筆　闕玉璃

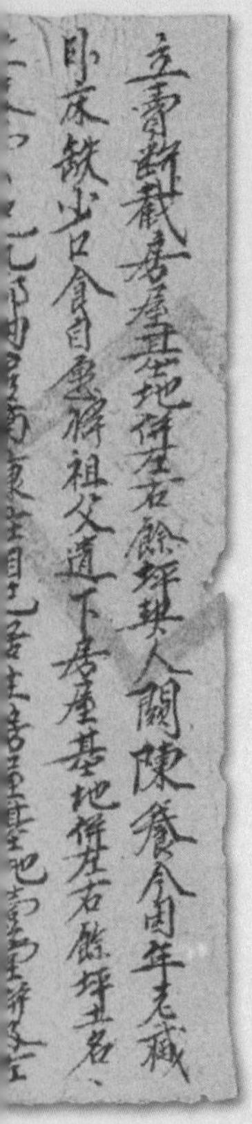

立退荒坪茶頭字人徐利華仝弟等，今因無錢應用，情愿将日前金森叔與阙翰礼親边交易民田壹處，坐落松邑廿一都夫人廟庄社處後，小土名苦麥崗，安着其田，界内茶頭併及左手良裡坪地壹處，大小共三塊，上至阙姓田，下至山，左至退人山，右至受主田為界，今俱四至分明，併及四至界内茶頭雜木等項，一应在内，自愿托中立字，出退與阙玉几［璣］親边入受承退為業，當日三面言断，時價洋銀叁元正，其洋銀隨契交付親收足讫，不少分厘，其坪地任憑阙边收租耕種管業，其茶木任憑受主採摘養籙，出退人無得異言，如有内外房兄弟子侄人等争執，不干受主之事，皆係出退人自能一力承當，自退之後，永遠無找無贖，此出自己情愿等情，各無反悔，永遠割藤断根，恐口無憑，故立退坪地茶木字付與阙边永遠為據。

光绪三拾三年八月廿二日　立退坪地茶頭人　徐利華

胞弟　利富

利松

利来

見中　蔡永禪

代筆　蔡永承

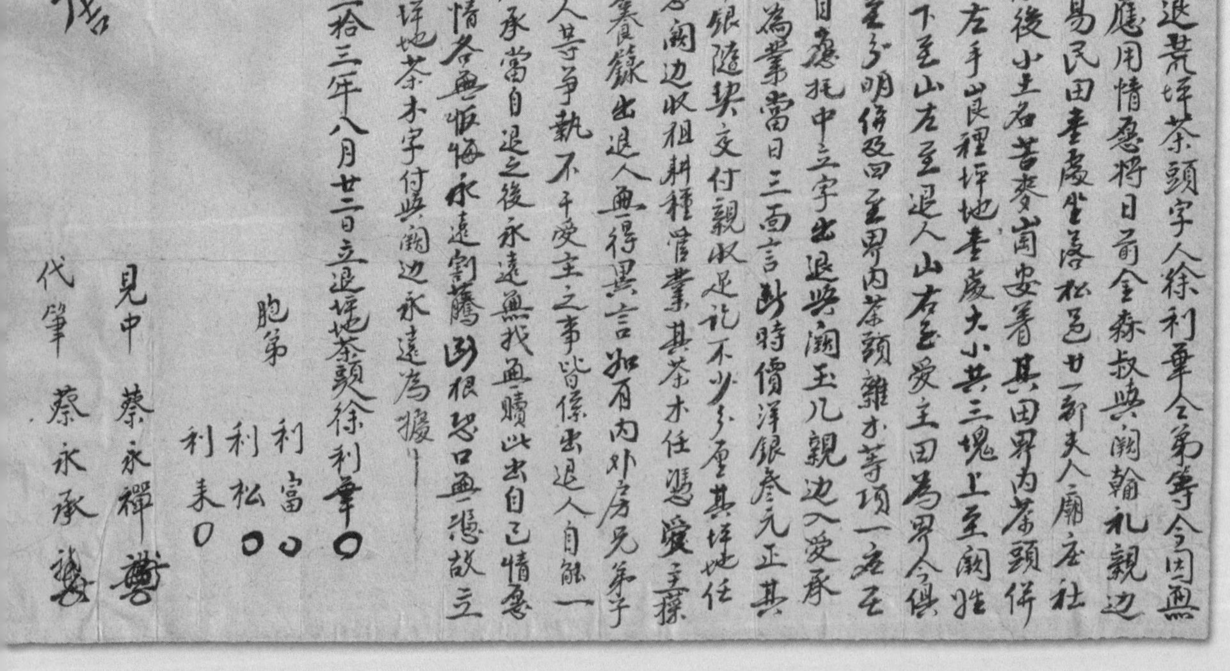

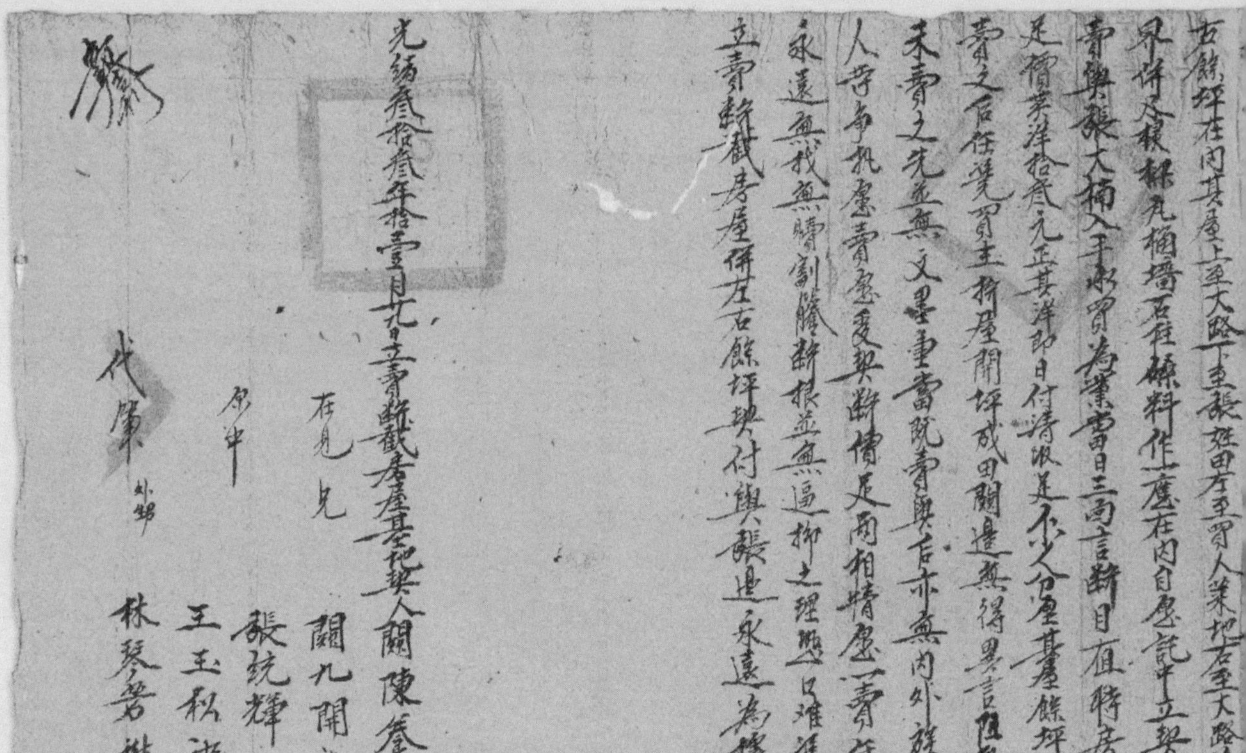

立賣断截房屋基地併左右餘坪契人闕陳養，今因年老病卧床，缺少口食，自愿将祖父遺下房屋基地併左右餘坪，土名坐落雲邑九都内管南康庄自己居主［住］房屋基地壹堂，併及左右餘坪在内，其屋上至大路，下至張姓田，左至買人菜地，右至大路為界，併及棂樑瓦桷墻石，柱磉料作，一應在内，自愿託中立契，出賣與張大楠入手承買為業，當日三面言断，目直時房屋足價英洋拾叁元正，其洋即日付清收足，不少分厘，其屋餘坪自賣之后，任凴買主拚屋開坪成田，闕邊無得異言阻执，未賣之先，並無文墨重當，既賣與［以］后，亦無内外族侄人等争执，愿賣愿受，契断價足，两相情愿，一賣仟休，永遠無找無贖，割藤断根，並無逼抑之理，恐口难凴，立賣断截房屋併左右餘坪契付與張邊永遠為據。

光绪叁拾叁年拾壹月廿九日　立賣断截房屋基地契人　闕陳養

在見　兄　闕九開

原中　張统輝

王玉松

代筆外甥　林琴芳

立賣房屋字人卯乾洪今因捐親之事無錢應用自情愿將父手
分己遺下股內房屋坐落松邑廿一都山邊庄小土名下包下手橫屋
右片正間內一接半間前棟柱板壁為界後片墻脚滴水為界左片
板壁為界右片買主板壁為界上併瓦桷下併基地一概在內自愿
托中立契出賣與胞叔磁利入受承買為業当日憑中三面言斷
目值屋價英洋壹拾元正其洋即日交付足訖不少分厘自賣之
日任憑叔邊居住管業如有上手來歷不明賣人一力承当不涉買
主之事愿賣愿買些出兩相情愿各無反悔等情恐口难信故立賣
房屋字付與買主子孫永遠為據

光緒叁拾肆年拾月初八日立賣房屋字人卯乾洪〇

在塲胞弟 乾海〇
乾銀〇
在見兄 乾敬〇
憑中 林進立〇
代筆 劉益和押

（前頁）>>>>>

立賣房屋字人邱乾洪，今因招親之事無錢應用，自情愿将父手分己遺下股内房屋，坐落松邑廿一都山邊庄，小土名下包下手横屋右片正間内一接半間，前棟柱板壁為界，後片墻脚滴水為界，左片板壁為界，右片買主板壁為界，上併瓦桷，下併基地，一概在内，自愿托中立契，出賣與胞叔砿利入受承買為業，当日憑中三面言断，目值屋價英洋壹拾元正，其洋即日交付足訖，不少分厘，自賣之日，任憑叔邊居住管業，如有上手來歷不明，賣人一力承当，不涉買主之事，愿賣愿買，此出两相情愿，各無反悔等情，恐口难信，故立賣房屋字付與買主子孫永遠為據。

光緒叁拾肆年拾月初八日　立賣房屋字人　邱乾洪

在場胞弟　乾海

乾銀

在見兄　乾敬

憑中　林進立

代筆　闕益和

九〇八

立賣断截田契字人闕乃象今因錢粮無办自情愿將父手遺下民田一処坐落松邑石倉源廿一都后宅庄小土名洋幻頭壋脚安着田一処上至闕姓田下至闕姓田左至蔡姓田右至山為界又路上田一処上至闕姓田下至闕姓田左至闕姓田右至闕姓田為界四至界内并及田豆地角椿茶雜木共計額式畝正托中立契出賣與張家玉親边入受承買為業當日憑中三面言定目值時價英洋銀七拾九元正其洋即日付清不少分文其田自賣之后任憑買主完粮起耕改佃收租管業知有上手来歷不明賣人一力承当不干買主之事無找無贖愿賣愿買両相情愿各無反悔等情恐口难信故立賣田契字永遠為据

民國八年弍月拾九日　立賣田契字人　闕乃象

在見　乃招

乃寬

憑中　乃餘

培良

葉澗求

親筆

（前頁）>>>>>

立賣断截田契字人闕乃象，今因錢粮無办，自情愿将父手遺下民田一处，坐落松邑石倉源廿一都后宅庄，小土名洋幻〔坳〕頭墻脚，安着田一处，上至闕姓田，下至闕姓田，左至蔡姓田，右至山為界，又路上田一处，上至闕姓田，下至闕姓田，左至闕姓田，右至闕姓田為界，四至界内，并及田豆〔頭〕地角，椿茶雜木，共計額式畝正，托中立契，出賣與張家玉親边入受承買為業，當日憑中三面言定，目值時價英洋銀七拾九元正，其洋即日付清，不少分文，其田自賣之后，任憑買主完粮起耕，改佃收租管業，如有上手来歷不明，賣人一力承当，不于〔干〕買主之事，無找無贖，愿賣愿買，两相情愿，各無反悔等情，恐口难信，故立賣田契字永遠為據。

民國八年弍月拾九日　立賣田契字人　闕乃象

在見　乃招

乃寬

憑中　乃餘

培良

葉㑊求

親筆

立當田契字人闕祥禮仝弟等今因無錢應用自情愿將祖父遺下分已阄内
民田壹處坐落松邑廿一都夫人廟庄小土名坳下洪水窩口安着其田壹
處上至山脚下至坑左至山脚右至山脚今俱四至分明計租谷拾桶正自愿
托中立契文墨出當與項阄義入受承當爲業憑中三面言斷當過大
洋叁拾元正其洋銀隨契交付清楚不少分厘其銀租谷每年充納利谷
拾桶正秋收之日送到銀主家中摃淨交量不敢欠少升合如有拖利
谷任憑銀主起耕改佃追租管業當人不敢異言阻執此係自己清業
與内外房親伯叔兄弟子侄人等不涉如有上手來歷不清當人一力承
不干銀主之事愿當愿受此出兩家心愿各無悔恨恐口難憑故立當
田契字爲據

一批契付過大洋壹拾元正其銀利每年充納米谷四桶正此照 闕祥根（押）
一批契付過花押洋九角正

中華民國拾壹年拾月廿九日立當田契字人闕祥禮 乙丑元十二月初十付

在見 祥根（押）

憑中 闕吉梧（押）

代筆 闕培英（押）

（前頁）>>>>>

立當田契字人闞祥禮仝弟等，今因無錢應（用），自情愿将祖父遺下分己阄内民田壹處，坐落松邑廿一都夫人廟庄，小土名坳下洪水窝口，安着其田壹處，上至山脚，下至坑，左至山脚，右至山脚，今俱四（至）分明，計租谷拾桶正，自愿托中立契文墨，出當與項關義入受承當為業，憑中三面言断，當過大洋叁拾元正，其洋銀隨契交付清楚，不少分厘，其銀租谷每年充納利谷拾桶正，秋收之日送到銀主家中搧净交量，不敢欠少升合，如有拖（欠）利谷，任憑銀主起耕改佃，追租管業，當人不敢異言阻執，此係自己清業，與内外房親伯叔兄弟子侄人等不涉，如有上手来歷不清，當人一力承（當），不干銀主之事，愿當愿受，此出两家心愿，各無反悔，恐口難憑，故立當田契字為據。

一批契付過大洋壹拾元正，其銀利每年充納水谷四桶正，此照。

一批契付過花押洋九角正。

闞祥根

中華民國拾壹年拾月廿九日 立當田契字人 闞祥禮 乙丑元（年）十二月初十付

在見 祥根

憑中 闞吉梧

代筆 闞培兴

立賣断裁田契字人張氏今因無錢應用自情愿將父手遺下
闔内民田壹庭坐落松邑二十一都夫人廟庄小土名坳下上山
窩紅水窩口左右邊山三墈上至山為界下至坑為界左至山
右至山今併四至界内田頭地坪雜物壹併在内共計租谷
叁担肆桶正自愿托中立契出賣與本家闞成招仝弟入
受承買為業当日三面言断定時價英洋壹佰壹拾式元正其洋
即日隨契付情其田時賣之後任憑買主推收過户完粮起耕
管業與内外房親伯叔無得異言並無仝典仝当如有上手來
應不情賣人一力承当不干買主之事此出兩家情愿愿賣
愿買各無悔悲口無憑故立賣田契永遠契為據
一批契外貼過完粮英洋拾壹元正永遠每年賣主完粮此照 契内截有兩字此

民國乙丑拾肆年九月初二日立賣田契字人張氏

見 闞祥福
祥礼

中 吉休 等

代筆 闞培蓉

合

(前頁)>>>>>

立賣断裁［截］田契字人張氏，今因無錢應用，自情愿将父手遺下闽内民田壹處，坐落松邑二十一都夫人廟庄，小土名坳下上山窩紅水窩口，左右隨山三堘，上至山為界，下至坑為界，左至山，右至山，今併四至界内，田頭地角雜物，壹併在内，共計租谷叁担肆桶正，自愿托中立契，出賣與本家闕成招仝弟入受承買為業，当日三面言断，定時價英洋壹佰壹拾弍元正，其洋即日隨契付情［清］，其田時［自］賣之後，任憑買主推收過户，完粮起耕管業，與内外房親伯叔無得異言，並無仝典仝当，如有上手来歷不情［清］，賣人一力承当，不于［干］買主之事，此出两家情愿，愿賣愿買，各無反悔，恐口無憑，故立賣田契永遠『契』為據。

一排［批］契外帖過完粮英洋拾壹元正，永遠每年賣主完粮，此照。契内裁［載］有两字，此（照）。

民國乙丑拾肆年九月初二日　立賣田契字人　張氏

見　闕祥福

祥礼

中　吉休

代筆　闕培蓉

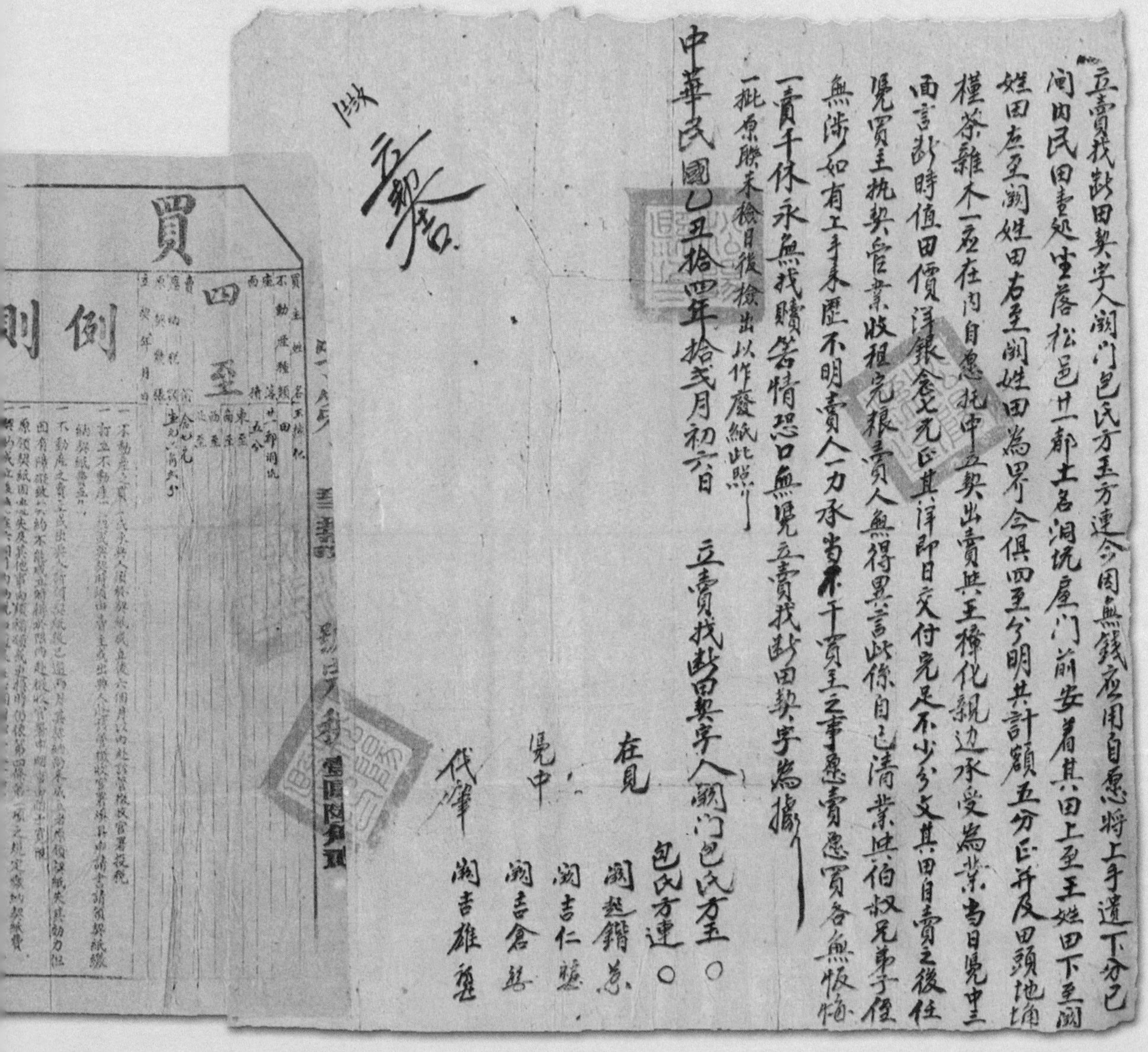

立賣找斷田契字人闕門包氏方王方連今因無錢應用自愿将上手遺下分己闕田民田壹處坐落松邑廿一都土名泪坑屋门前安着其田上至王姓田下至闕姓田左至闕姓田右至闕姓田為界今俱四至分明共計額五分正并及田頭地埔槿茶雜木一应在内自愿托中立契出賣與王樟化親边承受為業当日憑中三面言斷時值田價洋銀念七元正其洋即日交付完足不少分文其田自賣之後任憑買主执契管業收租完粮賣人無得異言此係自己清業與伯叔兄弟子侄無涉如有上手来歷不明賣人一力承当不干買主之事愿賣愿買各無悔悔一賣千休永無找贖等情恐口無憑立賣找斷田契字為據

一批原聯未檢日後檢出以作廢紙此照

中華民國乙丑拾四年拾弍月初六日

立賣找斷田契字人闕门包氏方王 ○

包氏方連 ○

在見 闕超錯

憑中 闕吉仁 闕吉倉

代筆 闕吉雄

立契

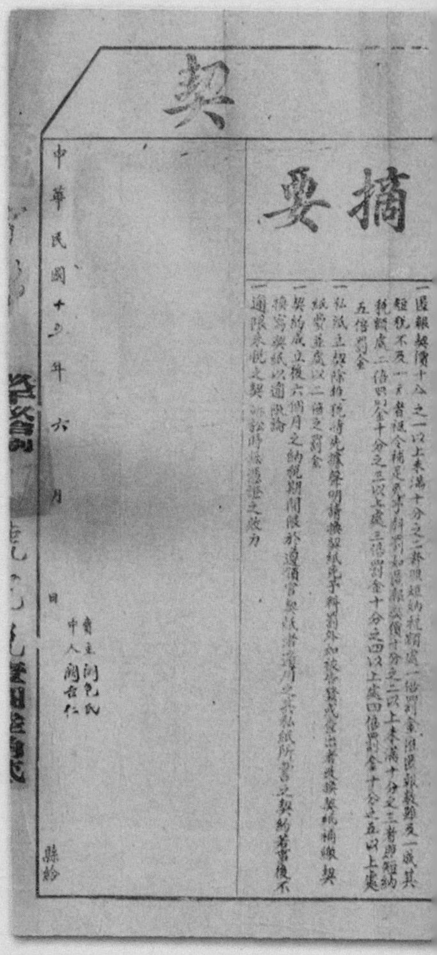

立賣找断田契字人闕门包氏方玉、方連，今因無錢应用，自愿将上手遺下分己阄内民田壹处，坐落松邑廿一都，土名洞坑屋门前，安着其田，上至王姓田，下至闕姓田，左至闕姓田，右至闕姓田為界，今俱四至分明，共計額五分正，并及田頭地墈，槿茶雜木，一应在内，自愿托中立契，出賣與王樟化親边承受為業，当日凴中三面言断，時值田價洋銀念七元正，其洋即日交付完足，不少分文，其田自賣之後，任凴買主执契管業，收租完粮，賣人無得異言，此係自己清業，與伯叔兄弟子侄無涉，如有上手来歷不明，賣人一力承当，不干買主之事，愿賣愿買，各無反悔，一賣千休，永無找贖等情，恐口無凴，立賣找断田契字為據。

一批原联未檢，日後檢出，以作廢紙，此照。

中華民國乙丑拾四年拾弍月初六日　立賣找断田契字人　闕门包氏方玉

包氏方連

在見　闕起鍇

凴中　闕吉仁

闕吉倉

代筆　闕吉雄

（買契，中華民國十五年六月）

立賣断截椂園契字人闕乃雲乃餘仝侄等今因無錢應用自情愿將祖父遺下自己鬮内椂園壹處土名坐落松邑念壹都石倉源后宅庄小土名下村自己大门口下手安着其椂園上至闕姓墙脚下至瀏姓椂園左至瀏姓椂園右至自己田為界今俱四至分自愿托中立契出賣與張承玉親边入受承買為業當日凭中三面言断時值價洋銀拾伍元正其洋銀即日付清不少分厘其椂園三股在内今俱四至分明日後任凭買主架造居住永遠管業此係己分之業與内外伯叔兄弟子侄人等無涉如有上手來歷不明賣人一力承當不涉買主之事契明價足愿賣愿買兩相情愿各無饭悔等情恐口無凭故立賣断截椂園契字永遠[illegible]

民國戊辰拾柒年二月廿九日 立賣椂園契字人 闕乃雲

仝賣 闕乃餘

在見 闕家連

闕乃恒

凭中 林景發

代筆 闕乃發

（前頁）>>>>>

立賣断截�園契字人闕乃雲、乃餘仝侄等，今因無錢應用，自情愿将祖父遺下自己�內桇園壹處，土名坐落松邑念壹都石倉源后宅庄，小土名下村自己大门口下手，安着其桇園，上至闕姓墻脚，下至闕姓桇園，左至闕姓桇園，右至自己田為界，今俱四至分明，自愿托中立契，出賣與張承玉親边入受承買為業，當日凴中三面言断，時值價洋銀拾伍元正，其洋銀即日付清，不少分厘，其桇園三股在内，今俱四至分明，日後任凴買主架造居主［住］，永遠管業，此係己分之業，與内外伯叔兄弟子侄人等無涉，如有上手來歷不明，賣人一力承當，不涉買主之事，契明價足，愿賣愿買，两相情愿，各無反悔等情，恐口無凴，故立賣断截桇園契字永遠為據。

民國戊辰拾柒年二月廿九日　立賣桇園契字人　闕乃雲

仝賣　闕乃餘

闕家連

在見　闕乃恒

凴中　林景發

代筆　闕乃發

立出批山塲字人游春泉仝等今有石妹公衆山壹处坐落松邑廿一都五合
圩鄉小土名内坑鷄公旗山壹处其山上至山頂下至横路下山弍处左至大柴
坪崀分水右至鷄公旗分水今俱四至分明四至界内立字出批與胡積良入
承闹種苞蘿桐子面断租過大洋四元正其洋以作每年桐子苞蘿之租杆棟
杉木與種人各半均分錄養成林之後摘洗樹枝與種人同摘洗出拚之
日两造無得私行砍伐同種人登山看明出拚變方不得異言但执此出两
家情愿各無反悔恐口無憑故立出批山塲字爲據
一批此字的限叁拾九年完滿此字不得行用此照

民國弍拾五年六月廿九日立出批山塲字人游春泉（押）
春根（押）
起養 ○
起明 ⊙
見中闕起峻（押）
代筆闕起諧（押）

合同爲憑

（前頁）>>>>>

立出批山場字人游春泉仝（弟）等，今有石妹公衆山壹处，坐落松邑廿一都五合圩鄉，小土名内坑鷄公旗山壹处，其山上至山頂，下至横路下山弍处，左至大柴坪崀分水，右至鷄公旗分水，今俱四至分明，四至界内，立字出批與胡積良入承闲種苞蘿桐子，面断租過大洋四元正，其洋以作每年桐子苞蘿之租，扦插杉木與種人各半均分，録〔籙〕養成林之後，搧洗樹枝與種人同搧洗，出拚之日，两造無得私行砍伐，同種人登山看明，出拚雙方不得異言阻执，此出两家情愿，各無反悔，恐口無憑，故立出批山場字為據。

一批此字的限叁拾九年完滿，此字不得行用，此照。

民國弍拾五年六月廿九日　立出批山場字人　游春泉

春根

起養

起明

見中　闕起峻

代筆　闕起誥

立出賣杉木字人張有田今因無钱應用自情愿将父手遺下自己股内民山坐落松邑廿一都山迹庄界業源坑張家香火屋後安着杉木壹處上至桐子山為界下至張阕根杉木為界左至桐子山為界右至小崀分水為界今俱四至分明自愿托中立出賣與下包嶠會入手承買為業當日三面言斷時值杉木價洋拾伍元伍角伍分正其洋即日付清不少分厘其杉木自賣之後任憑買主成林出拼管業物業與内外房親伯叔兄弟子侄並無干涉未買日先亦無典當文墨為有上手來歷不明賣主壹力承當不干買主之事愿買愿賣两相情愿各無反悔四至界内杉木一槩在内日後無得異言面斷定叁拾年滿期日後任憑賣主管業開種買主無得異言賣杉木字壹作非字無用恐口無憑難信故立字為據

民國廿六年三月廿九日立賣杉木字人張有田

見中 張之田

代筆 胡積良

（前頁）>>>>>

立出賣杉木字人張有田，今因無錢應用，自情愿将父手遺下自己
股内民山，坐落松邑廿一都山边庄界［芥］菜源坑張家香火屋後，安
着杉木壹處，上至桐子山為界，下至張闞根杉木為界，左至桐子山為
界，右至小良分水為界，今俱四至分明，自愿托中立（字），出賣与下包桥會入手
承買為業，當日三面言断，時值杉木價洋拾伍元伍角伍分正，其洋即日
付清，不少分厘，其杉木自賣之後，任憑買主成林出拚，管業物業，与内外
房親伯叔兄弟子侄並無干涉，未買日先，亦無典當文墨，為［如］有上手來歷
不明，賣主壹力承當，不干買主之事，愿買愿賣，两相情愿，各無反悔，四至界内
杉木，一概在内，日後無得異言，面断定叁拾年滿期，日後任憑賣主管業
闲種，買主無得異言，賣杉木字壹作非［廢］字無用，恐口無憑难信，故立字為據。
民國廿六年三月廿九日　立賣杉木字人　張有田
見中　張芝田
代筆　胡積良